벼랑 끝에 서는 믿음

벼랑 끝에 서는 믿음

로렌 커닝햄 김삼성 김용의 박한수 고성준
박호종 김태헌 김영화 데이비드 차 황성은

Revival Surfer

내가 네게 명령한 것이 아니냐
강하고 담대하라 두려워하지 말며 놀라지 말라
네가 어디로 가든지 네 하나님 여호와가 너와 함께 하느니라 하시니라

여호수아 1:9

CONTENTS

추천의 글

사랑하는 오메가 교회의 황성은 목사님이 이 땅의 크리스천 청년과 다음 세대에게 아주 귀한 책을 한 권 선물하셨습니다. 저자 열 분 모두 국경과 세대를 뛰어넘어 각자의 영역에서 아주 독특한 사역에 헌신하고 계시는 분들입니다. 가히 타의 추종을 불허하는 영적인 거장들이십니다. 황 목사님은 그 귀하신 분들이 토해내신 생명의 말씀, 이 캄캄한 암흑의 시대를 뚫고 빛을 향해 날아올라야 하는 청년과 다음 세대와 세속화의 탁류에 휩쓸려 속절없이 무너져 내리는 우리의 사랑스러운 자녀들을 위해 생명을 걸고 부르짖은 주옥같은 설교를 모아 불후의 명저로 쏘아 올린 것입니다.

이 땅에는 아주 많은 글이 존재합니다. 그 많은 책 중에서 우리 시대를 아파하며 힘겹게 살아가는 청년과 다음 세대를 위한 책은 상대적으로 많지 않습니다. 특히 크리스천 청년과 다음 세대를 위한 책은 더 찾기 어렵습니다. 혹 있다 해도 영향력에 한계가 있습니다.

『벼랑 끝에 서는 믿음』은 그리스도인 청년과 다음 세대뿐만 아니라 이 땅의 모든 청년과 다음 세대의 가슴과 머리와 영혼을 정복할 생명의 책입니다. 이 세상에 책은 많습니다. 하지만 『벼랑 끝에 서는 믿음』은 다른 책과는 차이가 있습니다. 우리의 귀로 듣기에 아름답고 화려한 설교, 눈과 머리와 가슴으로 읽기에 고상하고 지적이며 감정을 움직이는 글은 많이 있을 수 있습니다. 듣기에 감미롭고 기름진 것처럼 느껴지는 설교나 글은 많지만 정작 그 속에 살아 있어야 할 생명력이 없거나 있다 해도 희미한 경우가 많습니다. 이와 달리 『벼랑 끝에 서는 믿음』은 생명력이 분명히 살아 있습니다.

우선 저자들입니다. 로렌 커닝햄, 김삼성, 김용의, 박한수, 고성준, 박호종, 김태헌, 김영화, 데이비드 차, 황성은, 이들은 국경을 초월하고 시대를 뛰어넘는 저자들입니다. 이 땅의 청년과 다음 세대를 살려내야 한다는 생명 사랑의 뜨거운 심장, 예수 그리스도의 피가 끓어오르는 타는 목마름들을 공유하고자 하는 짙고 강렬하며 뜨겁고 진실한 마음을 모았습니다.

말이나 글의 생명력은 듣거나 보기에 감미롭고 기름짐에 있지 않습니다. 말이나 글의 가치와 생명력은 말한 사람, 글을 쓴 분들의 삶과 직결됩니다. 화자나 저자의 삶에 성결함이 있느냐, 진실함이 있느냐, 자신이 토해낸 말이나 글처럼 거룩한 몸부림이 있느냐에 가치와 생명력이 좌우되는 것입니다. 이런 점에서 저자 열 분은 이 시대에 주님 말씀대로 살고자 하는 타는 목마름과 거룩한 열정이 살아 숨 쉬는 분들이라고 확신합니다.

한 영혼을 살려내야 한다는 거룩한 사명이 살아 꿈틀거리는 사람들, 예수 그리스도를 닮은 삶을 살아내려고 날마다 자신을 십자가에 못 박고 성령님의 도우심을 구하려고 안간힘을 쓰는 분들이 함께했습니다. 꿈과 환상을 잃었을 뿐만 아니라 영적으로 사막화가 되어 가는 우리 시대의 청년과 다음 세대를 위해 같은 사랑을 안고 접근했습니다. 분명히 사역의 다양성이 존재하지만 짙고 깊은 영적 권위와 진솔하고도 강력한 사역과 삶의 체험, 거룩한 비전들이 어우러졌습니다.

단언컨대 우리 시대의 청년과 다음 세대에게 꼭 필요한 보물인 역작이 탄생한 것입니다. 많은 책 가운데 또 한 권의 책이 아니라 바로 '그 한 권의 보배'로 우리 곁에 다가온 것입니다. 이 책이 이 땅의 많은 청년과 다음 세대의 필독서가 되기를 소망합니다.

덧붙여 이들 보물을 한곳에 모아 우리의 다음 세대에게 선물한 황성은 목사님과 그의 사역 중 한 축인 '킹덤 콘퍼런스'에 찬사와 격려, 박수를 보냅니다. 그가 성령님과 함께 펼쳐나갈 조국과 열방을 향한 가슴 벅찬 환상이 빠르게 현실로 다가올 그날을 꿈꾸며 걸음걸음을 인도하신 내 사랑하는 주님께 모든 영광을 돌려 드립니다.

황성은 목사님과 오메가 교회를 사랑하고 킹덤 콘퍼런스를 포함한 국내외 사역을 응원하며 기도하는,

_이영환 목사 (한밭제일교회 원로, 장자사역원 대표)

지금은 대전환기입니다. 하나님께서 코로나바이러스를 사용해서 한 번도 경험해 보지 못한 새로운 시대로 이끌고 계십니다. 과거의 패러다임에 묶여 있는 사람은 엄청난 위기를 맞이하게 되었습니다. 자신이 지금까지 쌓아 왔던 모든 것이 흔들리고 무너지는 것을 경험하고 있습니다.

　반면에 미래지향적인 사람, 여전히 하나님께서 역사를 주관하심을 믿고 그 손을 의지해서 벼랑 끝에 서는 사람, 하나님과 함께 새로운 파도 타기를 두려워하지 않는 사람에게는 엄청난 기회가 열리고 있습니다. 코로나바이러스 사태로 사상 처음 줌으로 진행한 이번 킹덤 콘퍼런스가 모든 스태프와 참여자에게 아주 신선한 충격과 새로운 경험으로 다가왔습니다. 시간이 지나고 나면 별것도 아니었는데, 그때는 그렇게 흥분했구나 하고 느껴질 수도 있습니다. 그러나 하나님께서 특별한 시간에 우리를 그 상황에 맞게 흥분하게 하시는 데에는 특별한 이유가 있습니다. 그 흥분된 마음 안에 이 시대를 향한 하나님의 갈망이 투영되어 있기 때문입니다.

　이 책을 통해 그 마음을 읽으십시오.
　그 마음을 붙잡으십시오.
　그리고 새로운 파도를 향해 뛰어드십시오.

　어차피 우리 앞에 놓여 있는 미래는 불확실합니다. 그러나 우리에게는 온 세상이 바뀌어도 절대 바뀌지 않는 가장 확실한 분이 계시지 않습니까? 그분의 손을 잡고 파도를 타는 사람은 절대 침몰하지 않을 것입니다. 필요한 것은 오직 순종과 용기입니다. 말씀 안에 담겨 있는 하나님의 비전을 당신의 비전으로 붙드십시오. 새로운 시대가 열릴 것입니다.

　　　　_손성무 목사 (처음그교회 말씀사역자, 바이블플랫폼 디렉터)

벼랑 끝에 몰린 예수님이셨지만 "일어나 동네 밖으로 쫓아내어 그 동네가 건설된 산 낭떠러지까지 끌고 가서 밀쳐 떨어뜨리고자 하되."(눅 4:29) 그러나 당돌하게 그 한가운데를 지나가신 예수님!

"예수께서 그들 가운데로 지나서 가시니라"(눅 4:30) 예수님의 늠름한 자세, 여전하시다. 살벌한 환경이었지만 예수님은 자기에게 할당된 사역 모두를 완수하셨기에 "다 이루었다"라고 선언하셨다.

애굽에서 탈출한 이스라엘 백성의 40년 순례의 길은 내내 사막이었다. 낮에는 모래와 뜨거운 햇볕만 내리쬐고 밤이면 추위가 엄습하는 광야는 하루를 살기에도 벅찬 환경이다. 영락없이 굶어 죽기에 알맞은 죽음의 길목이다. 그러나 변수가 있는 법이다. 하나님의 개입이다. 하나님은 뜨거운 낮에는 광야의 살인적인 열기를 식히시려고 구름기둥을 펼치시어 그늘을 만드셨고 어둡고 추운 밤이면 어두움을 밝히고 추위를 녹이시려고 밤이 되면 이글이글 타는 불기둥을 세우셨다. 하루 세 끼 꼬박꼬박 먹어야 하는 음식은 하나님이 직접 만드신 하늘 양식으로 긴 사막 생활에 한 번도 거르지 않고 그들 입에 넣어 주셨다.

감히 하나님의 아들을 벼랑 끝으로 밀어 내치려는 무모한 인간들의 우둔함! 창조자 예수님을 마음 한가운데 정중히 모시고 사는 거룩한 무리를 가볍게 여겨, 잔인한 수법을 쓰는 저주받은 마귀 떼들은 여전히 덤벼들며 위협한다. 이천 년 전 예수님께 대들던 그 수법이 지금도 여전히 쓰이고 있다. 그렇지만 이 혹독한 과정을 통과하면서도 마귀와 용감하게 싸워 이겨낸 우리 동지, 형제들이 고백하는 승리의 간증을 고스란히 듣게 되는 은총을 받게 되었다. 지금도 구름같이 둘러싼 허다한 증인이 마귀의 어리석음을 온 천하에 폭로한다.

"벼랑 끝으로 몰아감은 하나님의 도식(圖式)이다. 하나님의 타이밍이다. 인류 역사는 한 번도 벼랑 아닌 적이 없다. 그때마다 하나님의 처방이 있었다."라고 『벼랑 끝에 서는 믿음』을 통해 믿음의 용사들은 외친다. 지금부터 50년 전, 굶기가 일상이었고 참으로 어렵기만 했던 1971년. 자가용도 없고 비행기 여행도 없었던 나라, 세계에서 가난하기로 몇째 안 가던 나라, 그래서 미래가 보이지 않던 그 나라 한국이 세계를 선교하는 나라가 될 것이라는 당당한 예언이 있었다(로렌 커닝햄). 그 예언이 과연 이렇게 성취된 영광스러운 오늘, 이 나라의 벅찬 모습과 강사들의 열정의 한마디 한마디는 우리를 가만두지 않는다. 거룩한 기름이 흐르고 에스겔 골짜기의 뼈들이 큰 군대로 바뀐다. 혹독한 고난이 벼랑 끝이 되기도 하고 풍요와 안일함 역시 벼랑 끝으로 내몰리는 순간이다. 오히려 다윗은 고난이 압박할 때 성자의 길을 걸었지만, 왕이 되어 안일에 취했을 때는 간음과 살인죄를 서슴없이 저질러 치사한 흔적을 남기게 되었다. 그래서 예수님은 항상 깨어 있으라고 단단히 경고하신다. 어떤 환경에서라도 굳센 믿음의 자세를 견지해야 한다.

믿음을 의심하지 말라. 의심을 믿지 말라.

바람이 어느 방향으로 불든지 하나님의 인도하심은 여전하시다. 우리는 바람을 조정할 수 없다. 코로나 이후의 상태가 궁금한가? 분명히 나빠질 것이라고 대부분 말한다. 우리의 믿음이 나빠지는 것은 좋은 믿음의 환경에도 해롭다. "기도하지 않는 가정은 하늘의 모든 폭풍에 노출되어 있는 지붕이 없는 집과 같습니다."(토머스 브룩스) 하나님과 동맹을 맺으라. 엘리야에게 떡과 고기를 물어다 주었던 까마귀는 기다리지 말라. 까마귀는 떠 있어서 엘리야를 찾지 못할 것이다. "우리의 모든 고민과 걱정은 하나님 없이 계산함으로써 시작됩니다."(오스왈드 체임버스) 하나님과 밀착하라.

_이동휘 목사 (전주안디옥교회 원로, 바울선교회 대표)

감사의 글

2020년 2월이었습니다. 저는 청년 10여 명과 함께 이집트로 아웃리치를 갔습니다. 우리는 이사야 19장의 말씀을 가슴에 품었고 중동과 아랍의 부흥을 보고 싶었습니다. 그래서 이집트에 교회 개척을 목적으로 간 정탐 여행이었습니다.

여행 중 카이로 모카탐(Mokattam)에서 콥틱 크리스천들을 만났습니다. 쓰레기를 분리수거하며 살아가는 그들은 모슬렘이 90%인 지역에서 예수 신앙을 지키기 위해 자발적으로 고난의 삶을 살아가는 사람들입니다. 모카탐에 사는 콥틱 크리스천들의 손목에는 한결같이 십자가 문신이 박혀 있습니다. 이들의 부모는 자녀들이 살아가면서 어떤 어려움이 있더라도 예수의 신앙을 포기하지 말라는 의미로 어릴 때 십자가 문신을 새긴다고 합니다. 그리고 이들의 자녀들도 대부분 쓰레기 마을에서 쓰레기를 분리수거하면서 살아갑니다. 예수님을 섬기는 믿음을 지키면서….

거기서 이런 생각을 하게 되었습니다. '이들에게 기독교란 무엇일까? 이들에게 예수님이 누구이기에 이토록 고난의 삶을 자원해서 살아가는 것일까?' 이들에게 예수는 생명이고 삶입니다. 인생 전체를 드려도 조금도 아깝지 않은 분! 우리의 자녀 모두 드려도 아깝지 않은 구세주임에 틀림없습니다.

그리고 자연스럽게 한국 교회와 한국의 청년세대와 다음 세대가 생각났습니다. 씁쓸했습니다. 마음속에는 진짜를 키워내고 싶다는 마음이 불타올랐습니다. '예수님을 섬기는 우리의 믿음을 지키기 위해서 불구덩이에라도 뛰어들 수 있는 진짜 성도들…. 이런 사람들을 보고 싶다.'

그리고 2월 말 한국에 도착했을 때 코로나로 온 세상이 혼돈 가운데 있었습니다. 그렇게 5개월이 지나도록 코로나는 한국을 강타하고 있었고 무엇보다도 한국 교회를 무참히 짓밟으며 우리의 세속적인 믿음을 조롱하고 있었습니다. 한국 교회는 심하게 흔들리고 있었으며 다음 세대와 청년들은 무너지고 있었습니다. 그래서 저희는 벼랑 끝에 서는 믿음으로 〈킹덤 콘퍼런스〉를 준비하게 되었습니다.

2차 팬데믹이 온다면 그 피해는 고스란히 다음 세대와 청년들에게 흘러갈 것이기 때문입니다. 그래서 강한 영으로 무장시키는 콘퍼런스가 필요하다고 판단했습니다. 단순히 개인의 성공과 축복을 이야기하는 것으로는 부족했습니다. 우리에게는 긴박한 마음이 있었습니다. 한 번도 시도해 보지 않았던 〈킹덤 온라인 콘퍼런스〉를 준비하면서 콘퍼런스의 방향성을 하나님 나라의 완성인 선교와 다시 오실 주님의 길을 예비하는 다음 세대와 청년들을 일으키는 것으로 결정했습니다. 그리고 시대적인 메시지를 선포할 수 있는 강사들을 모셨습니다. 이번에 출판되는 『벼랑 끝에 서는 믿음』은 킹덤 콘퍼런스에서 선포되었던 강사들의 주옥같은 메시지를 책으로 엮은 것입니다.

책 출간을 준비하면서 많은 분이 생각이 났습니다. 특별히 한평생 한국 교회의 회복과 장자권을 외치시면서도 늘 겸손함으로 무릎 꿇고 기도하시는 모습을 보여 주신 이영환 목사님(한밭제일교회 원로, 장자사역원 대표)과 하나님 나라와 연합 그리고 아버지의 마음을 삶으로 가르쳐 주신 손성무 목사님(처음그교회 말씀사역자, 바이블플랫폼 디렉터)께 진심으로 감사드립니다. 또한 교회 개척의 스피릿과 제자화의 영성 그리고 말씀 사역에 이르기까지 목회의 큰 골격을 잡아주신 김삼성 목사님(알마티은혜교회, 열두제자선교회 대표)은 일만 스승이 아니라 저의 영적 아버지가 되십니다. 저는 정말 이 존귀하신 아버지들의 눈물과 섬김의 토양 위에 서 있습니다. 아버지가 없으면 저도 없습니다. 그리고 온 생애를 하나님 나라의 완성을 위해 선교적 삶으로 드리고 계시며 추천의 글로 함께해 주신 이동휘 목사님(전주안디옥교회원로, 바울선교회대표)께 감사드립니다.

또한 한 형제가 되어 멋지게 달려가는 이그나이트 목사님들과 말씀과 기도로 방향을 잡아주시는 남궁성일 목사님께 감사를 드립니다. 또한 이 책이 나오기까지 실무에서 많은 수고를 감당한 리바이벌 서퍼 장수지 팀장을 비롯한 팀원 모두에게 진실된 감사의 마음을 전합니다.

마지막으로 부족한 종을 언제나 사랑으로 섬겨주며 순종으로 헌신하는 오메가교회 성도님들과 비전스테이션 동역자들에게 깊은 감사의 마음을 전합니다.

영원히 죽을 수밖에 없는 이 죄인을 인내로 기다려주시고 사랑한다 말씀하시는 내 구주 예수님께 모든 영광을 올려드립니다.

2020년 8월
황성은

로렌 커닝햄

Loren Cunningham

로렌 커닝햄(Loren Cunningham) 목사는 국제예수전도단 설립자이자 하와이 열방대학 총장으로 섬기고 있다. 1996년 세계 모든 국가를 방문한 최초의 선교사로서 인정받았고, 현재까지 238개의 주권국을 포함한 400개 이상의 국가와 속령, 섬을 방문한 바 있다. 초교파 선교단체 Youth With A Mission(YWAM,예수전도단)을 이끌고 있다. 주요 저서로는 『벼랑 끝에 서는 믿음』, 『하나님 정말 당신이십니까?』 등이 있다.

당신은 어디로 가시겠습니까?

" 여러분이 해야 할 일은 하나님께 순종하는 것뿐입니다.
내가 지금 여기 있사오니 나를 사용해 달라고 외치는 것입니다.
이것이 여러분의 삶을 바꿀 것입니다.
그리고 여러분이 만나는 사람들의 삶 또한 변화될 것입니다. "

코로나 이후 다가올 강력한 부흥

우리는 지금 코로나 사태를 마주하고 있습니다. 제가 살고 있는 이곳 하와이는 2020년 4월 25일, 완전 봉쇄되어 꼼짝도 못하는 상황이 되었습니다. 그러나 성령님께서는 여전히 자유롭게 공간을 초월하며 움직이고 계십니다. 그래서 저는 줌(Zoom)을 통해 전 세계에 복음을 전하고 있습니다. 어떤 날은 하루에 모든 대륙을 돌며 말씀을 전하기도 했습니다.

코로나바이러스가 창궐하기 전 2020년 2월 8일 토요일, 저희는 브라질 상파울루에서 큰 스타디움 3곳을 빌려 브라질 청년 15만 명과 함께 예배를 드린 적이 있습니다. 스타디움에 들어오지 못한 브라질 청년 200만 명과 미국인 60만 명을 비롯해 102국에서 온라인으로 접속해 함께 예배를 드렸습니다. 많은 사람이 놀라워했습니다. 우리는 4월에도 같은 장소에서 집회를 열려고 준비했지만 코로나바이러스가 전 세계에 대유행하기 시작하자 모든 집회를 온라인 집회로 진행하기로 했는데 더욱 놀라운 일이 벌어졌습니다. 147개국에서 청년 300만 명과 다음 세대가 각자의 처소에서 함께 예배를 드리는 역사가 일어났습니다. 12시간 동안 이어지는 집회에서 저를 포함한 많은 강사진이 온라인 예배를 함께 이끌었습니다. 우리는 이 집회를 '센딩(Sending)'이라고 불렀습니다. 전세계 젊은이에게 열방으로 나가라고 권면하는 것입니다.

예수님께서 말씀하셨습니다. "아버지가 나를 보내셨듯이 내가 너희를 보내노라." 그런데 먼저는 이들 청년을 열방으로 내보내기 전에 예수님이 누구이신지 정확하게 가르쳐야 했습니다. 그래서 장장 12시간 동안 복음을 나눴고 집회에 참석했던 청년 수천 명과 다음 세대들이 그날 예수님을 영접했다고 시인했습니다. 그 후 우리는 그들에게 열방으로 나가 복음을 전할 것을 권면했고 많은 청년이 선교사가 되기로 작정했습니다.

코로나 사태가 벌어진 후 더욱더 놀라운 일이 벌어지고 있습니다. 하나님께서 우리에게 더 멀리 그리고 더 많은 사람에게 복음을 전할 새로운 방법을 제시하시기 때문입니다. 그렇기에 우리가 묶여 있고 고립되어 있는 것이 아니라 더 많은 곳을 향해 복음을 전할 수 있는 기회를 맞고 있는 것입니다. 성령님께서는 여전히 자유롭게 움직이고 계십니다. 그 누구도 하나님을 제한할 수 없습니다. 아무리 큰 건물이나 경기장이라도 몇백만 명이 들어갈 수 있는 곳은 없습니다. 그러나 지금 온라인을 통해서 수백만 명에게 복음이 전해지고 있습니다. 장소가 필요하지 않게 되었습니다. 이후에 전염병이 잠잠해지거나 통제가 가능해지면 지금 온라인을 통해 복음을 들은 이들이 열방으로 나아가 복음을 전하게 될 것입니다.

그리고 하나님께서는 코로나를 통해 멀리 흩어지고 늘 바빠서 얼굴 볼 시간도 없던 가족을 다시 한자리에 모아주셨습니다. 그리고 서로 이해하고 사이좋게 지내면서 사랑하는 법을 배우게 하십니다. 사탄의 공격에도 하나님께서는 그 가운데 선한 것을 가져오십니다.

또한 경제, 문화, 정치 등 다양한 분야에서 세계화 운동이 일어나고 있습니다. 수백만 명이 하나 된 나라를 지지하게 되면서 창세기 11장의 말씀처럼 적그리스도가 하나 된 나라의 리더가 되기를 원합니다. 모든 사람이 한 가지 언어만을 사용했을 때 그들은 하늘을 향해서 탑을 쌓았습니다. 즉, 그들은 자신들의 방법으로 천국에 가기를 원했습니다. 그리고 하나님께서는 하나 된 나라를 만들려던 그들에게 다른 언어를 주셔서 흩어버리셨습니다. 언어는 하나님의 것입니다. 우리는 하나님의 방법을 따라야 합니다.

그렇다면 지금 이 시대의 팬데믹(pandemic)은 무엇을 의미합니까? 욥기에 보면 하나님께서 욥에게 모든 것을 앗아가신 것 같은 때가 있었습니다. 욥기는 성경에서 가장 오래된 책이라는 것을 아십니까? 욥은 성경책도 없던 시대를 살았습니다. 그런데도 욥은 하나님께서 살아 계신 것을 믿었습니다. 로마서 1장 말씀에 바울은 하나님이 창조하신 자연과 자연의 이치를 보면 하나님이 살아 계심을 알 수 있기 때문에 하나님을 모른다는 것은 변명의 여지가 없다고 말합니다. 욥은 하나님께서 살아 계시다는 것을 알았고 주기도 하시고 가져가기도 하시는 분이라고 믿었습니다. 그러나 하나님께서는 욥에게 하나님은 주시는 분이고 빼앗아가는 것은 사탄임을 가르치기 원하셨습니다. 욥이 시험받았을 때 그의 친구들은 욥을 판단하며 욥의 행동이 악해서 이런 저주를 받았다고 비판합니다. 그러나 욥은 악해서 벌을 받은 것이 아니었습니다. 어느 날 욥은 자신의 구원자가 살아 계시다는 것을 깨닫게 됩니다. 즉, 성육신하시기 전의 예수님 모습, 하나님의 아들이 이 땅에 오실 것임을 계시로 받게 된 것입니다. 모든 시험에 통과한 욥은 친구들을 위해 기도하고 용서를 빈 후에 고난받기 전보다 갑절의 복을 하나님께 받게 됩니다.

저에겐 지금은 세상을 떠난 아주 친한 친구가 있었습니다. 그의 이름은 데이비드 윌커슨(David Wilkerson)입니다. 그는 제가 19세 때 다녔던 펜실베이니아의 작은 교회에서 목회하던 24세의 젊은 목사였습니다.

우리는 함께 많은 사역하고 오랜 시간을 함께 보내며 둘도 없는 동역자가 됐습니다. 영화로도 제작된 그의 저서 『십자가와 칼』에는 그가 하나님께 받았던 예언이 담겨 있습니다. 그가 뉴욕에 있을 때 하나님께서는 전 세계에 전염병이 창궐할 것을 보여 주셨습니다. 술집이 문을 닫고 정부 기관도 문을 닫으며 심지어 교회까지 문이 닫히고 뉴욕이 크게 흔들릴 것이라고 그가 예언했습니다. 전염병이 사라진 후 아주 큰 영적 각성이 일어날 것이며 이 부흥은 모든 대륙을 뒤흔들 것이라고 이야기합니다. 이것이 1986년에 나온 데이비드의 책에 쓰인 내용입니다. 그리고 지금 그 일이 일어나고 있습니다.

저는 코로나바이러스 이후 강력한 부흥을 보게 될 것이라고 믿습니다. 하나님께서는 코로나바이러스를 통해 놀라운 영적 부흥을 일으키실 것입니다. 수십억 명이 주님께 돌아오는 것을 목격하게 될 것입니다. 그러나 그 전에 하나님께서 우리에게 하라고 하신 일들을 끝내야 합니다. 요한계시록 7장 9절 말씀에 따르면 모든 언어를 사용하는 나라와 민족이 천국에 있어야 하기 때문에 우리는 모든 민족에게 가서 복음을 전파해야 합니다. 우리는 부족과 나라에 상관없이 예수님의 은혜로 구속된 자이며 하나님의 가족입니다. 로마서 8장 말씀에 우리는 하나님을 아빠 아버지로 부른다고 기록되어 있습니다. 우리는 하나의 큰 가족이며 예수님은 장자이십니다. 우리는 예수님과 함께 이 세상을 다스리며 살아가게 될 것입니다. 세상의 것에 취해 이 놀라운 복을 놓치지 마십시오. 하나님의 음성을 듣고 순종하십시오. 하나님의 말씀을 알아가십시오. 날마다 주 예수님의 성품을 닮아가십시오. 하나님께서 가라고 하신 곳에 가고 하라고 하신 일을 하십시오. 그러면 우리는 하나님의 크신 계획 중 일부가 될 것입니다.

순종으로 기적의 문을 열다

예수전도단 열방대학은 163개국에 800개의 캠퍼스가 있으며 모든 캠퍼스에서 제자훈련을 이수할 수 있습니다. 브라질 델레아 열방대학에서 제자훈련을 받은 두 십대 자매의 이야기를 전하려고 합니다. 19세의 젊은 두 자매는 제자훈련을 받는 동안 아마존 정글에 있는 한 부족을 위해 기도하라는 하나님의 음성을 강하게 받았습니다. 하나님께서는 자매들이 기도할 때 지도를 보여 주시며 그 부족이 살고 있는 위치까지도 알려주셨습니다. 이들은 설레는 마음으로 정부 관계자와 선교사들께 하나님께서 알려주신 그 부족과 그들의 위치를 전했습니다. 그러나 돌아오는 대답은 절대 그런 부족은 존재하지도 않고 사람이 사는 곳과 굉장히 멀리 떨어져 있어 인적이 없는 지역이라고 했습니다.

그러나 하나님께서는 계속해서 자매들에게 그곳에 그 부족이 있다는 말씀을 하셨습니다. 예수님께서는 아흔아홉 마리의 양을 두고 한 마리의 양을 찾아 나가셨습니다. 그리고 우리에게도 온 천하를 다니며 모든 사람에게 복음을 전하라고 명령하셨습니다. 예수님은 그저 몇몇 사람을 위해 십자가에 못 박혀 돌아가신 것이 아니라, 인류 모두를 위해서 십자가 고난을 당하신 것입니다. 그 예수님의 명령에 순종한 두 자매는 하나님께서 감동 주신 그 부족을 위해 끊임없이 기도했습니다.

그리고 어느 날 하나님께서 자매들에게 말씀하셨습니다. "때가 되었다. 이제 가서 그 부족을 찾아라." 두 자매는 하나님의 음성에 순종해 고립된 섬을 돌아다니는 YWAM 소속의 배를 타고 아마존강 상류로 향했습니다. 폭포가 있는 목적지 근처에 다다르자 이들 자매는 배에서 내려 카누를 타고 폭포 주변을 돌아 강 상류로 계속해서 올라갔습니다. 강가에 카누를 세워두고 그 부족을 찾아 멀고 먼 길을 무작정 걷기 시작했습니다. 무성하게 자란 나무 때문에 낮에도 어두운 숲속을 그렇게 한참을 걷다가 한 줄기 빛이 내려오는 곳을 발견했습니다. 3일 동안 지칠 대로 지친 그들은 그곳에 주저앉아 잠시 쉬었습니다.

다시 기운을 차리고 고개를 들었을 때 긴 칼을 든 남자들이 큰 원을 그리며 두 자매를 에워싸고 있었습니다. 바로 수하라디 부족이었습니다. 두려운 상황이었지만, 하나님께서 말씀하신 그 부족을 만났다는 생각에 너무 기뻐서 노래를 부르기 시작했습니다. 신기하게도 노래를 부르는 동안 에워싸고 있던 사람들은 공격하지 않고 가만히 바라보기만 했습니다. 노래가 끝날 때쯤 나이가 지긋한 할머니 한 분이 자매들 곁으로 다가와 얼굴을 빤히 쳐다보다가 미소를 지었습니다. 그리고 그 두 자매를 그들이 사는 마을로 안내했습니다.

그들이 사는 마을에 도착한 두 자매는 다시 한 번 뛸 듯이 기뻤습니다. 그 마을은 하나님께서 말씀하셨던 바로 그곳이었기 때문입니다. 더욱 놀라운 것은 그 부족에게는 노래 부르는 사람은 영적인 사람이기 때문에 절대 죽이면 안 된다는 믿음이 있어서 처음 만났지만 목숨을 건질 수 있었던 것입니다. 두 자매는 얼마 동안 그 마을에 머물며 그들의 언어를 배웠습니다. 어느 정도 그들의 말을 알아들을 수 있게 되었을 때 할머니는 두 자매에게 자신이 꾸었던 꿈을 이야기했습니다. 두 자매가 이 마을로 향하기 2주 전 할머니는 꿈속에서 두 자매의 얼굴을 보았고 또 한 목소리를 들었다고 했습니다. "이들을 환영해라. 이들 자매는 너희에게 특별한 선물을 가지고 가고 있다." 그 특별한 선물은 바로 예수 그리스도의 복음이었습니다. 두 자매가 하나님의 음성을 듣고 기도하고 순종했을 때 그 미지의 부족이 예수 그리스도를 믿고 구원받는 기적이 일어난 것입니다.

열세 살 때 하나님께서는 저에게 열방을 다니게 될 것이라고 말씀하셨습니다. 그러나 그 말씀이 이루어지기까지는 무척 오랜 시간이 걸렸습니다. 기적처럼 하나님께서는 21년 전에 지구상에 존재하는 마지막 나라까지 가도록 인도해 주셨습니다. 하나님의 말씀에 순종할 때 하나님의 기적이 일어납니다. 하나님께서 두 자매에게 가서 이 부족을 찾으라고 말씀하셨습니다. 그들 스스로 절대 할 수 없는 일이었고 많은 사람이 그런 부족은 존재조차 하지 않는다고 말했습니다. 그러나 예수님께서는 그 수하라디 부족을 위해서도 십자가에 못박혀 죽으셨습니다. 그리고 하나님께서는 하나님 말씀을 듣고 순종하는 두 자매를 찾으셨고 수하라디 부족이 주님께 돌아오는 기적이 일어났습니다. 우리 주님은 우리를 통해서도 기적을 만드실 수 있습니다.

진리가 주는 자유

우리는 어떻게 하나님의 음성을 들을 수 있겠습니까? 하나님께서는 말씀하십니다.

"그러므로 믿음은 들음에서 나며 들음은 그리스도의 말씀으로 말미암았느니라."(로마서 10:17)

하나님의 음성을 어떻게 들을 수 있습니까? 하나님은 어떤 분이십니까? 하나님은 무한하시지만 인격적이신 분입니다. 우리는 하나님의 형상으로 지음을 받았지만 지음을 받은 자, 즉 피조물이기 때문에 유한한 존재입니다. 그러나 중요한 것은 우리는 '하나님의 인격적인 형상을 따라 지음을 받은 자'라는 것입니다. 말씀을 보면 하나님은 생각하시는 분이십니다. 무한한 지성과 지혜를 가지신 분입니다. 그 어떤 것도 그분의 지혜에 비할 바가 못 됩니다. 그분은 의지와 뜻이 있는 분입니다. 그분의 의지와 뜻대로 권능을 펼치십니다. 그리고 하나님께서는 감정을 갖고 계십니다. 이 땅의 죄악에 분노하시며 질투하십니다. 그러나 하나님은 긍휼의 하나님이십니다. 예수님께서는 말씀하셨습니다.

"내가 곧 길이요 진리요 생명이니…."(요한복음 14:6)

하나님은 진리이십니다. 거짓말을 할 수 없는 분입니다. 하지만 사탄은 모든 거짓의 아비입니다. 지금 이 사탄은 전 세계적으로 팬데믹 같은 끔찍한 일을 벌이고 있습니다. 코로나바이러스는 사탄의 저주입니다. 코로나(corona)는 영어로 왕관을 의미합니다. 사탄은 스스로 세상의 왕으로 지칭하며 왕관 쓰기를 원합니다. 사탄은 우리보다 똑똑하나 지혜롭지는 않습니다. 왜냐하면 지혜의 근본은 여호와를 경외하는 데서 비롯되기 때문입니다. 사탄에게는 사랑이 없습니다. 진리도 없습니다. 오직 거짓을 말하며 세상에 두려움을 가져옵니다. 그렇기에 세상 사람들은 지금 코로나의 두려움에 떨고 있습니다. 그러나 우리가 신뢰해야 할 것은 모든 능력을 가지신 하나님께서 이 모든 상황을 우리에게 허락하셨다는 것입니다. 그 이유는 하나님께서 우리에게 선택의 자유를 주셨기 때문입니다.

에덴동산에서 하나님께서는 아름다운 나무와 그 모든 소산물을 인간에게 허락하셨지만, 단 한 가지 선악과는 허락하지 않으셨습니다. 왜냐하면 진정한 사랑에는 선택의 자유가 있어야 하기 때문입니다. 사랑은 최선의 것을 선택하는 것입니다. 우리는 하나님께 가장 좋은 것을 드리기를 원합니다. 그리고 자신과 이웃을 위해서도 우리는 우리가 알고 있는 선에서 최선의 것을 선택합니다. 그러나 하나님의 방식은 다릅니다. 하나님께서는 두 자매에게 요구하신 믿음과 순종처럼 우리가 알지도 못하는 상상 이상의 선택을 우리에게 요구하십니다. 두 자매는 하나님의 말씀이 임했을 때 믿음으로 받았습니다. 하나님의 진리는 영원합니다. 하늘과 땅이 없어진다 해도 하나님의 말씀은 불변합니다.

마르크스주의(Marxism) 같은 상대적인 진리는 끝없이 변합니다. 창세기 3장 5절에서 사탄은 이렇게 말합니다. "여자야, 네가 하나님처럼 될 수 있어." 이 말은 곧 스스로 진리를 만들어 낼 수 있다는 것을 의미합니다. 하나님의 말씀에 배치된다 해도 굴복하게 됩니다. 사탄은 우리를 꾀어내기 위해 달콤하게 유혹하기도 하고 협박을 통해 두려움에 빠지게도 합니다. 우리는 선과 악 중에서 선택해야 합니다. 하나님의 진리를 아십시오. 하나님의 진리 안에서 우리는 자유케 됩니다.

성경에는 다양한 관계의 모습이 나옵니다. 크게는 나라와 나라 간의 관계가 있습니다. 가족과 가족 간의 관계가 있고 사람과 사람 사이의 관계도 있습니다. 성경 안에는 사람이 이룰 수 있는 모든 관계의 모습이 그려져 있습니다. 그리고 모든 관계에는 책임이 따릅니다. 하나님의 말씀도 마찬가지입니다. 하나님께서 친히 음성으로 우리에게 말씀하시는 레마(rhema)는 항상 성경에 문자로 적혀 있는 하나님의 말씀(logos)과 일치합니다. 그렇기 때문에 우리는 뜬구름 잡는 것이나 우리의 상상이 아닌 것을 깨달을 수 있습니다. 두 자매는 열방대학 제자훈련을 통해 이를 배웠기 때문에 하나님의 음성을 분별할 수 있었던 것입니다.

하나님께서는 모든 사람에게 말씀하시기를 원하십니다. 그러나 죄가 하나님과 우리 사이에 크나큰 장벽처럼 있어서 하나님의 말씀을 듣지 못하도록 막고 있습니다. 그러므로 우리는 우리의 죄를 회개해야 합니다. 하나님께서는 미쁘고 신실하시며 의로우시기 때문에 우리가 회개할 때 모든 불의에서 건져주시고 깨끗게 하십니다. 하나님께서 우리의 힘으로 절대 불가능한 우리의 죄를 씻어 주셨으니 그에 맞는 책임을 감당해야 합니다. 하나님께서는 우리를 통해 큰일을 행하실 것입니다. 하나님께서는 우리가 가지 못한다고 말하는 그 땅도 열어주시는 분이십니다. 우리가 결정하는 것이 아니라 하나님께서 결정하시는 것입니다. 우리가 할 일은 오직 순종뿐입니다.

부르심의 땅을 향하여

저는 오랫동안 한국 사람들을 알고 지냈습니다. 절친한 친구도 있습니다. 제가 결혼하기 전인 1961년 아프리카에 교사로 간 적이 있습니다. 부모님이 비어 있는 제 방을 저보다 7개월 어린 젊은 한국인 목사에게 내줬습니다. 1961년이라면 한국인 대부분에게 해외여행이 금지됐던 때입니다. 그는 어떻게든 여권을 만들어 미국 캘리포니아에 도착했는데 그때 그의 나이는 25세였습니다. 그는 한국에 교회를 세우기 위해 재정이 필요하다고 했습니다. 그 당시 교단의 선교부장으로 섬기셨던 저희 아버지는 그와 함께 교회를 돌며 재정 창구의 길을 열어주셨습니다. 그리고 10년 후, 1971년에 그의 교회를 방문해 말씀을 선포했습니다. 제가 머무는 기간 동안 성도 4,000여 명이 매일 함께 예배를 드리기 위해 모였습니다. 1970년대 서울의 모습은 지금과 사뭇 달랐습니다. 김포공항도 그리 큰 공항은 아니었고 목사님을 포함한 4,000여 명의 교인 중 차가 있는 성도는 단 한 명도 없었습니다. 심지어 자전거조차 눈에 띄지 않았습니다. 그런데 수요일 밤 하나님께서 놀라운 말씀을 저에게 들려주셨습니다. "자, 이제 이 사람들에게 한국이 전 세계에 선교사들을 파송하는 놀라운 선교대국이 될 것임을 선포하라!" 말씀대로 선포했습니다. 그러나 듣는 사람들은 고개를 푹 숙이기도 하며 부정하는 모습을 보였습니다. 그리고 몇몇 분이 찾아와 말했습니다. "목사님, 우리나라는 가난합니다. 설사 우리에게 돈이 있다 하더라도 해외 송금이 법으로 막혀 있습니다. 심지어 우리는 여권 발급도 불가능합니다." 저는 그들에게 단 한마디로 말했습니다. "하나님을 신뢰하십시오. 하나님께서 하실 것입니다." 지금 한국은 전 세계에서 두 번째로 선교사를 많이 파송하는 국가가 되었습니다. 그리고 그 젊은 한국인 목사는 여의도순복음교회 담임목사를 지낸 조용기 목사입니다.

제가 스무 살 때 친구 다섯 명과 팀을 이뤄 섬나라를 돌아다니며 복음을 전했습니다. 우리는 우선 음악으로 사람들의 시선을 끈 후 복음을 전했습니다. 집집마다 방문하며 성경과 신앙 서적을 나눠주었습니다. 그때가 1956년도였습니다.

어느 날은 200여 명 되는 사람들에게 말씀을 전해야 하는 일이 있었습니다. 저는 말씀을 준비하며 무릎을 꿇고 하나님께 여쭤보았습니다.

"하나님, 오늘 밤 제가 청년들에게 어떤 말씀을 전하기를 원하십니까?" 저의 기도에 하나님께서는 시편 말씀을 함께 나누라는 감동을 제게 주셨습니다.

"주의 말씀은 내 발에 등이요 내 길에 빛이니이다."(시편 119:105)

하나님께서 말씀으로 우리가 가야 할 길을 가르쳐 주신다는 말씀입니다. 또한 우리가 걸어갈 인생길의 빛이라고 말씀하십니다. 즉, 큰 그림으로 보았을 때 하나님께서는 우리가 가기를 원하시는 길이 있다는 것입니다. 저는 '계획'이라는 단어를 즐겨 쓰지는 않습니다. 왜냐하면 모든 것이 정해져 있다는 느낌이 들기 때문입니다. 그러나 성경은 하나님께서 우리에게 은사를 주시고 부르심을 주신다고 말씀합니다. 하나님의 부르심이야말로 우리 삶의 목적입니다. 우리가 잠시 방황하고 부르심에서 멀어진다고 하더라도 다시 하나님 품으로 돌아온다면 하나님께서 우리에게 주셨던 그 부르심은 여전히 우리의 것입니다. 하나님께서 주신 은사를 어떻게 사용하는지는 우리의 몫입니다. 우리는 받은 은사로 하나님을 공격할 수도 있고 하나님을 위해 사용할 수도 있습니다. 하나님께서 우리에게 자유의지를 주셨기 때문입니다. 에덴동산엔 아름다운 나무가 많이 있었습니다. 만약 하나님께서 선악을 알게 하는 나무를 심지 않으셨다면 아담과 하와에겐 자유의지가 없었을 것입니다. 하나님께서는 선악과를 에덴동산에 두심으로 그들이 로봇이 아니라 선택의 자유가 있는 사람임을 증명하셨습니다. 우리도 매일 선택하며 살아갑니다. 매 순간 삶의 목적에 합당한 선택을 하십시오.

오래전 주님의 응답을 기다리던 때가 있었습니다. 우리가 기도할 때 하나님께서는 우리 팀이 사역하게 될 단계들을 이미지로 보여 주셨습니다. 눈을 감아도 형상이 보였고 눈을 떠도 계속해서 그 형상이 보였습니다. 하나님께서는 제가 당장 무엇을 해야 할지 구하던 기도에 응답을 주신 것뿐만 아니라 더 나아가 부르심과 삶의 목적에 부합하는, 해야 할 일들을 큰 그림으로 보여 주셨습니다. 하나님께서 우리에게 부르심을 주셨다고 해서 혼자서 다 감당해야 하는 것은 아닙니다. 절대 아닙니다. 우리는 우리와 같은 부르심을 받은 많은 사람과 팀을 이루어 함께 달려가는 것입니다.

저는 십대 때 산타모니카 해변에서 파도 타는 것을 참 좋아했습니다. 9번째 파도가 가장 큰 파도인 걸 알고 있었기에 9번째 파도에 올라타기 위해서 항상 파도를 세는 습관이 있었습니다. 그런데 어느 날은 이상하게도 9번째 파도가 지났음에도 파도가 계속 커지기 시작했습니다. 하나님께서는 저의 관심사를 사용해 저에게 말씀하신 것입니다. 그날 하나님께서 보여 주신 환상은 이러합니다. 갑자기 하늘 위로 올려져 모든 세계와 모든 대륙을 위에서 바라보고 있었습니다. 그때 큰 파도가 모든 대륙을 덮쳐 이 세상에 존재하는 모든 나라와 민족과 족속으로 흘러갔습니다. 파도가 모든 열방을 처음부터 끝까지 덮은 것입니다. 저는 무릎을 꿇고 기도했습니다. "하나님, 하나님께서 이 일을 하실 것이라면, 제가 이 일에 참여하기 원합니다." 저는 지금까지 이 기도대로 살고 있습니다.

저는 YWAM(예수전도단)의 첫 번째 멤버입니다. 어느 날 멤버 한 명을 추가 영입할 기회가 생겼습니다. 바로 제가 결혼했기 때문입니다. 언젠가 큰 집회를 마치고 난 새벽 2시경, 우리 부부는 차 안에서 오랜 친구 데이비드 윌커슨과 함께 기도하고 있었습니다. 그 당시 우리는 하나님께서 시키신 일을 해 내며 많은 어려움과 역경을 겪고 있었습니다. 그때 데이비드가 말했습니다. "우리 팀이 열두 명밖에 안 되더라도 하나님께서 말씀하시는 일이라면 무조건 순종해야 합니다." 아내와 숙소로 돌아와 침대에서 무릎 꿇고 하나님께 진실한 고백을 올려 드렸습니다. "하나님, 오직 우리 부부만 남는다고 해도 하나님의 뜻이라면 우리는 하나님의 일을 하겠습니다." 하나님께서는 우리를 통해서도 하나님의 뜻을 이루시길 원하시며 배가시키시길 원하십니다.

1956년은 지금처럼 청년들이 열방에 나가 복음을 전하는 것이 허락되지 않을 때였습니다. 선교사가 되려면 대학을 졸업한 뒤 신학교에 진학하고 목사가 되어 몇 년이 더 지나서야 간신히 기회를 얻을 수 있었습니다. 그런데 주님은 성경을 통해 젊은이들을 쓰시는 모습을 보여주셨습니다. 하나님께서 말씀하셨습니다. "내가 너를 지금 당장 사용할 수 있다." 그리고 저는 성경에서 젊은 날에 쓰임 받았던 인물들을 살펴보았습니다. 다윗이 골리앗을 죽이고 나라를 구했을 때 그는 고작 16세였습니다. 다니엘이 바벨론에 포로로 끌려갔을 때도 16세였고 그의 친구들은 13세였습니다. 그러나 그들은 하나님께 쓰임을 받았습니다. 요셉이 애굽의 노예로 팔려갈 때가 17세였습니다. 요셉은 이집트의 총리 자리까지 올라갔던 사람입니다. 그러나 그는 시험과 유혹을 당하고 잘못된 참소로 감옥살이까지 했습니다.

우리가 하나님께 순종하고 하나님의 뜻대로 행할 때 하나님께서는 우리가 포기하고 멈춰서는지, 끝까지 달려가는지 보시기 위해 우리에게 인생의 바이러스 같은 일들을 통과하게 하십니다. 그리고 고난은 우리를 영적으로 더욱 깊어지게 하며 우리의 성품이 자라게 합니다. 우리는 모두 골짜기보다 산의 정상을 선호합니다. 그러나 우리는 골짜기에 있을 때 많이 배우고 깨닫게 됩니다.

열방으로 침투하라!

전 세계에 모국어로 성경이 번역되지 않은 나라는 약 2,000개국입니다. 오래전 기도할 때 하나님께서 우리에게 5개 영역을 보여 주셨습니다. 하나님께서는 성경이 말씀하시는 모든 것을 믿음으로 꼭 붙잡고 나아가기를 원한다고 말씀하셨습니다. 예수님께서는 마가복음 16장 15절에서 말씀하셨습니다. "너희는 가서(Go)…." 이 말씀은 장소를 바꾸라는 말씀입니다. "온 천하에 다니며(into all the world)…." 이 말씀은 지역을 의미합니다. 예루살렘에서 땅끝은 섬나라입니다. 하나님께서는 온 천하에 전하라고 하셨습니다. 강대상에서 이야기하는 것뿐만 아니라 교회 밖으로 선포하고 나누고 간증하는 것입니다. 이는 복음을 전하라는 것입니다. 그러면 듣는 이들이 예수님을 알게 되는 것입니다. 하나님은 무한하시지만 인격적인 분이십니다. 우리도 하나님의 형상으로 지음을 받은 사람들이기에 유한하나 인격적입니다. 하나님께서는 생각과 뜻과 감정이 있으십니다. 우리도 마찬가지입니다. 그러나 우리는 변하지만 하나님은 절대 변하지 않으십니다. 그의 진리는 변하지 않습니다. 하늘과 천지는 없어져도 하나님의 말씀은 영원합니다. 그렇기에 하나님의 말씀은 계속해서 전파되어야 합니다. 하나님께서는 "너희가 진리를 알지니 진리가 너희를 자유케 하리라" 하고 말씀하셨습니다. 예수님께서는 "내가 길이요 진리요 생명"이라고 말씀하셨습니다. 의사소통하는 방법은 다를 수 있습니다. 전하는 방식은 달라도 복음은 변하지 않습니다. 우리가 지금 사용하는 줌은 새로운 소통 방식 중 하나입니다. 예수님께서는 모든 사람에게 복음을 전하라고 명령하셨습니다.

우리는 삶에서 예수님을 제한하지 말고 모든 영역으로 침투해야 합니다. 지금 YWAM만 하더라도 단기적으로 선교하는 학생들이 500만 명이 넘습니다. 그러나 이는 아무것도 아닙니다. 수백만 명의 청년과 다음 세대가 하나님 나라의 확장을 위해 달려가고 있습니다. 하나님께서는 YWAM에 그 일부를 맡겨주신 것뿐입니다. 더 넓은 세계가 있습니다. 더 많은 사역이 있습니다. 여러분이 해야 할 일은 하나님께 순종하는 것뿐입니다. 내가 지금 여기 있사오니 나를 사용해 달라고 외치는 것입니다. 이것이 여러분의 삶을 바꿀 것입니다. 그리고 여러분이 만나는 사람들의 삶 또한 변화될 것입니다. 많은 사람이 복음을 받아들이고 주님 앞으로 나아가는 장면을 보게 될 것입니다. 하나님의 놀라운 역사가 여러분 앞에 펼쳐질 것입니다.

우리는 더 큰 꿈을 꿉니다. 개개인에게 복음을 전하고 예수님께 돌아오는 것을 뛰어넘어 한 나라의 복음화를 꿈꿉니다. 그렇기에 우리는 더 많은 일꾼이 필요합니다. 예수님의 꿈을 이루기 위해서는 다음 세대가 일어나 예수님을 전해야 합니다. 나라의 제자화는 어떻게 일어날 수 있습니까? 예수님께서는 그 나라에 세례를 주라고 말씀하십니다. 세례를 표현하는 그리스 단어로는 '$\beta\alpha\pi\tau\iota\zeta\omega$(밥티조)'와 '$\beta\alpha\pi\tau\omega$(밥토)'가 있습니다. 개개인이 구원을 받고 영접했을 때 $\beta\alpha\pi\tau\omega$라는 단어를 씁니다. 그러나 예수님께서는 $\beta\alpha\pi\tau\iota\zeta\omega$라는 단어를 쓰셨습니다. 쓰이는 의미는 지금과 다르지만 예수님께서 사시던 시대에 $\beta\alpha\pi\tau\iota\zeta\omega$라는 말에는 "소금물에 푹 담그다"라는 뜻도 있습니다. 일정 기간 절여 두면 오이가 피클이 되고 배추가 김치가 되듯이 완전히 적시는 것입니다. 한 나라를 복음화하는 것도 이와 같습니다. 예수님께서 가르치시고 분부하신 모든 것을 가르쳐 지키게 하는 것입니다. 그렇기 때문에 성경이 필요합니다. 성경에 적셔져야 합니다. 성경은 우리에게 예수님께서 말씀하신 가치관과 신념의 원리를 가르쳐 줍니다. 즉, 성경적 가치관은 성경을 통해서 배울 수 있습니다. 말씀에 푹 빠져서 우리의 생활을 녹여낼 때 국가적으로 그리스도를 갈망하는 변화가 일어날 것입니다.

대한민국에도 65%의 가정에 성경이 없습니다. 하지만 대한민국에 살고 있는 우리가 변화를 일으킬 수 있습니다. 한국에 있는 모든 기독교인이 100가정씩 다니면서 성경을 나눠준다면 머지않아 대부분의 가정에 성경이 들어갈 것입니다. 믿지 않는 사람들이 안 받겠다고 할 수도 있습니다. 전 세계 20억 명이 믿는 이 복음을 들어보지 않겠느냐고 제안해 보십시오. 그리고 세계 역사를 통해서도 이들을 설득할 수 있습니다. 하나님께서 천지를 창조하신 일부터 계시록까지 모든 사람이 알아야 할 필요가 있습니다. 성경은 새 하늘과 새 땅에 관해 말씀하시고 이는 실제로 우리에게 가까이 오고 있습니다. 이제는 알아야 합니다. 말씀을 배워야 합니다. 성경이 우리의 신념과 가치, 원칙을 가르쳐 주기 때문입니다. 그리고 성경적 가치관이 문화적으로 형성되어 가족을 바꾸고 언어를 바꾸며 민족을 바꾸고 마침내 나라를 바꿀 것입니다.

땅끝까지 가라

저는 독립국가를 포함해 이 세상에 존재하는 모든 나라를 방문했습니다. 세상에서 가장 복음이 들어가기 어려운 지역은 캐나다 위쪽에 있는 큰 섬입니다. 5만 5,000여 명이 살고 있고 대통령이 통치하는 덴마크령입니다. 이 세상에는 섬이 수십만 개 있습니다. 한국에도 제주도가 가장 유명하지만 그 외 크고 작은 섬이 수천 개 있습니다. 중국, 일본, 베트남, 필리핀에도 수많은 섬이 있습니다. 인도네시아에는 약 1만 6,000개의 섬에 사람들이 살고 있습니다. 853개 언어를 사용하는 파푸아뉴기니에는 사람들이 살고 있는 섬이 291개나 됩니다. 어떻게 우리는 이들 섬나라에 복음을 전할 수 있겠습니까?

하나님께서 YWAM에 보여 주신 전략은 '배'를 이용하는 것이었습니다. 1977년 우리는 구제선으로 불리는 첫 번째 배를 구매할 수 있었습니다. 그리고 25년 동안 부흥을 이루고 성장하며 배 세 척을 확보했습니다. 그러나 함께 뜻을 이뤘던 몇몇 분이 큰 배로 아프리카에서만 사역하기를 원했기에 우리가 가졌던 모든 것을 그들에게 주면서 그들을 도왔습니다. 그들은 현재까지도 그곳에서 놀라운 사역을 펼치고 있으며 많은 YWAM 멤버가 일원이 되어 섬기고 있습니다. 그리고 또 다른 감동은 작은 배로 더 많은 섬에 들어가는 것이었습니다. 그래서 현재 YWAM에서는 27척의 배를 확보하고 있습니다.

지금 제가 살고 있는 하와이 코나에도 수척의 배가 정박해 있는데 그 중 한 척으로 29개 섬을 돌아다니며 복음을 전하고 그들의 언어로 제작된 성경을 나눠주고 그곳에 교회를 개척하는 데 도움을 주는 사역을 하고 있습니다. 또 운동 좋아하는 사람들과 함께 섬에 들어가 농구와 축구 같은 구기 운동을 가르쳐 주고 함께 시간을 보내며 그곳에 있는 젊은 사람들의 마음을 열어 제자훈련을 진행했습니다. 이 같은 방식으로 많은 팀을 각기 다른 섬에 배치한 후 일정 기간 제자훈련을 진행하도록 도왔습니다. 그러나 이 세상에 존재하는 수많은 섬에 다 들어가 복음을 전하는 일이 어떻게 가능하겠습니까?

우리는 필리핀에 있는 리더에게 유인도 2,000여 곳에 배가 들어갈 수 있도록 도와주겠다고 약속했습니다. 필리핀 해군의 지휘관에게 YWAM 의 배가 필리핀의 모든 항구를 무료로 이용할 수 있도록 허락을 받았습니다. 그리고 필리핀에서 가장 큰 정유회사 대표는 5년간 무료로 석유를 공급해 주기로 약속했고 의료회사는 의약품과 기기를 공급해 주기로 했습니다. 바이러스가 일어나기 전 지난 몇 달 동안 일어난 일입니다. 이 새로운 비전을 성취하기 위해 우리는 많은 배와 많은 사람이 필요합니다. 요트를 소유하고 있는 그리스도인들이 있다면 그들이 일어나야 합니다. 우리에게는 수천 척의 요트가 필요하기 때문입니다. 요트 하나로 한 달 혹은 그 이상 하나의 섬에 머물 수 있게 하고 모든 비용을 본인이 부담한다면 청년들과 함께 섬에 들어가 복음을 전할 수 있게 됩니다. 이 일을 실행하기 위해 우리는 1,000척의 요트를 1년에 한 달 정도 대여해 달라고 요트를 소유한 그리스도인들에게 권면합니다. 마음에 감동이 오는 사람들이 있어 앞으로 10년간 요트 약 2,000척이 대여된다고 가정할 때, 요트 한 척당 5개 섬을 감당해 사역한다면 10년 안에 10,000개 섬에 복음을 전파할 수 있는 것입니다.

작은 것이라도 시작부터

　요한계시록 7장 9절에는 천국과 하나님 보좌 앞에 모든 나라, 족속, 백성, 방언이 있다고 말씀합니다. 즉, 우리는 열방 곳곳을 누비며 모든 민족에게 모든 언어로 복음을 들고 나아가야 한다는 것입니다. 현재 성경 한 구절도 자신의 언어로 번역되지 않은 1,000개가 넘는 언어가 있습니다. 저는 청년과 다음 세대에게 늘 도전을 권면합니다. 만약 시작도 하지 않는다면 영원히 끝을 볼 수 없을 것입니다. 시작해야 합니다! **작은 것이라도 시작해야 합니다.** 우리의 작은 시작이 어떤 변화를 가져올지는 아무도 알 수 없습니다. 그렇기에 우리는 청년들에게 통역을 가르칩니다. 성경을 전혀 알지 못하는 1,000개의 언어 중 대부분을 가진 두 나라가 있습니다. 바로 파푸아뉴기니와 나이지리아입니다. 파푸아뉴기니에는 성경이 번역되지 않은 언어가 272개나 됩니다. 우리는 이 나라를 위해 무언가 할 것이고 지금도 하고 있습니다. 또 다른 나라 나이지리아 역시 성경이 번역되지 않은 언어가 207개나 됩니다. 따라서 1,200개 부족이 복음을 듣지 못했습니다. 어떻게 이들에게 성경을 전하고 복음을 전해줄 수 있겠습니까? 심지어 지구상에는 문자조차 없는 종족이 많습니다. 한국은 세종대왕이 한글을 만들어 사람들이 읽고 배울 수 있도록 가르쳤습니다. 그 결과 한국은 교육 수준이 높은 나라가 되었습니다.

　우리가 진행한 '유니스크립트 프로젝트(Uniscript Project)'가 있습니다. 우리는 8년 동안 기도하고 일하면서 하나님께서 우리에게 보여 주신 문자를 체계적으로 만들어 냈습니다. 새롭게 만든 이 문자는 모양과 소리가 동일합니다. 역사상 처음으로 개발된 문자입니다. 이 문자(Uniscript)를 통해 현재 50개국의 언어에 문자를 결합할 수 있었으며 문자가 없는 모든 언어에 이 기술을 도입하는 것을 우리의 목표로 정했습니다. 세계적으로 권위 있는 예일대학 언어연구소가 이 문자 체계 기술에 관심을 보이고 있습니다.

청년과 다음 세대의 은사와 부르심이 무엇이든 하나님의 영광을 위해 사용해야 합니다. 하나님의 말씀에 순종하고 모든 민족을 제자화할 마음을 품을 때 하나님께서 일하실 것입니다. 하나님께서 재정을 주시고 동역자도 붙여주실 것입니다. 앞으로 우리는 10년간 1,000개 언어로 신약과 구약을 번역해 성경책을 만들어 전파할 것입니다. 바이러스가 우리를 방해한다 해도 우리는 먼저 크리스마스 때까지 성경 중 두 구절을 1,000개의 언어로 번역할 것입니다. 그래서 우리에게 동역자가 필요합니다. 함께 일할 사람이 필요합니다. 그리고 이 일은 현재 파푸아뉴기니에서 일어나고 있습니다. 우리는 일단 두 구절만 1,000개의 언어로 번역하지만 마침내 성경 전체가 번역되는 역사를 보게 될 것입니다. 기적을 보게될 것입니다.

벼랑 끝에서 살기를 원한다면 순종하며 앞으로 나아가야 합니다. 예수님의 또 다른 지상 명령은 마태복음 25장에 있습니다. 가진 것들을 나누고 나그네를 보호하고 먹을 것과 입을 것을 나눠주며 감옥에 갇힌 자들을 방문하는 일입니다. 많은 청년과 다음 세대 그리고 은퇴하신 분들이 장단기로 봉사하며 사역하십니다. 예수님께서는 타협하지 않으셨습니다. 온 천하 모든 사람에게 복음을 전하여 제자 삼고 이방 문화 속으로 들어가 젊은 세대를 교육하고 소외된 사람들을 보호하며 구제하는 사역을 하라고 말씀하셨습니다. 우리는 말씀대로 살아야 합니다. 순종해야 합니다.

당신은 어디로 가시겠습니까?

하나님을 위해 무엇을 하고 어디로 가야 하겠습니까? 하나님께서 "가서 복음을 전하라"라고 하셨기 때문에 어디로든 가야 합니다. 우리는 어디에서 무엇을 따라 살아야 합니까? 인생의 목표가 무엇이어야 합니까? 돈 많이 버는 것입니까? 하나님의 뜻 안에 거하고 하나님의 나라를 위하는 데 돈 버는 것도 중요합니다. 그러나 핵심적인 질문은 하나님 안에 우리가 바로 서 있고 그에 합당한 목표가 있느냐는 것입니다. 사람들은 묻습니다. "예수의 재림의 때가 지금입니까?" 평생 동안 이 질문을 들었습니다.

이 질문은 예수님의 제자들이 사도행전 1장에서 예수님께 물었던 것과 같은 질문입니다. 그때 제자들에게는 정복의 욕망이 가득 차 있었습니다. 예수님께서 세상의 왕이 되시길 바랐습니다. 예수님 옆에서 힘과 권력을 누리고 싶어 했습니다. 그랬기에 그들이 물었습니다. "예수님, 지금이 그때입니까?" 이 질문에 대답하신 예수님의 말씀을 제 나름대로 표현하면 이렇습니다. "너희가 상관할 일이 아니야. 너희가 때를 알 필요가 없어." 또 다른 상황에서 예수님께서 마지막 때에 관해 이렇게 말씀하십니다. "그때는 오직 아버지만 아시며 아버지만이 선택하실 수 있다. 그러나 너희가 할 일과 목적이 있다. 나의 증인이 되어 성령께서 너희에게 임하시면 예루살렘과 유대와 사마리아와…." 지리를 잘 안다면 여기까지 들은 제자들의 심정을 잘 알 수 있습니다. 사마리아 옆은 갈릴리이기 때문에 갈릴리가 고향인 대부분의 제자들은 집에 갈 생각으로 신나 있었을 것입니다. 그러나 예수님께서는 갈릴리로 가라고 말씀하시지 않습니다. 갈릴리를 넘어 땅끝까지 이르러 내 증인이 되라고 말씀하십니다. 이 말씀에 기대어 우리 모두 도전해야 합니다. 우리는 이제 어디로 가야 하겠습니까?

청년과 다음 세대를 위한 기도

주님, 사랑하는 귀한 친구들을 위해 기도합니다. 이들을 하나님을 닮은 형상으로 변화시켜 주시옵소서. 하나님을 더 잘 알게 하시고 매 순간 하나님과 동행하게 하시고 하나님의 음성을 들으며 살아가게 하시옵소서. '내가 너를 사랑한다. 내가 너를 향한 목적이 있다.' 하나님 여기 모인 모든 사람에게 은사와 부르심을 주셔서 감사합니다. 이제 이들이 부르심을 향해 앞으로 나아가게 하옵소서. 그리스도께 순종하는 것을 향해 나아가게 해 주시고, 그곳에서 전 세계에 복음을 전하게 하옵소서. 또 북한을 위해 기도합니다. 북한에 있는 5개도의 어린이 7만 2,000명을 매일 먹이고 있습니다. 우리 공장에 여성 200명이 일하고 있습니다. 저희가 하나님 나라를 위해 할 수 있는 일이 이 세상 곳곳에 아직 많이 남아 있습니다. 하나님이 가라고 하시면 하나님께서 허락하신 방법을 찾아 그곳에 가야 합니다. 예수님이 바로 길이십니다. 우리에게 늘 길을 보여주실 것입니다. 예수님이 바로 진리이십니다. 우리 삶에서 그 진리를 알기 원하십니다. 예수님은 영원한 생명이십니다. 그 영생에 들이지 못할 짧은 인생은 없습니다. 우리는 우리의 인생 하나 구하지 못하는 사람들이지만 주님께서 가라고 하시는 곳이면 어디든지 가겠습니다. 언제 어떻게 가야 하는지 보여 주시옵소서. 주님께서 우리와 함께하시는 한 우리가 기꺼이 용기 있게 벼랑 끝에 서겠습니다. 예수님의 이름으로 기도합니다. 아멘.

Q&A

Q. 많은 청년이 부르심을 발견하기를 원하는데 그 부르심을 어떻게 알 수 있을까요? 환상으로 보거나 음성으로 듣지 않고는 발견할 수 없나요?

하나님께서 하라고 하시는 그 일을 그때 하시면 됩니다. 계속해서 작은 일이라도 계속 순종해 보세요. 하나님께서는 제가 17세 때 11명의 또래와 복음을 전하기 위해 멕시코로 가라고 하셨어요. 우리가 스페인어를 잘하지는 못했지만 우리가 전하는 복음을 듣고 사람들이 예수님께 돌아오는 것을 봤습니다. 그런데 그 당시에는 하나님이 저에게 어떤 사명을 주셨는지 몰랐습니다. 다만 그것은 그 당시 제가 할 수 있는 일이었고 그것을 어떻게 하는지를 주님이 보여주셨던 거지요.

여러분이 지금 학교에서나 슈퍼마켓에서 또는 사무실에서 누군가에게 복음을 전할 수 있지 않겠어요? 그렇게 전할 때 하나님의 뜻이 여러분 안에서 더 커집니다.

그리고 되돌아보면 "하나님이 나를 이렇게 인도하셨구나." 하고 깨닫게 될 것입니다. 저는 지금 85세, 한국 나이로는 86세인데 저처럼 여러분도 삶의 끝에 서서 인생을 되돌아보면 하나님이 어떻게 인도해 오셨는지를 알 수 있습니다. 늘 예수님을 신뢰하세요. 성령님께서 예수님을 따라갈 수 있도록 인도해 주실 것입니다.

Q. 많은 사람이 궁금해하는 것입니다. 목사님께서는 하나님의 음성에 순종한다고 하셨는데 어떻게 하나님의 음성과 내 생각과 어둠의 생각을 분별하시나요?

전 세계에 있는 기독교인이 가장 많이 하는 질문입니다. "내가 어떻게 하나님의 뜻을 분별하고 알 수 있을까?" 제가 펴낸 첫 번째 책 제목이 『하나님, 정말 당신이십니까?』입니다. 제목을 그렇게 정한 이유는 많은 기독교인이 하나님이 정말 나에게 말씀하시는 것인지 알기 원하기 때문입니다. 지금 그 책이 한국어를 비롯해 150개 언어로 번역되어 수백만 명이 읽었습니다.

그 책에는 많은 이야기가 있는데 그중 하나가 사람들이 어떻게 하나님의 음성을 듣고 그 음성을 분별했는지에 관한 이야기입니다. 성경에서 말씀하시는 하나님의 음성이라는 것을 몇 가지 예를 들어 말씀드리겠습니다.

하나님께서는 환상을 사용하셔서 말씀하실 수 있습니다. 모세에게 말씀하셨듯이 귀에 들리는 음성으로 말씀하실 수 있습니다. 또 생각 속에 아주 세세하고 잔잔한 음성으로 말씀하실 수 있습니다. 하나님께서는 환영을 사용하실 수도 있고 날씨를 바꾸어 주목하게 만드실 수도 있습니다. 또 믿지 않는 사람들에게 기적도 베푸시고 이적과 표적을 행하셔서 치유와 같은 일도 일어나게 하십니다. 그런데 우리가 그것도 하나님의 음성이라고 말하는데 이것은 목소리로 말씀하시는 것이 아니라 하나님께서 그런 것을 보여주심으로써 인도하시는 말씀입니다.

또 삶 가운데 선지자를 보내 예언을 통해서도 말씀하시며 성경 말씀 공부를 통해서도 우리가 하나님의 음성을 들을 수 있습니다. 그리고 성령의 은사를 통해, 천사들을 사용해 말씀을 주실 수도 있습니다. 하나님은 우리에게 이 모든 것을 사용하셔서 말씀하십니다. 성경을 보면 하나님께서 인간과 소통하셨던 방법이 20가지 정도 나옵니다.

그런데 아까도 강조했지만 그중에서 가장 중요한 것은 성경 그 자체입니다. 많은 사람이 성경을 읽다가 갑자기 어느 구절에 꽂힐 때가 있습니다. 그 구절이 툭 튀어나와 살아 있는 것처럼 다가오는 그런 경험을 많이 합니다.

예를 들어 말씀드립니다. 남아프리카공화국에서 많은 어려움을 겪고 있던 리더에게 말씀을 전할 때였습니다. 1,000명 이상씩 죽어 나가는 그런 시기였습니다. 그런데 그때 남아프리카공화국에 있는 육군, 해군, 경찰의 리더와 그 나라 정부 관료에게 말씀을 전해야 했는데 그 사람들에게 뭐라고 전해야 할까 고민했습니다. 그때 주님이 머릿속에 이사야 62장 "내 땅이 결혼한 바 될 것이며"를 말씀으로 주셨어요. 그래서 간단하게 메시지를 전했습니다. 하나님이 지금 남아프리카공화국 땅이 결혼하게 될 것이라고 말씀하셨습니다. 그 당시 남아프리카공화국은 극도로 분열되어 있었어요. 설교가 끝난 뒤 어떤 장군이 와서 말했습니다. "전쟁을 치르는 동안 다 죽여버리자는 생각만 머릿속에 맴돌았는데 오늘 말씀에서 이 땅이 결혼한 바 될 것이라는 그 한 구절이 계속해서 제 마음을 울립니다." 이 말씀이 남아프리카공화국을 향한 하나님의 말씀이었고 저의 설교를 통해 하나님의 말씀이 전해졌던 것입니다. 하나님의 음성을 듣고 싶으십니까? 성경 안으로 깊숙이 들어가십시오. 어려움으로 꽉 조여올 때 성경 말씀이 여러분 삶으로 튀어나올 수 있도록 하십시오. 여러분의 목소리에서, 행동에서, 생각 속에서 하나님의 말씀이 나올 수 있도록 꾸준히 말씀을 붙잡고 사십시오. 성경은 하나님의 말씀이에요. 역사를 보여 주는 것이죠. 우리는 또한 이스라엘 역사를 통해 하나님께 순종했을 때와 불순종했을 때의 결과를 확연하게 알 수 있습니다.

이스라엘 역사 안에는 많은 전쟁이 있습니다. 구약의 말씀이 신약에서 계시되어 있기도 하고 신약의 말씀이 구약의 말씀 속에 감춰져 있기도 하지요. 바울은 이렇게 말합니다.

"우리가 육신으로 행하나 육신에 따라 싸우지 아니하노니 우리의 싸우는 무기는 육신에 속한 것이 아니라 오직 어떤 견고한 진도 무너뜨리는 하나님의 능력이라 모든 이론을 무너뜨리며…."(고린도후서 10:3~4)

이 말씀에 따르면 우리는 허구의 사람들과 싸우는 것이 아닙니다. 실제 구약에서 일어났던 전쟁을 모델 삼아 전쟁의 의미가 무엇이며 왜 일어났는지를 배우는 것입니다. 그렇기 때문에 그리스도인의 전쟁은 영적 전쟁입니다. 그리고 성경은 영적 전쟁에서 승리하는 법을 가르쳐 줍니다. 우리가 영적 전쟁에서 승리하고 돌파할 때 부흥이 일어날 것입니다. 부흥은 지역적으로 일어나는 것이 대부분이지만 영적인 각성이 일어날 때 온 세계에 폭발적인 부흥으로 번지게 될 것입니다.

김삼성

SamSeong Kim

김삼성 목사는 1990년 10월 모슬렘권의 카자흐스탄에 알마티은혜교회를 설립해 5,000여 명이 출석하는 교회로 성장시켰으며, 2000년부터는 '비전 실크로드'를 발족해, 첫 해 약 2만 명이 운집하는 민족회개와 겨레축복의 대성회를 치렀다. 글로벌 감각으로 무장한 선교 동원가이며, 탁월한 성경교사세미나, 기름 부음과 전략적 사고를 동시에 강조하는 비저너리(visionary)로 오늘도 중앙아시아를 지키고 있다.

하나님의 카이로스 타이밍

> 하나님의 타이밍 구속사의 시간표에 나타나는 세 가지 중요한 점은
> 하나님의 타이밍이 있었다는 것, 그 타이밍 안에서
> 사람을 택하신다는 것, 하나님은 새 일을 시작하신다는 것입니다.

1. 하나님의 카이로스 타이밍

하나님은 새로운 시대마다 새로운 일을 행하십니다. 그 새로운 일을 행하실 때 항상 3가지 요소가 따른다는 점을 발견할 필요가 있습니다.

첫째는 타이밍이고,
둘째는 하나님이 부르시는 사람이며,
셋째는 하나님이 행하시는 새 일입니다.

성경에서 하나님이 사용하신 위대한 인물을 살펴보면 하나님께서 새 일을 행하실 때마다 타이밍을 주시고 그 타이밍에 불러내셨다는 것을 알 수 있습니다. '코로나바이러스', '디지털 시대', '5G 시대 돌입' 같은 사회적으로 새로운 국면을 나타내는 단어들의 등장은 하나님께서 새 일을 행하시는 타이밍이라는 것을 의미합니다.

카이로스(Kairos)라는 말은 하나님의 계시적 시간을 의미합니다. 하나님의 사람들은 인생을 살아가면서 하나님께서 그 시대마다 새롭게 일을 열어 가시는 카이로스 타이밍을 알고 행하는 것이 매우 중요하다는 사실을 강조하고 싶습니다. 저는 성령님의 음성에 민감하게 반응하면서 지금이 하나님의 시간표 안에서 어떤 카이로스 타이밍인지 아주 예민하게 살펴보면서 살아가고 있습니다. 그래서 매일 아침저녁 기도하고 말씀을 연구하고 성령님의 음성을 들으면서 하나님의 시대적 타이밍을 읽어 내려고 애씁니다.

하나님의 타이밍, 아브라함

창세기 12장에서 하나님은 아브라함을 불러내셨습니다. 아브라함은 모슬렘도 신앙의 아버지로 추앙하는 인물입니다. 그런 그를 하나님의 시간, 하나님의 타이밍에 어떻게 불러냈는지 아는 것은 아주 중요합니다. 그것은 아브라함이 살던 시대를 보면 알 수 있습니다. 아브라함이 살던 시대를 한마디로 표현하면 '신들의 전쟁' 시대였습니다. 〈그리스 로마 신화〉를 읽어보면 모두 '신들의 이야기'입니다. 그리스 로마 시대는 지금 지중해 연안의 북쪽에 위치한 지역에서 인간의 삶과 운명을 신들을 통해 알기 원했던 때입니다. 아브라함의 고향은 아랍 지역 중에서도 유프라테스강과 티그리스강이 만나는 지역인 갈대아 우르였습니다. 고고학적으로 갈대아 우르 지역은 '중동지역의 신들'이 탄생한 곳입니다. 그리스 로마 시대와 아브라함이 살았던 시대의 갈대아 우르는 수메르 제국의 중요한 도시 중 하나였는데 그곳은 달을 섬기는 우상숭배의 온상이었습니다.

이러한 당시 시대적 배경은 "왜 하나님이 아브라함을 불러내셨는가?"라는 물음의 답을 이해하는 데 도움이 됩니다. 하나님이 창세기 12장에서 아브라함을 불러내신 그 시대가 어떤 카이로스 타이밍이었는지를 아는 것이 중요하기 때문입니다. 하나님은 인류 역사를 통해서 자신을 여호와 하나님, 스스로 계신 하나님, 인류를 구원하시는 하나님, 공의로 심판만 하시는 하나님이 아니라 자비로 구원하시는 여호와 하나님으로 계시하시길 원하셨습니다. 왜, 언제 계시하기를 원하셨는지 살펴보겠습니다.

하나님은 온갖 가짜 신이 난무하고 그 가짜 신을 섬기는 중동지역 가운데 자신을 계시하기를 원하셨는데 이를 위해서 계시할 대상인 사람이 필요했던 것입니다. 그리고 그 사람에게만 계시하시는 것이 아니라 그 사람의 인생을 통해서 하나님 자신을 풍성하게 모든 인간에게 계시하기를 원하셨습니다. 그래서 하나님은 모든 인간이 신을 찾고 있던 그 시대에 아브라함을 찾아가셔서 그를 불러내시고 가나안 땅으로 이끄시며 여호와 하나님이 어떤 분이신지, 하나님의 나라는 어떤 곳인지, 하나님은 어떤 원칙과 법칙으로 질서를 유지하고 세상을 다스리시는지 계시하신 것입니다.

성경을 살펴보면 창세기 11장과 12장에 아브라함과 그의 아버지 데라와 함께 모든 가족을 이끌고 갈대아 우르를 떠나 하란 땅에 왔다고 나옵니다. 하란 땅은 지금 터키의 한 지방입니다. 하란은 상업의 중심지였습니다. 쉽게 말해 세속주의의 영이 가득했던 곳입니다. 그뿐만 아니라 다른 신을 섬기는 곳이기도 했습니다. 그러니까 우상숭배와 세속주의가 가득했던 그곳에서 하나님은 아브라함을 통해 하나님 자신을 계시하시길 원하셨던 것입니다. 모든 인간에게 참 하나님을 계시하기 원하신 그 카이로스 타이밍에 하나님은 아브라함이라는 사람을 찾아내 새 일을 주시고 그 일을 이루게 하셨습니다. 그래서 하나님의 음성을 들었을 때 새로운 시대가 왔다는 것을 인식한 아브라함은 하나님의 새로운 계시를 발견하고 그 하나님과 동행하는 새 삶을 결단하게 됩니다. 그 결과 아브라함은 세속주의로 가득 찬 현대 뉴욕이나 로스앤젤레스, 샌프란시스코 같은 도시 하란을 떠나 하나님과 동행하는 나그네의 삶, 장막의 삶을 시작하면서 하나님을 체험하기 시작했습니다. 하나님의 카이로스 타이밍이 아브라함에게 온 것입니다. 그리고 그의 삶은 변화되기 시작했습니다. 아브라함 한 사람을 통해 하나님은 역사 가운데 하나님이 누구신지 계시하기 시작하셨습니다. 그 아브라함을 통해서 유대인이라는 한 민족공동체가 생겨났고 그 공동체를 통해서 메시야이신 예수 그리스도가 탄생하게 되었습니다. 오늘날 전 세계 모든 족속, 모든 민족이 우리 구주 되신 예수 그리스도를 통해서 하나님을 아는 은총의 길이 열린 것입니다.

하나님의 타이밍, 모세

모세 역시 하나님의 타이밍에 부름 받은 사람이라는 것을 알 수 있습니다. 우리는 단순히 이스라엘 백성이 애굽에서 고통당하기 때문에 그들을 종살이에서 구원하기 위해 모세를 택하셨다고 생각합니다. 그러나 하나님의 타이밍으로 볼 때 단순히 이스라엘 백성을 애굽의 종살이에서 구원해 내는 데만 목적이 있는 것이 아니라 하나님의 큰 경륜, 하나님의 큰 계획, 하나님의 뜻, 하나님의 심판 계획을 이루기 위해 모세를 택하셨다는 것을 알 수 있습니다. 하나님의 타이밍에 모세라는 사람이 선택되었고 하나님은 그를 통해 새 일을 시작하기를 원하셨다는 것입니다. 이스라엘이라는 민족을 만들기를 원하셨으며 그 민족을 통해 하나님의 계시를 우리에게도 풀어 주기를 원하셨던 것입니다. 우리는 '이스라엘 백성을 애굽에서 종살이할 때 해방시키신 하나님'으로만 알고 있지만 사실은 그보다 더 큰 목적이 있었는데 바로 '하나님의 심판'을 위해서였습니다.

그 당시 가나안 땅에는 일곱 족속의 죄가 하늘을 찔렀기 때문에 창세기 15장에 보면 하나님께서는 출애굽이 일어날 것을 미리 아브라함에게 계시하셨습니다.

"여호와께서 아브람에게 이르시되 너는 반드시 알라 네 자손이 이방에서 객

이 되어 그들을 섬기겠고 그들은 사백 년 동안 네 자손을 괴롭히리니 그들이 섬기는 나라를 내가 징벌할지며 그 후에 네 자손이 큰 재물을 이끌고 나오리라 너는 장수하다가 평안히 조상에게로 돌아가 장사될 것이요 네 자손은 사대 만에 이 땅으로 돌아오리니 이는 아모리 족속의 죄악이 아직 가득 차지 아니함이니라 하시더니…."(창세기 15:13~16)

이스라엘 백성이 애굽에서 종살이를 할 것이라는 이야기입니다. 그들이 섬기던 나라를 징벌하고 후손들이 큰 재물을 이끌고 출애굽할 것이라는 이야기입니다. 400년 동안 아모리 족속의 죄악이 가득 차서 하나님이 심판하실 카이로스 타이밍이 와야만 출애굽이 시작될 것이라고 말씀하시는 것입니다. 한마디로 모세는 하나님의 타이밍에 아모리 족속의 심판을 위해서, 하나님의 계시를 담는 이스라엘 민족을 형성하기 위해서 택함 받은 사람이었습니다. 여기서 하나님의 구속사에 나타나는 세 가지 중요한 점은 ①하나님의 타이밍이 있었다는 것 ②그 타이밍 안에서 사람을 택하신다는 것 ③하나님이 새 일을 시작하신다는 것입니다.

하나님의 타이밍, 예수님

예수님의 이야기로 들어가겠습니다. 예수님 당시에 이스라엘 민족은 유대교라는 종교를 가지고 있었기에 당연히 이런 의문이 생깁니다. '이미 하나님을 믿는 그 민족에게 하실 일이 무엇이었을까?' '무슨 타이밍 때문에 예수님이 오셨을까?' 예수님께서는 형식적 종교에 매인 사람들을 생명으로 인도하기 위해서 오셨습니다.

유대교의 율법주의에서 성령의 인도하심을 받는 교회의 생명 안으로 들어오게 하기 위해 예수님께서 오신 것입니다. 예수님은 병 고침, 귀신 쫓아냄의 기적과 산상수훈의 가르침을 통해 사역의 본질을 깨닫게 하시고, 하나님 나라의 합당한 시민이 누구인가를 보여주려고 오셨습니다. 십자가와 부활의 계시를 통해 우리가 예수님을 믿어 구원받고 천국에 이르는 놀라운 백성이 되었다는 것을 가르쳐 주시기 위해 오셨습니다. 예수님께서 2,000년 전에 유대 땅에 오신 목적은 성령의 계시로 말미암아 더는 율법에 얽매여 사는 것이 아니라 성령의 생명의 능력으로 매 순간 그분의 음성을 들으면서 성령님과 인격적으로 동행하는 삶을 가르쳐주시기 위함이었습니다. 이것이 카이로스 타이밍이라는 것입니다. 주님은 그냥 오신 것이 아닙니다. 전 세계 유대교를 믿는 유대인들에게도 새로운 생명의 종교를 바로 전하게 하시고 이 유대 민족을 통해서 또 온 민족 모든 열방과 방언들이 예수 그리스도를 통해서 하나님의 성령님의 은혜 속에 들어가게 하기 위해서 주님은 그의 타이밍에 오셨습니다. 그래서 예수님의 탄생을 중심으로 해서 B.C.(Before Christ, 기원전)와 A.D.(Anno Domini, 기원후), 즉 주님 이전과 이후의 세계로 나뉜 것입니다. 예수님은 그 정도로 인류 역사 자체에 중요한 분이십니다.

하나님의 타이밍, 사도 바울

사도 바울의 경우를 봅시다. 왜 하나님께서 사도 바울을 택하셨는지는 그를 택하신 시대를 보면 잘 이해할 수 있습니다. 사도 바울이 사역하던 시기는 예수님의 시대와 같은 시대입니다. 그때는 전 세계 모든 길이

로마로 통하고 로마제국을 거쳐 온 세계로 통하던 시대였습니다. 그때 하나님은 바울이라는 사람을 준비시키셨습니다. 유대인으로서 로마시민권이 있으며 히브리어에 능통하고 로마와 헬라 문화에 익숙한 그에게 주님이 찾아오셨습니다. 바로 하나님의 타이밍에 말입니다. 예수님을 통해서 부활의 복음이 새롭게 살아나고 로마라는 제국을 통해 온 세상에 복음을 증거할 수 있는 길이 준비된 이 카이로스 타이밍에 맞춰 바울이라는 사람을 택하신 것입니다. 로마제국을 통해 온 세상으로 뻗은 그 길을 통해 하나님의 교회, 가정교회를 무수히 세우기 위해 그 카이로스 타이밍에 하나님은 사도 바울을 불러주신 것입니다. 하나님께는 하나님의 타이밍이 있습니다. 하나님의 카이로스 타이밍이 있다는 것입니다. 하나님이 일하시는 시간, 전환의 시간, 변환의 시간, 새 일을 행하시는 시간이 있습니다.

하나님의 타이밍, 김삼성

저는 1982년 겨울에 거듭나 하나님의 부르심을 받았습니다. 경희대 법대를 졸업한 뒤 1985년 하나님께서 독일 유학을 허락하셨습니다. 21일 금식기도 뒤에 하나님의 인도하심에 따라 신학 공부를 하기 위해 독일로 떠났습니다. 그곳에 있는 동안 하나님은 저에게 엄청난 훈련을 시키셨습니다. 인생의 두려움을 극복하게 하는 훈련, 물질의 두려움을 극복하는 훈련, 관계 안에서 깨어짐을 극복하는 훈련 등 다양한 훈련을 시켜주시더니 1990년 그 당시 구소련 공화국 중 하나인 중앙아시아 카자흐스탄으로 보내셨습니다. 아주 중요한 '하나님의 타이밍'이었습니다.

저에게 주신 하나님의 타이밍은 중앙아시아의 카자흐스탄, 키르기스스탄, 우즈베키스탄, 타지키스탄, 투르크메니스탄으로 이어지는 소위 '탄탄탄탄' 하는 모슬렘 나라에 처음으로 복음을 활발하게 증거하는 것이었습니다. 하나님께서는 김삼성이라는 사람을 1982년 겨울에 부르시고, 선교사가 되고자 하는 마음을 주셨으며, 헌신하게 하시고 때를 기다리게 하시다 독일로 불러내시고 6년 동안 훈련시키신 다음에 중앙아시아로 보내신 것입니다. 1990년 고르바초프 소련 대통령의 주도로 페레스트로이카(перестро́йка, perestroika)라는 새 변혁의 시대가 시작되어 소련의 문이 활짝 열렸을 때 그를 제1호 선교사로 카자흐스탄에 보내신 것입니다. 저의 개인적인 이야기가 아니라 카이로스 타임을 이야기하는 것입니다.

그때 제가 귀를 기울여 성령님의 음성을 듣지 않았다면 역사 가운데에서 하나님이 구소련 지역 중앙아시아의 모슬렘 국가에 행하시는 카이로스 타이밍에 쓰임 받지 못했을 것입니다. 감사하게도 저는 매 순간 성령님의 음성에 귀를 기울이는 삶을 살기로 결단했고 주님의 음성을 듣고 그곳에 들어갔으며 그곳에서 사역하면서도 끊임없이 들려주시는 성령님의 음성에 민감했기에 하나님께서는 2000년부터 2017년까지 중앙아시아의 '탄탄탄탄' 나라에 600~700개 교회를 개척하는 엄청난 축복의 길을 마련해 주셨습니다.

하나님의 카이로스 타이밍은 1990년 소련이 무너지고 문호가 개방되어 복음이 들어가는 것이었고 제1호 선교사로 한 사람을 부르셨습니다. 그가 순종했을 때 그를 통해 위대한 새 일을 행하셨다는 것을 말씀드리는 것입니다.

하나님의 타이밍, 이 시대

우리 시대는 디지털 시대로 돌입했습니다. 최근 이 사회에는 많은 변화가 일어나고 있습니다. 코로나바이러스 사태가 일어나기 이전에 5G가 등장했습니다. 이로써 엄청나게 빠른 속도로 소통이 이루어지는 세대가 된 것입니다. 현대는 대화와 소통의 시대인데 그것도 대면이 아니라 비대면으로 대화하고 소통하는 시대가 열리게 된 것입니다. 5G가 등장할 때 하나님께서는 우리에게 이미 예고해 주신 것입니다. 하나님은 5G의 등장을 통해서 이미 우리에게 엄청나게 빠른 비대면 소통시대를 예언하신 것입니다. 하나님이 다니엘 12장에서 마지막 때에 빠르게 왕래하고 엄청나게 지식이 더하는 시대가 온다고 말씀하셨는데 이것이 5G 시대를 통해서 시작되는 것입니다.

그런데 이 5G 세상으로 더 빠른 속도로 돌입하게 한 사건이 코로나바이러스 사태입니다. 이 코로나바이러스 사태가 일어나자마자 5G의 중요성과 그 필요성이 절실히 느껴지게 되었습니다. 원하든 원치 않든 바이러스에 감염되지 않기 위해서라도 모든 사람이 디지털 비대면 삶을 살기로 결단하기 시작했습니다. 그렇게 하지 않고는 사람을 만날 수 없고 이전의 인간 시대로 돌아가기도 어려운 환경이 되었기 때문입니다.

이것은 세상이 바뀌었다는 것을 의미합니다. 그러나 복음은 바뀌지 않았습니다. 복음의 본질도 변화되지 않았습니다. 예수 그리스도는 어제나 오늘이나 영원토록 변치 않습니다. 다만 복음을 증거하는 수단이 바뀌었을 뿐입니다. 그 복음을 증거하는 속도도 바뀌었습니다. 최근 교회의 전환 방식을 보면 대부분이 오프라인에서 온라인 사역으로 많이 전환하거나 오프라인과 온라인을 겸해서 사역하고 있습니다.

예를 들면 미국에서 20대와 30대 중 유튜브를 사용하지 않는 사람은 1%밖에 되지 않습니다. 98.5%가 유튜브를 사용하고 있습니다. 그들 가운데 교회 다니는 사람, 오프라인 예배를 드리는 사람은 10% 미만입니다. 그렇다면 디지털 시대를 대표하는 유튜브, 인스타그램, 페이스북, 틱톡, 왓츠앱 같은 모든 소셜미디어는 우리의 선교 대상이며 선교지라는 사실을 알 필요가 있습니다.

다시 말해 교회가 지금 도전받고 있습니다. '진정 청소년과 청년의 복음화를 원하는가?' '제자화를 원하는가?' '그들의 생명을 어둠에서 구원하기 원하는가?' '그들에게 참된 생명의 길을 보여주기 원하는가?' 이러한 질문에 답을 하려면 디지털 미래로 들어가서 그곳을 복음으로 점령할 필요가 있다는 것입니다. 그러므로 우리는 가능한 한 오프라인과 온라인을 모두 활용해야 할 것입니다. 수많은 사람이 지금 온라인을 선호하는 시대로 넘어가고 있습니다. 머지않아 온라인으로만 소통하게 되는 시대가 오리라고 예상할 수 있습니다. 전문가들은 '코로나바이러스는 시작일 뿐이다. 더 큰 위험의 시대가 올 수 있다.'고 이야기합니다. 만약 이때 우리가 비대면 디지털 세상에 무지하거나 그 안에서 복음을 증거하고 나누지 못한다면, 또 온라인으로 드리는 소그룹 예배를 활성화 하지 못한다면, 온라인 사역을 제대로 준비하지 못한다면 다음 세대 기독교는 완전히 황폐화할 수밖에 없다는 것을 말하는 것입니다.

그래서 우리는 복음의 본질과 생명을 증거하기 위해서라도 디지털 세계로 돌진해야 합니다. 디지털은 복음의 본질이 아니지만 복음 증거와 전달의 도구이며 수단입니다. 예배를 예배 되게 하기 위한 하나의 귀중한 도구라는 것을 인식할 필요가 있습니다. 이를 두고 논란이 많은 것으로 알고 있습니다. 온라인 예배가 진정한 예배인가, 아닌가 하는 토론은 잠시 멈추고 생각해 보겠습니다. 만약 온라인으로밖에 할 수 없는 시대가 온다면, 원하든 원치 않든 젊은 세대와 새로운 세대가 온라인만이 그들의 인생이라고 생각하고 움직여 나아간다면 그때 우리는 그런 현상을 그냥 비성경적이라고만 말할 것인가를 검토할 필요가 있습니다.

감사하게도 성경은 온라인 예배가 비성경적이라고 말씀하고 있지 않습니다. 우리는 성경으로 돌아가야 합니다. 그리고 본질을 지켜야 합니다. 껍질은 껍질일 뿐이고, 도구는 도구일 뿐입니다. 모든 방법을 동원해 그 시대에 하나님의 카이로스 타이밍에 하나님이 행하시는 새로운 일을 위해서 새로운 준비를 해야 할 것입니다.

앞에서 언급한 아브라함, 모세 그리고 바울은 벼랑 끝에 서는 믿음으로 하나님의 카이로스 타이밍에 철저하게 순종하며 나아갔던 사람이라는 것을 인식해야 합니다. 그런 의미에서 청소년들과 청년들은 이 디지털 세상에서 하나님이 행하실 일, 그 위대한 일을 행할 주역이 될 사람들이며 분명히 하나님께서 부르시는 사람들이라고 확신합니다.

카이로스 타이밍에서 필요한 것은 세 가지입니다.
첫째, 성령님의 음성에 철저히 민감해야 합니다.
둘째, 게으르면 안 됩니다. 부지런해야 합니다.
셋째, 개척적이어야 합니다.

아브라함처럼 주님이 말씀하시는 대로 믿음으로 순종해 도시의 편리함을 버리고 장막에 사는 나그네의 삶을 감수하면서 나아가는 헌신이 있어야 합니다. 모세처럼 '내 안에는 이런 일을 행할 능력이 없습니다'라는 생각이 들어도 주님의 말씀이라면 순종하며 나아가야 합니다. 주님의 사역은 우리 자신의 힘으로 감당하는 것이 아닙니다. 이 세상은 자기 힘으로 사는 것이 아닙니다. 하나님께서는 성령님의 음성에 민감하고 순종하는 자를 쓰셔서 새 일을 행하십니다.

우리의 타이밍

지금 우리가 살고 있는 이 시대에 하나님은 이미 대전환을 시작하셨습니다. 대면에서 비대면으로, 접촉(contact)에서 비접촉(untact)으로 전환되었다는 것을 뜻합니다. 5G 시대로 진입했고 디지털 세상으로 전환했습니다. 주님 앞에 기도가 필요한 때입니다. "하나님, 이와 같은 전환의 시대에 제가 할 일이 무엇입니까? 주님, 저도 여기에 동참하게 해 주옵소서! 저를 사용해 주옵소서! 적당히 살다가 시대에 뒤떨어진 사람으로 사는 것이 아니라 시대에 앞장서는 사람으로서 성령님의 이끄심에 이끌려 위대한 일을 보길 원합니다." 우리 모두 이 일에 쓰임 받기를 주님의 이름으로 축복합니다. 이 땅의 청소년과 청년들을 축복합니다. 이전 세대의 사람들은 청소년을 돕고 청년들을 도우며 함께 나아가야 할 것입니다. 함께 새 시대를 열어가야 할 것입니다. 새 창조가 일어나기 위해서는 개척의 영이, 정복의 영이 필요합니다. 멈추지 마시고 기도로 하늘의 문을 열어 마지막 때 다니엘처럼, 에스겔처럼 하나님이 원하시는 뜻을 분별하는 진실한 믿음의 사람이 되시길 바랍니다.

2. 목적 있는 열정

앞에서 타이밍이라는 주제로 말씀드렸습니다. 새 시대가 열렸다는 것이고 하나님의 타이밍이 왔다는 것입니다. 이 타이밍에 하나님의 사람들, 특별히 청소년과 청년들에게 가장 중요한 한 가지 성품이 필요합니다. 바로 열정입니다. 우리 모두는 열정을 회복해야 하고 회복된 열정을 지녀야만 합니다. 아무리 큰 비전이 있고 아무리 큰 꿈을 가진 사람이라도 열정이라는 추진력과 엔진이 없다면 하나님이 주신 비전도, 부르심도 성취할 수 없기 때문입니다.

세계적인 리더십의 대가 존 맥스웰은 비즈니스를 하거나 대기업을 경영하는 사람에게는 뛰어난 리더로서 공통된 특징이 있다는 것입니다. 그 공통된 특징은 한마디로 '열정'이라는 것입니다. 회사를 키우려는 열정, 복음을 전하려는 열정, 뭔가 자기 속에 일어나는 꿈을 성취하려는 열정을 지녔다고 합니다. 열정을 지닌 사람은 활활 불타오르는 엔진과 같은 열정 때문에 자신이 이루고자 하는 일을 반드시 성취하고 만다는 것입니다.

이번 콘퍼런스의 주제가 "벼랑 끝에 서는 믿음"입니다. 열정을 가진 사람은 벼랑 끝에 서 있다는 위험성과 두려움을 느끼지 않고 오히려 전진할 수 있는 길을 찾아냅니다. 그래서 이런 열정을 지닌 사람은 '사람들이 자신을 인정해 주느냐', '자신을 받아주느냐', '자신을 사랑해 주느냐'에 관심 자체를 두지 않습니다. 생각 자체가 자기에게 주어진 내적인 성취 욕구가 가득 차 있기 때문에 삶 속의 그 거룩한 열정 때문에 사소한 일에서 사람들의 관심이나 인정을 돌아볼 여유가 전혀 없다는 것입니다. 그뿐만 아니라 심지어 이런 사람들은 먹을 것이 있는지, 입을 것이 있는

지, 어디서 잘 것인지, 미래가 어떻게 될지조차도 고민할 여유가 없습니다. 그냥 지금 주어지는 것으로 만족하고 지금 주는 것으로 먹고 수많은 어려움 속에서도 전혀 개의치 않고 오직 자신에게 주어진 그 부르심만 향해 힘차게 달려가는 것이 열정을 지닌 리더의 특징입니다.

그 열정 때문에 1990년 카자흐스탄 선교사로 들어가서 2011년에 터키로 나오기까지 21년간 아내가 차려 준 밥을 거의 먹을 수 없었습니다. 우리 두 사람 모두 하나님의 복음을 전하려는 열정에 너무나 불타 있었기 때문입니다. 저보다 아내가 더 바빴기에 우리는 한국식 김치를 만들어 먹을 시간도, 밥을 지어 먹을 시간도 없었습니다. 그래도 우리는 불평하지 않았습니다. 하나님이 우리를 부르신 그 부르심에 따른 불타오르는 열정이 우리의 양식이 되었기 때문입니다. 예수님께서는 제자들에게 말씀하셨습니다. '내게는 너희들이 알지 못하는 양식이 있다. 아버지의 뜻을 행하는 그것이 양식이다.' 그 말씀은 예수님 안에 부족함을 채워 줄 수 있는 '거룩한 열정'이 들어 있다는 것입니다. 그것이 우리에게 진정한 양식이라는 것입니다. 만일 우리의 인생에서 꼭 하고 싶고, 이루고자 하는 열정이 살아 있다면 그것은 우리의 삶을 강하게 하는 능력이 될 것입니다. 또한 어려운 상황이 온다 해도 그 열정으로 결코 불평하지 않게 될 것입니다.

바울의 목표 있는 열정

여기서 꼭 한 가지 말하고 싶은 것은 열정만 아니라 '목표 있는 열정'

입니다. 그냥 열정이 아니라 목표 있는 열정, 무엇을 위한 열정인지 그것이 매우 중요합니다. 목표 없는 열정은 뜨거운 열정일지라도 마치 차가 서 있는 상태에서 일어나는 공회전과 같다고 할 수 있습니다. 자동차를 시동만 걸어두고 운행하지 않는 상태로 엔진을 놔두는 것을 공회전이라고 합니다. 목표가 없는 열정을 가진 사람은 마치 시동만 켜 놓은 채 차를 움직이지 않고 공회전만 하는 자동차와 같다는 말입니다. 즉, '마음에 열정은 불타오르는데 일은 성취되지 않는다'는 의미입니다. 그래서 우리 인생에서 목표 있는 열정을 가지는 것이 굉장히 중요합니다. 목표라는 것은 '눈에 보이는 어떤 과녁'입니다. '손에 잡고 싶은 결과'라는 것입니다.

히브리서 11장 1절에 '믿음은 바라는 것들의 실상이요 보이지 않는 것들의 증거'라는 말씀이 나옵니다. 이 말은 믿는다는 것은 마치 내 눈앞에서 그 일이 이루어질 것 같은 분명한 목표의식을 지니고 있다는 뜻입니다. 다시 말해, 기도하는 가운데 하나님이 내 인생에 어떤 일을 하실 것 같다는 믿음과 부르심을 주시고, 그 부르심이 내 삶의 목표와 방향성이 되었을 때 공회전하던 열정은 목표 있는 열정으로 변합니다.

목표와 방향성은 청소년과 청년들에게 결여되는 부분입니다. 오늘날 청소년과 청년들은 매일 스마트폰으로 카카오톡과 유튜브, 페이스북 같은 SNS를 붙들고 삽니다. 이때 문제는 머리로는 많은 새로운 정보를 습득하는 것 같지만 수동적이고 맹목적인 정보 전달만 이루어질 뿐 인생의 목표와 방향성은 생각하지 못한다는 점입니다. 또 유튜브가 현 시대의 주류 문화가 되면서 많은 사람들이 유튜버가 되고 싶다는 꿈을 꾸지만 구체적인 목표의식과 계획을 세울 힘이 없기 때문에 일은 성취되지 않은 채 긴 시간을 낭비하기도 합니다.

이러한 일들은 하나님의 사역자나 목회자들에게도 일어날 수 있습니다. 그들의 마음속에 복음을 증거하고자 하는 열정이 불타오르고 하나님의 뜻을 향해 살고자 하는 뜨거운 마음이 불타오릅니다. 그러나 분명한 목표의식이 없다면 마치 공회전하는 자동차처럼 마음의 엔진은 계속 가동되지만 제자리걸음을 하며 목표지점을 바라만 볼 뿐입니다.

이와 달리 성경에 보면 열정으로 불타오르면서도 목표가 분명한 한 사람이 있습니다. 우리가 잘 아는 사역자 사도 바울입니다. 그에게는 분명한 인생의 목적이 있었습니다. 예루살렘에서 다메섹으로 가는 도상에서 부활하신 예수 그리스도를 만나는 순간 그는 인생의 목표를 찾았습니다. "내가 너를 이방인의 사도로 불렀다." 하시는 주님의 말씀을 들은 사도 바울은 그 순간부터 그 목표를 향해 달려갑니다. 이방인에게 복음을 증거한다는 것은 다소 '불분명한 목표'라고 할 수 있습니다. 그러나 그는 기도하는 가운데 보다 더 '분명하고 구체적인 목표'를 찾게 됩니다. 이 구체적인 목표에 그의 열정이 쏟아 부어지게 된 것을 사도행전을 통해서 알 수 있습니다. 그래서 사도 바울은 1~3차 전도 여행을 통해서 이방인에게 복음을 증거한다는 목표를 뜨거운 열정으로 성취하기 시작했습니다.

그에게는 '명확한 목표의식'이 몇 가지 있었습니다.

첫째, 가는 지역마다 가정교회를 개척하는 것이었습니다. 그는 가는 곳마다 크리스천 모임을 만들고 예배를 드렸습니다. 다시 말해 가정교회 개척이라는 명확한 목표의식이 있었습니다. 복음을 전하러 간 곳에서 사람들에게 예수를 믿으라고 말하는 것으로 끝내지 않았습니다. 예수를 믿고 영접한 이들의 집에서 교회를 시작하는 것이 분명한 목표였기 때문에 바울은 그 분명한 목표를 성취하기 위한 열정으로 끊임없이 달려갔습니다.

둘째, 지역마다 그리스도의 제자를 세우는 것이었습니다. 그냥 건물을 빌려 예배 처소를 만들었다는 것이 아닙니다. 중요한 것은 새롭게 세워진 교회 공동체 안에 리더, 그리스도의 제자가 서 있느냐는 것이었습니다. 무엇보다 중요한 것은 그리스도의 제자를 세우는 일을 위해서 방향과 목표의식을 분명하게 설정하고 나아갔다는 것입니다.

셋째, 사도 바울에게 있었던 분명한 목표의식은 지역마다 찾아가는 것이었습니다. 그 당시에 로마는 온 세계로 통하는 길이었습니다. 로마 제국을 복음화하면 전 세계를 복음화하는 것과 마찬가지였습니다. 그래서 사도 바울은 갈라디아 지역으로, 그리스지역 지역으로, 로마로, 나중에는 스페인까지 찾아갔습니다. 그 당시 로마라는 제국이 형성되어 있는 도시마다, 지역마다 찾아가서 복음을 증거했습니다. 모든 지역에서 하나님의 제자가 형성되게 하겠다는 그의 열정이 불타올랐다는 증거입니다.

이와 같은 사도바울의 구체적인 열정을 아래 세 가지로 정리할 수 있습니다.

첫째, 가정교회를 개척하고자 하는 열정이었고,
둘째, 지역마다 제자를 세우려는 열정이었으며,
셋째, 로마제국 전역을 다 다니는 열정이었습니다.

"이제는 이 지방에 일할 곳이 없고 또 여러 해 전부터 언제든지 서바나로 갈 때에 너희에게 가기를 바라고 있었으니…."(로마서 15:23)

이 말씀에서 주목해야 할 부분은 '이제는 이 지방에 일할 곳이 없고'

입니다. 사도 바울이 로마서를 기록한 곳은 고린도라는 도시입니다. 고린도는 지금의 그리스 수도 아테네 남서쪽에 있는 도시입니다. 그런데 지금 이 로마서를 기록한 시기가 사도 바울이 그곳에 복음을 전한 지 몇 년 되지 않았을 때였습니다. 몇 년 되지 않아서 고린도와 아테네, 그리스 전역에 복음이 다 전해진 것도 아닙니다.

그런데 왜 그가 "이제는 이 지방에 일할 곳이 없다"라는 말을 했을까 생각해 봅니다. 사도 바울의 심령 속에 불타오르는 '목적 있는 열정'은 큰 교회 안의 모든 사람이 복음을 받는 것이 아니라 로마 전역의 도시마다 제자를 세우고 조그만 가정교회라 하더라도 교회를 세우는 것이 목적이었습니다. 그렇기 때문에 지역마다 교회를 세우고 제자들을 세웠습니다. 그러나 그렇게 세운 교회를 키우기 위해 목회만 계속하면 안 되겠다고 인식했을 것입니다. 그래서 사도 바울은 '내가 이 지방에 더 일할 곳이 없다'라고 말한 것입니다. 그 말은 '도시마다 가정교회가 섰다'라는 의미입니다. 사도 바울의 '목적 있는 열정'은 단순히 '교회를 키우는 열정'이 아닌 '교회가 없는 곳에 교회를 세우고 크리스천 제자가 없는 곳에 제자를 세우는 것', 그것이 그의 목적 있는 열정이었다는 것입니다.

카자흐스탄을 변화시킨 열정

제가 제1호 선교사로 들어갔던 카자흐스탄이라는 나라는 중앙아시아에 있는 나라입니다. 처음에는 마음속 뜨거운 열정으로 그곳에서 한 사람이라도 예수 믿는 영혼으로, 한 명의 제자라도 만들었으면 좋겠다는 마음으로 나아갔습니다. 그런데 기도할 때 그 복음의 뜨거운 열정 때문에 마음속에 큰 감동을 주셨고, 우리가 렌트한 아파트의 주인이 성령으로 거듭나서 방언도 하고 예언도 하면서 새 사람으로 변화되는 역사가 일어났습니다. 계속해서 기도했을 때 하나님께서는 '신문에 광고를 내라'는 감동을 주셨습니다. 어떤 광고를 어떻게 낼 것인지 성령님께 여쭈어 보았더니 성령님께서는 '성경학교를 시작한다'라는 광고를 내라는 감동을 주셨습니다.

하지만 겁부터 났습니다. 그 당시 카자흐스탄은 구소련 공산주의 치하의 나라였기 때문에 복음을 전하는 것을 금지했으므로 신문에 광고를 낸다는 것은 아주 위험한 일이었습니다. 그런데 하나님은 이 일을 행하라는 마음을 주셨고 저는 열정으로 그것을 실행했습니다. 성령님의 음성을 듣고 순종했을 때 놀랍게도 약 30명이 우리 성경학교에 나왔습니다. 일주일에 3번씩, 매 번 5시간씩 성경을 가르쳐 그 30명이 우리 교회에서 모두 예수님을 믿고 영접하게 되면서 모두 교회의 개척자가 되고 그중에서 성경학교 사역을 감당하는 사람들이 나타나기 시작한 놀라운 경험을 했습니다. 마음속에 복음의 열정이 있었기 때문에 카자흐스탄에서 사역하는 20년 동안 현지인처럼 매일 감자를 먹고, 그들과 같은 생활을 했습니다. 그러면서도 한 번도 '너무 힘들다'는 생각을 해본 적이 없었습니다. 종종 한국이나 미국에서 오신 목사님들과 이렇게 대화한 적이 있습니다.

"선교사님 혹시 제일 힘든 일이 무엇입니까?"
"글쎄요. 힘든 것이 전혀 없는데요."
"그럴 수가 있나요? 힘든 것이 있을 것 같은데요?"
"아니요. 정말 아무리 생각해도 힘든 것이 없습니다."

저와 아내는 늘 똑같은 대답을 했습니다. 이는 솔직한 고백이었고 지금까지도 하나님의 사역을 하면서 '힘들었느냐'는 말을 듣는다면 대답은 똑같습니다. 마음 중심에 '힘들다'는 생각 자체가 없었던 것입니다. 왜 그런가 하면 하나님이 주신 '목표 있는 열정'이 마음속에서 이글거리고 있었기 때문입니다. 우리 청소년과 청년들에게 간곡하게 말씀드리고 싶은 것은 "정말 여러분의 인생을 불태울 수 있는 열정이 살아 있느냐" 하는 것입니다. '이런 것을 하고 싶다.' '이런 사람이 되고 싶다.' 하는 열정이 있다 하더라도 '분명한 목표'가 있느냐는 것이 가장 중요합니다. '목표 없는 열정'은 공회전하는 자동차와 같다는 이야기를 다시 들려드리고 싶습니다. 카자흐스탄에 들어간 지 약 5년이 흐른 1995년에는 하나님께서 40일간 금식하라고 하셨습니다. 이해할 수 없었습니다. "하나님 제가 교회를 비우면 어떻게 합니까? 40일이나 비우고 한국에 가라는 이야기입니까?"

하지만 순종하는 마음으로 하나님 말씀에 따랐을 때 하나님께서 새로운 비전을 주셨습니다.

"5,000명이 들어가는 성전을 건축해라."
"하나님, 돈이 없는데 어떻게 건축합니까?"
"내가 한다."

주변에 손을 내밀고 도움을 구할 수 있는 교회는 어디에도 없었습니다. 그런데 이 비전을 믿음으로 선포했을 때 하나님은 놀라운 방법으로 기적의 역사를 만들어 내셨습니다. 그 당시 우리 교회의 교인은 1,000명이 넘었는데 한명 한명 헌금하기 시작했고 심지어 어떤 성도는 아파트를 팔아 헌금하기까지 하면서 5,000명을 수용하는 성전을 빚 한푼 없이 지었습니다. 그때는 지금 1,000명밖에 안 되는 성도를 데리고 왜 5,000명이나 수용할 수 있는 큰 성전이 지어질까 의아했으나 하나님의 계획은 5년 뒤에 있었습니다. 2000년 새해가 밝으면서 하나님께서는 새로운 일을 시작하셨습니다. 2001년부터 2007년까지 하나님이 '실크로드 청년 페스티벌'을 추진하라는 말씀을 마음속 감동으로 주셨습니다. 몽골에서 시작해 중국 신장성과 카자흐스탄, 키르기스탄, 우즈베키스탄, 타지키스탄, 투르크메니스탄, 터키, 요르단에 이르는 실크로드상의 모든 청년을 불러 모아 교회를 개척하는 비전을 던지는 페스티벌이었습니다.

놀랍게도 페스티벌을 진행하자 매년 5,000명이 모였습니다. 매년 7월이면 몽골부터 터키까지 청년들이 비행기나 버스를 타고 우리 교회에 모여 1주일간 페스티벌에 참여합니다. 페스티벌 기간에 이들을 수용할 넓은 장소가 필요했지만 기독교 집회라서 아무도 장소를 빌려주지 않았습니다. 하나님은 그것을 미리 아시고 1995년에 5,000명을 수용할 수 있는 성전을 건축하게 하셨습니다. 그리고 청년 페스티벌을 진행한 7년(2001~2007년) 동안 몽골부터 중앙아시아 터키계 모슬렘 국가를 거쳐 터키 땅까지의 실크로드 길목에 600~700개의 새로운 교회가 개척되는 기적의 역사가 일어났습니다. 중요한 것은 어떻게 해서 이런 일이 일어났느냐는 것입니다. 마음속에 이글거리는 '하나님의 교회를 개척하고자 하는 열정' 때문에 하나님은 저를 들어 사용하셨습니다.

오늘날 청년들이 스마트폰에 사로잡혀 유튜브와 카카오톡만 붙들고 있을 때가 아닙니다. AI시대, 디지털시대에 가장 위험한 모습은 모바일만 들여다보고 움직이지 않는다는 것입니다. 결과는 기대하지만 목표도, 과정도 없는 것이 문제입니다. 가벼운 질문 몇 가지 드립니다. 집안에 있으면서 스마트폰만 붙들고 있으면 목표가 성취되겠습니까? 밤늦게까지 유튜브만 보고 있는 삶에 기쁨이 있습니까? 인생의 목표가 무엇입니까? 삶 속에, 심령 속에 '내 인생에 이것을 반드시 성취하고 말리라'는 이글 거리는 목표의식이 있습니까?

목표의식이 있다면 그 누구도 가만히 있지 않을 것입니다. 만약 끊임 없이 이 디지털 세상 속에서 모바일만 붙들고 있다면 결국 디지털의 노 예가 되는 것이고 AI의 종이 됩니다. 죽은 인간이 되고 맙니다. 우리는 AI보다 더 뛰어난 '성령의 영감'이 있는 사람이며 하나님의 창조의 영을 받은 사람임을 기억하기 바랍니다. 하나님은 우리를 통해서 위대한 일을 행하기를 원하십니다.

'목표를 가진 열정적인 사역자'의 특징은 이런 것입니다.

첫째, 게으르지 않습니다. 가만히 있지 않습니다. 끊임없이 새로운 것 을 추구합니다. 지치지도 않습니다. 멈추지 않습니다. 왜냐하면 하나님 이 말씀하시는 것, 마음속에 일어나는 선한 감동을 이루고자 하는 목표 때문에 잠을 잘 수가 없습니다.

둘째, 불평하거나 핑계하지 않습니다. '누구 때문에', '엄마가 돈을 안 줘서', '우리 가정이 이래서'와 같은 말을 하지 않습니다.

셋째, 매우 긍정적이고 적극적입니다. 누군가 도와주는 것을 기다리 는 것이 아니라 스스로 인생을 개척해 갑니다. 긍정적으로, 믿음으로 나 아갑니다. 적극적으로 시도합니다. 넘어지면 또다시 오뚝이처럼 일어납 니다. 이것이 바로 목표가 있는 열정적인 하나님의 사람의 모습입니다. 그래서 개척의 영이 불타올라 늘 새로운 길을 여는 것을 즐거워합니다. 이런 사람도 상황에 따라 어려움이 닥칠 수 있습니다. 상처를 받을 수도 있습니다. 배고픔이 다가올 수도 있습니다. 내일과 미래에 대한 두려움이 일어날 수 있습니다. 직장이나 얻을 수 있을까? 제대로 가정이나 이룰 수 있을까? 이런 모든 어려운 상황이 닥치지만 모든 상황에 잘 적응합니다. 왜냐하면 꿈이 있기 때문에, 그 안에 열정이 살아 있기 때문에 결코 현재의 상황에 만족하지 않고 스스로 새로운 세계를 만들어 가려고 앞으로 나아가게 됩니다.

우리 인생에 이런 열정적인 사역이 목표를 향해 열매를 맺는 삶을 이루게 되기를 주님의 이름으로 축복합니다. 심령의 뜨거운 열정이 불타오르고 그래서 우리의 인생에 하나님과 함께 위대한 일을 성취하는 하나님의 사람들이 되기를 주님의 이름으로 축복합니다.

저는 올해 한국 나이로 64세입니다. 그런데 저에게는 아직 하나님이 주신 목표 있는 열정이 있습니다. 매일 성경 한 장 분량의 설교 영상을 유튜브에 올리고 그것을 한국어, 러시아어, 몽골어, 영어, 아랍어, 페르시아어 등 여러 언어로 번역해 올리고자 계획하고 있습니다. 열방이 성경을 배우고 성경을 통해 하나님을 알게 하고 하나님의 뜻을 깨달아 알게 하는 것이 제 마음속에 이글거리는 분명한 '목표 있는 열정'입니다. 어떻게 보면 '돈 안 되는 열정'입니다. 그러나 이 열정을 통해 모든 열방과 방언과 민족이 복음의 말씀을 듣게 된다면 주님 앞에 섰을 때 얼마나 자랑스럽고 떳떳할까 하고 생각 하게 됩니다. 그래서 말씀드립니다. 유튜브 채널 카이로스TV(kairos TV)에 지금 수백 개의 설교가 올라 있으며 성경 강해도 계속되고 있습니다. 저의 심령 속에 이글거리는 '목표 있는 열정'입니다.

마지막으로 묻습니다. 인생에서 목표 있는 열정이 무엇입니까? 지금 무엇을 향해 지금 달려가고 있습니까? 그것을 한 번 점검해 보시고 확실한 부르심의 목표를 보여 달라고 기도하시기 바랍니다. 저는 생명을 던져 열정적으로 주의 사역 속으로 달려가겠습니다.

Q&A

Q. 어떻게 성령님의 음성에 민감할 수 있나요?

여러분의 습관이 여러분의 운명을 결정합니다. 시간, 라이프스타일, 우선순위를 정해 놓지 않고 살면 지금 당장 재미있는 일에 이끌려서 살아가게 된다는 것을 인식해야 합니다. 저는 64세이지만 하루 24시간을 계획하고 살아갑니다. 새벽 6시부터 7시 30분까지 가정예배를 드리고, 아침 식사를 간단히 한 뒤 점심 전까지 말씀 연구하고, 오후에 설교 한 편씩 유튜브에 올립니다. 말씀과 기도와 자신을 세우는데 우선순위를 두는 것입니다. 하루라도 기도하지 않으면 영적으로 둔감해지기 때문입니다.

Q. 비대면 시대인데 현지에서 어떻게 사역하고 계시며 현지 상황은 어떤가요?

코로나 이전에는 우리 사역팀이 터키에 있는 도시마다 다니면서 1주, 2주, 한 달씩 방을 빌려 머물면서 젊은 청년을 대상으로 찻집에서 만나 복음을 전했습니다. 한계가 있는 일이었지만 이 일을 몇 개월 동안 하고 있을 때 코로나가 터졌습니다. 우리는 많은 전문가에게 "비대면 시대가 일상화될 것 같다."라는 얘기를 들었고, 성령님의 인도하심을 따라 유튜브를 준비하게 하셨습니다. 코로나가 터지자마자 유튜브 사역을 시작했고, 한국어과 러시아어로 하루에 2편씩 업로드했습니다. 그래서 카자흐스탄 성도들이 매일 유튜브로 설교를 들으며 예배하는 공동체로 전환되었습니다. 또한 터키에서 복음을 알기 원하는 사람들을 위한 사이트를 오픈했는데 하루 2,000여 명이 들어오고 있습니다. 우리가 2,000명을 직접 찾아간다는 것은 불가능한 일입니다. 이 일은 시작에 불과하다고 생각합니다. 하나님이 이 타이밍에 우리를 부르셨기 때문에 새로운 일에 우리를 사용하실 줄 알고 믿음으로 나아갑시다.

Q. 교회가 어떻게 효과적으로 전도와 사역을 하면 좋을까요? 방법을 알려주세요.

우리 교회와 사역을 예를 들어서 말씀드리겠습니다. 많은 교회에서 실제로 노방 전도도 해 보고 전도 훈련도 많이 했을 것입니다. 또 선교에 도전하기 위해 선교지에 데려가기도 하고 교회에서 선교 세미나를 열기도 합니다. 그런데 실제적으로 한 영혼을 전도해서 그들과 함께 가정모임을 한다거나 혹은 선교지에서 어떤 교회를 개척하기까지는 결코 쉬운 이야기가 아닙니다. 오늘날 우리 전통 교회에 구조적인 모순이 존재하기 때문입니다. 비판하는 이야기가 아닙니다. 현재의 모습을 보면 일반적인 교회에서는 매주 정해진 공예배를 잘 드리는 것이 일반적인 사역의 형태입니다. 심지어 구역예배의 형태로 소모임이 가정에서 모이기는 하지만 현재의 성도들이 그냥 모이는 것이기 때문에 전도한 사람과 새로운 교회, 새로운 가정 모임을 만든다는 것은 조금 다른 개념의 이야기라는 것입니다.

제가 말씀드리는 것은 일반적인 전통 교회 안에 '개척의 영'이 없다고 봐야 합니다. 일반적으로 전통 교회는 착하고, 십일조 잘하고, 주일 성수 잘하면 그냥 좋은 성도라는 기준을 두고 있습니다. 거기에다가 만약 성가대나 예배팀에서 봉사한다거나 혹은 셀모임을 인도하면 아주 훌

류하고 헌신하는 성도로 착각하기도 합니다. 이것은 하루 세 끼 중 한 끼 먹는 정도에 불과합니다. 중요한 것은 '모든 성도를 사역자로 만들겠다' 하는 방향성을 교회가 지녀야만 합니다. 그러기 위해서는 성도들이 지금 있는 상태에서 시키는 일만 할 것이 아니라 전도한 영혼을 데리고 1:1 가정모임이라도 시작할 수 있다는 그런 어떤 전략을 세우고 훈련시키고 그 훈련과정을 모든 성도가 거칠 수 있게 해야 합니다. 그것을 운동(Movement)화하는 작업이 있어야만 합니다. 즉, 이런 제자훈련과 사역 훈련을 생활화하는 교회가 되어야 한다는 것입니다. 단순히 이론만으로는 안 됩니다. 그 안에 무엇을 훈련시켜야 하는가는 교회의 DNA에 따라서 다를 수 있습니다.

중요한 것은 신학교를 나온 사람만 모임을 인도할 수 있는 것은 아니라는 점입니다. 누구든지 가정모임을 인도할 수 있는 훈련과정이 만들어져야 한다고 판단합니다. 자기 교회로 사람들을 불러들이고 거기에서 설교한다거나 혹은 주일예배 참석하고, 십일조 내는 등으로 만족하는 정도의 일상적인 모습에서 벗어나야 합니다. 성경에 나타난 사도들이 새로운 교회를 개척한 것처럼 오늘날 전통 교회가 보다 더 개척적으로 변화되어야 합니다. 그것이 더 중요한 부분이라는 점을 답변으로 드립니다.

Q. 하나님의 열정과 나의 열정을 구별하는 방법을 알고 싶습니다.

저의 유튜브 채널 카이로스TV에 "성령님의 음성에 민감하라!" 하는 설교가 있습니다. "사람들이 하나님이 주신 열정과 나의 열정을 어떻게 구분합니까?" 혹은 "어떻게 하나님의 뜻을 알 수 있습니까?" 모두 관련 있는 이야기입니다. 내가 지금 하고 싶은, 내 생각에 떠오르는 감동이 하나님이 주신 것인가, 나의 것인가, 인간적인 것인가, 심지어는 조금 더 악하게 말하면 사탄이 주는 것인가? 와 같은 난제에 관해 분별하는 능력을 지니고 싶다면 제가 드릴 수 있는 공통적인 답이 있습니다.

"너희 안에서 행하시는 분은 하나님이시니 그의 기쁘신 뜻을 위하여 너희 안에 소원을 두고 행하시나니…."(빌립보서 2:13)

이 말씀의 의미는 첫째, 우리 안에 하나님이 일하고 계시다는 것입니다. 둘째, 하나님은 그의 기뻐하시는 뜻을 우리 삶 속에 이루기 위해서 우리 안에 소원을 두고 일을 하신다는 것입니다. 다시 말해서 하나님께서는 마음속에 어떤 일을 하고 싶은 감동을 주십니다. 그러나 모든 감동이 다 하나님이 주시는 것이 아닐 수도 있습니다.

그렇다면 그것을 어떻게 분별하느냐가 중요한 문제입니다. 저는 여러분 안에 일어나는 어떤 소원이 다른 사람에게 해가 되지 아니하고, 성경적 원칙에 어긋나지 아니하며, 하나님의 영광을 가리지 않는다면 무조건 하나님의 뜻으로 알고 순종하라고 말합니다. 물론 그것이 100% 하나님의 뜻이 아닐 수 있습니다. 그러나 이렇게 말할 수 있는 근거는 사람들이 하나님의 뜻과 나의 뜻을 분별하지 못해 머뭇거리다가 놓쳐버리는 하나님의 부르심이 100가지가 넘는다는 것입니다. 인생의 90% 이상을 다 놓치는 것입니다.

그것이 다른 사람과 나에게 해가 되지 아니하고, 내 이웃을 해치지 아니하면 하나님의 영광을 가리지 않는 일이라면 해 보십시오. 그것이 좋은 일이라면 왜 행하지 않느냐는 것입니다. 무조건 해 보십시오. 100번을 하다 보면 '아~ 이럴 때는 하나님의 뜻이었구나', '이럴 때는 내 인간적인 욕망이 들어갔구나' 하고 분별할 수 있는 능력이 생깁니다. 특히 청소년과 청년들이라면 더욱이 마음속에 일어나는 감동의 일들이 남에게 해가 되지 않고 하나님의 영광을 가리지 않는다면 무조건 실행해 보십시오. 물론 아닐 수도 있습니다. 저는 예수 믿고 성령으로 거듭난 다음부터 지금까지 마음속에 일어나는 감동 중 99.9%가 하나님의 뜻이라는 것을 알았습니다. 주님을 영접한 이후 지금까지 체험하며 살아가고 있습니다. 이 체험이 얼마나 감사한지, 그것 때문에 제가 빌립보서 2장 13절을 전 세계 어디를 가든지 첫 설교 본문은 그 구절입니다. 왜냐하면 수많은 성도가 그것을 놓치고 있으니까 너무 안타까워서 드리는 말씀입니다. 선한 답이 되었으면 좋겠습니다.

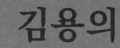

김용의

YongEui Kim

김용의 선교사는 순회선교단 대표를 지냈으며,
열방 곳곳을 다니며 십자가의 복음을 전하고 있
는 순회선교사이다. 그의 타협 없는 메시지로 많
은 영혼이 회복되어 주의 길을 예비하고 있다.

세상이 감당할 수 없는
믿음의 사람들!

> 잊지 말아야 할 것은 우리에게 다가오는 어떤 상황 속에서도
> 나와 함께하시는 주님을 의지하는 사람이
> 결국 운명을 이긴다는 것입니다.

"(이런 사람은 세상이 감당하지 못하느니라) 그들이 광야와 산과 동굴과 토굴에 유리하였느니라 이 사람들은 다 믿음으로 말미암아 증거를 받았으나 약속된 것을 받지 못하였으니 이는 하나님이 우리를 위하여 더 좋은 것을 예비하였은즉 우리가 아니면 그들로 온전함을 이루지 못하게 하려 하심이라."(히브리서 11:38~40)

─────

불안한 미래, 멈춰버린 세상

우리 하나님은 살아 계십니다. 그리고 이 순간에도 쉬지 않고 역사하십니다. 지금까지 우리의 모습을 돌아봅니다. 하늘 끝까지 치솟은 인간의 과학적인 오만과 인간 지성의 제한 없는 방탕으로 하나님을 멀리 밀어내고 인간이 스스로 하나님인 것처럼, 하나님 없이도 천년만년 잘 살 것처럼 의기양양하게 살아가던 것이 바로 작년 말까지의 모습이었습니다. 그리고 팬데믹으로 오는 셧다운(shutdown, 일시적인 업무 정지 상태), 록다운(lockdown, 움직임 또는 행동 제재) 같은 말들로 일상을 완전히 정지시키고 봉쇄하는 상황이 전 세계적으로 퍼져 나갔습니다. 이런 상황이 반년 이상 지속될 줄 누가 알았겠습니까? 지금이 1929년의 세계대공황 때보다 훨씬 더 심각한 상황이라고 이야기합니다. 코로나 이전으로는 돌아갈 수 없을 것이며 이 상황이 언제 끝날지도 알 수 없다고 합니다. 이에 따라 우리가 세상 속에서 소망했던 꿈의 직장 중 상당수가 사라질 것이라고 합니다. 가뜩이나 좁았던 취업문을 뚫기 위해서 수많은 시간을 투자하고 경쟁을 뚫으며 준비했던 사람들이 이제는 간신히 얻었다

싶었던 그 직장마저 사라져 버릴까 전전긍긍하고 있습니다. 그리고 이러한 세상 속에서 가장 민감한 사람들이 간신히 미성년기를 넘어서서 이제 성년이 된 청년들이 지금까지는 보호의 울타리 안에 있었지만 앞으로 다가올 삶이 녹록지 않은 모습으로 기다리고 있습니다. 치열했던 대입은 아무것도 아니었고 취업 시장은 시작에 불과합니다. 세상 속의 피 말리는 경쟁은 몸담았던 직장, 업무에서 은퇴할 때까지 멈추지 않을 것입니다. 이 기가 막히고 불안한 상황이 우리 앞에 펼쳐져 있습니다.

사실 팬데믹이 아니었더라도 청년들이 맞이할 젊음의 날은 그렇게 여유만만하고 낭만적으로만 생각할 수 있는 일이 아니었습니다. 우리가 살아가는 삶은 참 고단하고 굉장히 치열합니다. 이러한 원래의 삶에 팬데믹이 겹쳐 너무나도 당황스럽고 불안한 상황입니다. 더군다나 앞으로 어떻게 될지 아무도 알 수 없다고 합니다. 그 많은 미래학자가 이렇게 어려운 상황에 아무런 예측조차 하지 못하고 있습니다. 도대체 이 상황이 언제 끝날지 얼마나 큰 충격을 줄 것인지, 백신과 치료제는 언제쯤 개발될는지, 엉망진창이 되어버린 전 세계 가운데 이 모든 난관을 어떻게 뚫어내고 회복해야 하는지 그 누구도 예측할 수 없다는 것이 우리의 마음을 더욱 불안하게 만드는 것입니다.

전 세계가 맞이하고 있는 이 상황은 어처구니없게도 바로 코로나바이러스, 어디서 만들어진 것인지도 알 수 없는 강력한 감기 바이러스 같은 이 바이러스 하나 때문에 일어나고 있습니다. 치사율이 아주 높지도 않은데 단지 전염성이 높다는 이유 하나로 온 세계가 난리입니다. 과연 이 바이러스가 지나가면 어지러워진 세상이 해결될까요? 저는 해결되지 않을 것으로 생각합니다. 이것보다 더 강력하고 무기화된 바이러스가 등장할 수도 있습니다. 그럼 이 기가 막힌 상황을 인간인 우리가 어떻게 감당할 수 있을까요? 스스로 똑똑하고 대단해서 하나님이 필요 없다며 오만해진 인간들이 세워놓은 바벨탑 같은 현대 문명과 과학의 발전 그리고 인간 지성이 코로나바이러스 하나 해결하지 못하고 전전긍긍하는 모습을 보고 있으면 앞으로 다가올 불안한 우리 미래를 보여 주는 것 같습니다. 우리 개인이 각자 살아가고 있는 인생에서 다가올 미래가 불안하지는 않습니까? 혼란스럽기만 한 사회 속에서 '경쟁'을 어떻게 이겨내시겠습니까? 취업 문은 점점 더 좁아지고 있는 것이 현실입니다. 우리는 행복을 추구하며 살아가지만, 원치 않는 불행이 누구에게도 예외 없이 사람들의 생애 가운데 기다리고 있습니다. 이 불행을 맞이할 용기와 그에 대비한 준비가 되어있습니까? 말로 다 할 수 없는 크고 작은 개인적인 비극이 우리 인생 가운데 지뢰밭처럼 기다리고 있습니다.

아무도 피해갈 수 없는 운명, 죽음!

우리의 인생을 불안하게 만드는 두 번째 이유는 '실패'입니다. 인생을 살아가면서 고민하고 계획했던 것들이 100% 우리의 생각처럼, 뜻대로 되지만은 않는다는 것을 알고 있습니다. 우리에게 다가올 그 쓰디쓴 실패, 우리 존재를 흔드는 실패가 앞으로 살아갈 인생 가운데 있을 것이고 어쩌면 지금도 그 실패와 좌절 가운데 있는 사람이 있을 수 있습니다. 실패를 맞이하면 어떻게 극복하겠습니까? 혹시 대책은 있습니까?

우리의 인생을 불안하게 만드는 마지막 이유는 '죽음'입니다. 이래저래 불행을 피하고 극복하며 잘 살았다고 합시다. 하지만 예외 없이 모든 사람의 인생에는 죽음이 기다리고 있습니다. 우리 인생에 죽음이라는 말은 그렇게 감상적이거나 낭만적인 용어가 아닙니다. 죽음은 모든 것을 끝장내고 모든 관계를 박살냅니다. 우리가 이루어놓은 모든 삶을 쓸어가는 것이 죽음입니다. **어떤 것도 분명하게 확정된 것이 없는 우리 삶에서 유일하게 분명한 것은 죽음이라는 운명입니다.** 아무도 피해갈 수 없는 운명, 가장 확실하게 주어진 운명이 바로 죽음입니다. 죽음에 관해 하나님께서는 이렇게 말씀하셨습니다.

"한 번 죽는 것은 사람에게 정해진 것이요 그 후에는 심판이 있으리니…."(히브리서 9:27)

인간으로 태어나 살아가는 모든 인생은 반드시 심판을 받게 됩니다. 우리가 살아가고 있는 이 삶은 살아 계시고 거룩하신 하나님의 심판대 앞에서 거룩한 공의에 따라 심판을 받게 됩니다. 불안하지 않습니까? 준비는 됐습니까? 우리의 힘으로는 온전히 감당하기 어려운 것들이 누구에게도 예외 없이 기다리고 있습니다. 그때 우리는 무엇을 믿겠습니까? 누구와 함께 가야 이 불안감을 이길 수 있겠습니까?

저는 다섯 아이의 아버지입니다. 제가 아무리 우리 아이들을 사랑해도 만약 이 아이들이 코로나바이러스에 걸린다면 도와줄 수 있는 것이 아무것도 없는 무능한 아버지입니다. 나이를 먹어갈수록 우리 아이들에게 해줄 수 있는 게 아무것도 없다는 것을 알게 됩니다. 아버지라는 이름만 있을 뿐 해줄 수 있는 것이 아무것도 없어서 지금도 사랑하는 아이들에게 안타까운 소식이라도 오면 그저 발을 동동 구르며 기도할 뿐입니다. 우리 곁에 계신 부모님이 언제까지 우리와 함께하실 것 같습니까? 우리가 세상 속에서 너무나도 힘들 때 우리를 도와줄 수 있는 것이 무엇입니까? 앞서 이야기한 실패, 불행, 질병, 죽음, 심판 등 내 인생에서 가장 중요한 순간에 부모님이 도와줄 수 있습니까? 아닙니다. 그러면 이런 불안한 인생을 살아가면서 도대체 우리는 누구를 믿고 의지하며, 어떻게 살아가야 두려움에 빠지지 않고 주어진 인생길을 승리하며 걸어갈 수 있겠습니까? 대부분은 이런 주제에 관해 이야기하기를 두려워합니다. 오히려 무서우면 눈을 뜨고 상황을 직시해야 하는데 일단 겁이 나니까 그냥 눈을 감고 피해버립니다. 호랑이에게 물려가도 정신을 차리면 살길이 있다는데 우리는 두려움을 마주 볼 용기조차 없습니다.

함께 살아가는 많은 사람이 멀쩡하게 잘 살아가는 것같이 보입니다. 저는 많은 사람에게 35년이 넘도록 복음을 전하며 사람의 영혼에 관심을 가지고 사역해 왔습니다. 그래서 사람을 대강 봐도 그 사람의 상태를 거의 알 수 있습니다. 사람이 웃는다고 정말 그 인생이 행복한 게 아니라는 것은 우리 모두 잘 압니다. 웃음 뒤편에 얼룩덜룩 눈물 자국이 있습니다. 모두 멀쩡하게 사는 것 같지만 조금만 그 삶을 들여다보면 아픔과 두려움, 해결할 수 없는 문제를 안고 살아갑니다.

선캡 쓴 꿩

제가 어느 목사님께 들은 이야기를 전해드리겠습니다. 그 목사님은 꿩 수천 마리를 키우는 사육장을 방문하셨다고 합니다. 꿩은 야생 조류인데요, '가축'과 '야생성을 가졌다는 것'은 아주 다릅니다. 가축은 사람이 길들일 수 있지만, 야생성이 있으면 관리가 되지 않아 도저히 길들여지지 않습니다. 야생 조류인 꿩은 원래 사람이 길들이기 참 어려운데 신기하게도 목사님이 방문한 꿩 사육장에서 본 꿩은 길들여진 꿩처럼 보였다고 합니다. 꿩은 겁이 많아서 사람이 접근하기 몹시 어렵습니다. 굉장히 민감해서 가까이 가면 금방 날아서 도망갑니다. 그런데 그 꿩 사육장은 흔한 망도 없고 허리춤 높이의 울타리만 있을 뿐이었습니다. 그곳에 수천 마리의 꿩이 날아오르지도 않고 얌전히 모이만 먹고 있더랍니다. 꿩 사육장 주인은 분명히 야생성을 잃지 않은 야생 꿩이라고 했는데 말입니다.

이 목사님은 꿩이 어떻게 얌전히 먹이만 먹느냐고 물었더니 사육장 주인이 꿩의 대가리를 잘 보라고 하더랍니다. 사람의 주먹보다 작은 꿩 대가리를 자세히 살펴보니 아주 앙증맞게 콧부리에 캡처럼 생긴 것을 묶어서 눈 위쪽으로 씌워 놓았는데, 작은 꿩 대가리에 캡처럼 달아 눈을 가려 놓았으니 참 웃기는 모양새였다고 합니다. 겁쟁이인 꿩의 습성 중 하나가 놀라면 우리가 무서워서 눈을 감는 것처럼 머리를 땅에 처박고 숨었다고 착각한다는 것입니다. 그 습성을 이용해 눈이 위쪽으로, 하늘로 보지 못하도록 캡을 달아놓았다는 것입니다. 그렇게 하니까 꿩은 위에 벽이 있다고 생각하고 전혀 위를 바라보지 않은 채 날아오를 생각도 못하고 모이만 먹고 있는 것입니다. 이야기를 듣던 사람들이 다들 깔깔거리며 웃었고, 목사님도 따라 웃다가 어느 순간 갑자기 눈물이 핑 돌기 시작했다고 합니다.

꿩은 여전히 야생성이 있고 날개를 가지고 있어서 푸르게 열려 있는 자유로운 하늘로 언제든지 날아오를 수 있는데, 단지 눈을 가리고 있는 그 한 가지 때문에 하늘이 보이지 않는다는 이유로 두려움에 빠져서 시도조차 하지 않는 것입니다. 그저 잡아먹힐 때까지 가만히, 옆의 친구가 잡혀 나가도 본인은 잡히지 않았다며 안도하며 그렇게 주어진 운명에 도전할 생각을 하지도 않은 채 겁에 질려 눈앞의 모이만 쪼고 있는 선캡을 쓴 꿩이었습니다. 그 모습을 보며 아직 다가오지도 않은 미래의 두려움 때문에 자기에게 주어진 운명에 도전해 볼 용기조차 내지 못하고 그저 운명에 길들여져 맞닥뜨린 고난에 무릎 꿇은 채 살아가는 수많은 사람이 생각났던 것입니다. 그리고 여전히 살아 계신 하나님을 믿는다고 이야기하면서 교회에 나와서 예배만 드리는 교인들이 생각났기 때문입니다.

하나님을 향한 믿음의 날갯짓

이 세상을 살아가는 젊은 청년 대부분이 남들이 살아가는 대로 유치원에 다니는 시절부터 경쟁에 시달리며 대학에 들어가고 사회에 뛰어듭니다. 그런데 왜 진학을 해야 하는지도 모르고, 왜 일하는지도 모른 채 그저 먹고 마시고 문제에 매달리다 좋은 학교에 가고 좋은 직장에서 돈을 벌어서 결혼해 가정을 이루고자 합니다. 그냥 하루하루 먹고 편하게 살자는 것입니다. '나는 누구이고 앞으로 어떤 존재가 될 것이며 무엇을 위해 이 땅에 왔는지.' 본인의 존재 이유에 관한 근본적인 질문 한 번 해 보지 못하고 먹지 못하면 굶어 죽을까, 경쟁에 질까, 그래서 남들보다 뒤처지면 왕따가 될까, 이런 두려움에 휩싸여 해결되지도 않을 문제에 온 신경을 쏟으며 살아가고 있습니다. 자신의 인생을 살면서도 본질적인 고민 한 번 하지 않습니다. 하나님께서는 지금 우리가 맞닥뜨린 운명보다 더욱더 놀랍도록 크고 푸르른 창공 같은 우리만의 인생을 계획하고 준비해 놓으셨는데도 말입니다. 하나님께서는 거룩하신 그 이름으로 우리에게 영광과 축복을 약속하셨습니다. 하나님을 믿는 모든 사람에게는 기도의 힘이 있어서 하나님만을 향한 믿음으로 기도의 날갯짓을 하면 그 크고 푸르른 창공으로 날아오를 수 있을 것입니다.

우리가 목적지를 향해 길을 가려고 한다면 어느 곳을, 왜 가는지 결정되어야 출발할 수 있을 것입니다, 그런데 단 한 번의 인생을 살아가면서는 보이지 않는 두려움 때문에 겁에 질려서 자기 인생에 관해 묻지도 않고, 나는 왜 태어났으며, 나는 누구이며, 내 삶은 어디로 향해 가는지를 깊이 생각해 보지 못하고 있는 것입니다. 용기 있게 삶을 직면하지 못하고 그저 다가올 죽음만 기다리고 있는 것입니다. 언젠가 죽음으로 끝날 인생인데 그 죽음 앞에 준비되었습니까? 아무런 준비 없이 죽음을 맞이해도 괜찮을 만큼 우리의 인생이 의미가 없습니까? 그저 먹고 살아야 하니까 살아가는 것, 육체를 입고 사는 것 외에 자신을 향한 본질적인 고민을 한다면 죽음 앞에서도 두렵지 않고 자신의 삶에 어떤 실패와 고난, 질병이 기다리고 있다고 해도 담대히 맞서서 살아갈 수 있습니다. 하지만 그렇지 못한 사람은 그저 두려워서 내 삶에 주어진 하나님을 향한 믿음의 날갯짓 한 번 펼치지 못하고 하나님이 예비하신 내 삶을 향해 마음껏 날아오를 꿈도 꾸지 못한 채 비겁한 인생을 살아갈 수밖에 없습니다.

우리에게 주어진 이 어두워 보이는 미지의 세계를 누구를 믿고, 누구를 따라서 가겠습니까? 질병, 불행, 죽음도 스스로 넘어설 수 없고 부모와 친구, 국가의 도움도 받을 수 없는 인생 속에서 누구를 믿을 것입니까? 어둡고 불안한 밤길 같은 삶을 살아갈 때 우리를 지켜줄 누군가가 있습니까? 인생을 살아가는 수많은 사람 중에 어떤 사람이 이 인생의 승자가 되겠습니까? 우리에게 가장 크고 중요한 일은 다른 게 아니라 바로 자신이 이 인생을 살아가는 동안 자신의 힘으로 어찌할 수 없는 이 인생에 맞닥뜨려 당당하게 살아가는 것입니다.

그리고 인생을 살아가면서 우리가 맞이할 수많은 행운과 기회 중 최고의 사건은 바로 살아 계신 하나님을 만나는 사건입니다. 뒤집어 말하면 이 불안하고 스스로 책임질 수 없는 무능한 인생이 인간에게 최악의 비극이고, 살아 계신 하나님을 들어본 적도 없고 만나본 적도 없이 하나님 없는 인생을 살아가는 것이 가장 두려운 인생입니다. 유한하고 스스로 책임질 수 없는 인생 속에서 우리의 키를 넘어서는 운명이 우리를 기다리고 있습니다. 이 인생의 길에 누구와 함께해야 승리할 수 있으며 누구와 함께해야 맞닥뜨리는 문제를 해결할 수 있겠습니까? 다시 한 번 묻겠습니다. 누구를 의지하겠습니까? 지금 우리 인생에 가장 필요한 것은 무엇입니까?

선캡을 벗고 창공을 향해

저도 나이가 있다 보니 우리 아이들의 곁을 떠날 때를 생각하곤 합니다. 이 험난한 세상에 아이들을 두고 제가 먼저 떠나야 하는데 누구한테 이 아이들을 부탁하겠습니까. 부모가 사랑하는 자녀들을 떠나는 시간이 다가올 때 이 험한 세상에서 누구에게 부탁해야 안심하고 그들 곁을 떠나가겠습니까? 그 전에 자녀를 떠날 준비는 되어 있습니까? 언젠가 우리는 사랑하는 자녀들을 두고 떠나야 합니다. 돈, 집, 재산, 학위, 전문성 같은 것을 남겨 주면 안심이 좀 되겠습니까? 그렇다면 정말 무책임한 생각입니다. 육신의 눈에 보이지 않는 세상의 사사로운 것들이 어떻게 우리 인생의 해답이 되겠습니까. 그러므로 우리 인생에 가장 중요한 것은 인생 최대, 최고의 사건, 바로 살아 계신 하나님을 만나는 것입니다. 저는 이렇게 기도합니다. "주님, 이 땅의 불쌍한 영혼들을 두렵고 불안하게 만드는 선캡을 벗겨 주시고 그들이 용기 있게 무한한 창공을 향해 날아오르게 하옵소서. 할렐루야! 이 축복이 사랑하는 주의 자녀들에게 하나도 빠짐없이 주어지길 주의 이름으로 축복합니다."

우리는 성경과 인류 역사 가운데 가장 오래되고 가장 확실하며 분명한 사건을 알고 있습니다. 인류의 시조였던 아담과 하와가 하나님을 떠나 지은 범죄로 그들은 에덴에서 쫓겨났고 하나님이 계시지 않는 인생이 시작되었습니다. 사실 하나님이 계시지 않는 이 고단한 인생, 죽음을 업으로 받아놓고 죽기 위해 태어난 인생은 원래부터 존재하지 말았어야 했습니다.

"또 죽기를 무서워하므로 한평생 매여 종노릇하는 모든 자들을 놓아 주려 하심이니…."(히브리서 2:15)

히브리서 2장 15절 말씀에서는 인생을 '죽기가 무서워 종노릇하는 자들'이라고 정의합니다. 그러나 우리 가운데 살아 계신 하나님께서는 범죄한 세상을 이처럼 사랑하셔서 이들을 구원하시고 영이 죽어서 어떻게 살아가야 하는지 알 수 없는 인생에게 하나님을 계시하시려고 이스라엘이라고 하는 역사 속 실제 나라와 그 국민을 만드셨습니다. 지금도 팔레스타인 땅에는 이스라엘이라고 하는 이름의 오래된 민족이 존재하고 있습니다. 이들은 애굽이라고 하는 곳에서 400여 년 동안 노예 생활을 했습니다. 노예 생활을 하는 동안 그들이 큰 민족을 이루게 되었을 때 하나님께서는 약속대로 애굽에서 그들을 구출해 주십니다. 400여 년 동안 노예 생활을 했으니 이 사람들에게 해방이 얼마나 간절했겠습니까?

성경의 출애굽기에 나타난 대로 하나님께서는 하나님의 기적으로 그들을 400여 년 만에 애굽으로부터 해방시키시고 광야를 지나게 하신 후 약속의 땅 가나안, 지금의 팔레스타인으로 옮겨 주셨습니다. 그리고 그들을 통해 한 나라를 세우셨습니다. 그들은 400여 년의 노예 생활에서 해방되면서 살아 계신 하나님을 그저 귀로만 들은 게 아니라 기적으로 만났습니다. 하나님께서는 그들을 인도하셔서 가나안 땅을 정복하게 하신 뒤 그들만의 나라를 세우게 하신 것입니다. 그들은 노예 출신에서 자유민이 되었습니다. 그리고 이스라엘이 역사 속 최초의 나라가 되었습니다. 그때 여호수아와 함께했던 영웅 세대는 역사 속 민족 파탄의 잿더미 속에서 땅을 차지했고 후대에 노예로 살았던 비참한 삶을 물려주지 않기 위해 열심히 애썼습니다. 살아갈 집을 짓고, 자녀들을 교육하고, 국가를 키우기 위해 사업을 하면서 과거 꿈에만 그리던 먹고 마시며 누리는 삶을 갖추어 갔습니다. 하지만 이렇게 되기까지 아주 바쁘게 살았기 때문에 가장 중요한 딱 한 가지를 잊고 말았습니다. 하나님이 그 땅을 주시면서 그들에게 경고하셨던 것을 잊어버린 것입니다.

"네 하나님 여호와의 명령을 지켜 그의 길을 따라가며 그를 경외할지니라 네 하나님 여호와께서 너를 아름다운 땅에 이르게 하시나니 그 곳은 골짜기든지 산지든지 시내와 분천과 샘이 흐르고 밀과 보리의 소산지요 포도와 무화과와 석류와 감람나무와 꿀의 소산지라 네가 먹을 것에 모자람이 없고 네게 아무 부족함이 없는 땅이며 그 땅의 돌은 철이요 산에서는 동을 캘 것이라 네가 먹어서 배부르고 네 하나님 여호와께서 옥토를 네게 주셨음으로 말미암아 그를 찬송하리라 내가 오늘 네게 명하는 여호와의 명령과 법도와 규례를 지키지 아니하고 네 하나님 여호와를 잊어버리지 않도록 삼갈지어다."(신명기 8:6~11)

쉐마, 이스라엘이여 들으라!

신명기 8장에서 하나님께서는 이렇게 말씀하십니다. "약속의 땅에 들어가거든 먹고 마시고 입는 것과 같이 눈에 보이는 모든 것들은 걱정하지 말아라. 너희는 살아 계신 하나님께서 하시는 말씀을 부지런히 지키고 잊지 말아라. 전능하신 하나님께서는 너희의 인생을 책임져 주시고 동행하실 것이며 너희 인생의 목자가 되어 주실 것이다. 이러한 하나님을 믿고 의지해야만 죽음을 이기고 어떤 것도 두려워하지 않을 수 있다. 죽음을 넘어서는 영생을 주시는 하나님을 만나야 너희 자식들이 하나님이 주시고자 하는 복을 받을 것이다. 그러니 부지런히 자식에게 하나님을 가르쳐라."

구약성경의 중심이 되는 첫 5권, 모세오경이라고 하는 창세기, 출애굽기, 레위기, 민수기, 신명기의 결론을 한마디로 요약하면 바로 이것입니다.

"이스라엘아 들으라 우리 하나님 여호와는 오직 유일한 여호와이시니…."(신명기 6:4)

"쉐마, 너희는 들어라."라고 말씀하십니다. 잊지 말고 들어라. 생명 걸고 지켜라. 우리는 그저 하나님의 피조물입니다. 살고 죽는 것, 불행도

행운도 자신이 선택하지 못하는 피조물일 뿐이기 때문에 우리 인생에서 가장 중요한 것은 살아 계시고 주인 되시는 하나님께서 우리를 만나주시는 것입니다. 모세오경의 쉐마 말씀을 이렇게 결론 내릴 수 있겠습니다. "하나님 여호와는 오직 유일하신 하나님이시니 너는 너의 마음과 뜻과 정성과 목숨을 다해 주 너의 하나님을 사랑하라. 그리고 하나님을 사랑한다면 그분의 생명과 진리 되는 말씀을 네 마음에 새기고 네 자식에게 부지런히 말씀을 가르쳐라. 그리고 하나님께서 함께 하시지 않은 세상 속 진리를 가지고 살았던 삶을 씻어내고 가정, 사회, 국가, 개인의 영성, 모든 도덕적인 삶 속에서 하나님 진리의 말씀으로 너희 자식들이 진리의 사람이 되도록 하여라. 살아 계신 하나님 말씀을 생명 걸고 부지런히 가르쳐라."

그런데 영웅 세대였던 그들이 눈에 보이는 것들을 관리하느라 눈에 보이지 않지만 가장 중요한 살아 계신 하나님의 말씀을 가르치는 일을 미루게 된 것입니다. 그래서 얼핏 보기에는 이 영웅 세대가 가장 복된 세대인 것 같지만, 사사기에서는 이스라엘 백성의 역사 속 가장 암흑 같고 비참했던 시대라고 이야기하고 있습니다. 이 시대의 증표가 다음의 말씀입니다.

"그 세대의 사람도 다 그 조상들에게로 돌아갔고 그 후에 일어난 다른 세대는 여호와를 알지 못하며 여호와께서 이스라엘을 위하여 행하신 일도 알지 못하였더라."(사사기 2:10)

한마디로 말하면 신앙이 완전히 잊혔다는 것입니다. 재산을 물려주고 공부 잘 시켜서 세상 속에서 성공하게 만들고 육신이 먹고 살 만하도록 건강하게 키워 놓았지만, 눈에 보이지 않는다는 이유로 신앙은 남겨주지 못했습니다. 이렇게 영웅 세대는 땅, 나라와 같이 눈에 보이는 모든 것을 갖췄으나 하나님의 말씀으로부터 멀어지고 하나님을 잊은 백성을 만들어 놓았습니다. 이것이 바로 사사기 비극의 시대를 만들어 낸 무서운 전초입니다.

이 이야기를 들으면서 6·25전쟁 이후 휴전한 지 70년이 되어 가는 우리나라를 떠올려 봅니다. 마음 아픈 동족상잔 비극의 터에서 기적과도 같은 하나님의 은혜로 주님의 몸 된 한국 교회는 우리나라 역사상 처음으로 경험하는 폭발적인 성장을 했습니다. 그 과정에서 우리는 모두 기뻐하고 그 은혜에 감동했습니다. 현재 우리나라 대부분의 크리스천 자녀들은 과거보다 상대적으로 교육을 많이 받았고 사회의 중요 일원으로, 심지어 정부 요직과 같이 영향력 있는 자리에까지 있습니다.

그런데 우리는 이 땅에서 교회의 위기를 보고 있습니다. 우리의 젊은 세대가 교회를 떠나고 있습니다. 하나님을 잘 믿는다고 이야기하는 부모님 슬하의 크리스천 자녀들에게서 신앙심을 찾아보기 어려워졌습니다. 잡다한 세상의 정보로 자신의 머릿속을 채워놓고 하나님의 말씀에는 관심이 전혀 없습니다.

우리나라는 경제협력개발기구(OECD) 국가 중 자살률이 세계 1위입니다. 심지어 십수 년 동안 OECD 평균의 두 배에 달하는 수치로 전 세계 자살률 1위입니다. 도덕의 가치가 땅에 떨어졌습니다. 하나님을 두려워함이 없고 청년들의 캠퍼스는 미전도 종족이 되었으며 우리의 자녀들은 세상에 쉽게 흔들립니다. 이렇게 비겁하기 짝이 없는 세대를 우리 어른들이 만들어 놓았습니다. 우리 어른들의 세대는 성공했다고 할 수 있습니까? 그저 당장 먹고 살 만하니 된 겁니까? 하나님께서는 우리의 영혼이 깨어 있지 않을 때마다 경고하십니다. 역사 속 모든 시대마다 위기는 있었습니다. 하지만 어떤 위기든지 살아 계신 하나님이 함께하시면 넘어설 수 있었습니다. 수많은 인간 역사의 실패 속에서 우리는 하나님을 향한 믿음이 담대한 사람들을 성경 속에서 찾아볼 수 있습니다.

믿음으로 담대하게 하나님과 동행하라

아브라함, 이삭, 야곱. 성경이 주목하는 이 사람들을 히브리서 11장에서는 믿음의 사람이라고 말합니다. 살아 계신 하나님을 만난 사람들 그리고 자신의 힘과 의지와 계산으로 살아가는 것이 아니라 살아 계신 하나님을 향한 믿음으로 하나님과 동행하는 사람들, 세상 속 사람들과 똑같이 두렵지만 살아 계신 하나님의 능력에 의지하며 살아가는 담대한 사람들입니다.

우리는 모두 삶이 어렵고 죽음이 두려운 똑같은 사람들입니다. 어느누가 죽음 앞에 담대하겠습니까. 하지만 인생을 살아가면서 무엇이 우리를 담대하게 하고 두려움으로부터 승리할 수 있게 합니까? 바로 믿을 분이 있다는 것입니다. 우리에게는 속이 답답하면 외칠 곳이 있고 우리의 도움을 청할 주님이 계신다는 말입니다. 이 하나님을 향한 믿음이 있는 것과 없는 것은 우리의 운명 전체를 단순히 천국과 지옥으로 가르는 데에서 끝나는 것이 아닙니다. 이 땅에서 살아가는 짧은 생애 동안 주어진 운명에 무릎 꿇고 비겁하게 살다가 죽을 것인지, 아니면 그 운명에 당당히 맞서 오직 우리의 주인 되신 하나님께 의지하며 살아갈 것인지 우리는 결정해야 합니다. 그리고 잊지 말아야 할 것은 우리에게 다가오는 어떤 상황 속에서도 나와 함께하시는 주님을 의지하는 사람이 결국 운명을 이긴다는 것입니다. 저는 보고 싶습니다. 역사의 한복판에서 운명과 당당히 맞서고 두렵지만 그 두려움에 도전하며 살아 계신 주님과 함께 멋진 승리의 행진을 보여 주는 하나님의 사람들을 보고 싶습니다. 이런 사람들은 성경에만 있는 지나간 옛사람들이 아니라 우리가 살아가는 이 시대에서도 분명히 일어날 것입니다. 하나님께서는 오늘날의 다니엘, 오늘날의 느헤미야, 오늘날의 다윗, 오늘날의 요셉 같은 하나님의 사람들을 우리 세대에도 분명히 일으키실 것입니다. 히브리서 11장 38절에서는 분명히 말씀하십니다. "이런 사람은 세상이 감당하지 못하느니라." 그래서 저는 기도합니다. "주님, 세상이 감당할 수 없는 믿음의 사람들이 이 땅에서 수없이 일어나게 해 주시옵소서. 아멘."

존재의 실상을 마주하라

우리나라는 100년 전만 해도 여자아이들은 이름조차 가질 수 없었고 배움이 허용되지 않았습니다. 서구 유럽 사회에서도 마찬가지로 200~300년 전에는 여성과 아이, 노예는 절대로 공부를 할 수 없었습니다. 우리가 현대 사회에서 당연하게 누리는 여성 인권, 인간 평등, 민주주의 같은 가치는 실현 불가능했습니다. 우리가 지금과 같이 변화된 사회에서 살 수 있는 그 사건의 촉발점이 바로 종교개혁 사건입니다.

지금으로부터 500여 년 전인 1517년 10월 31일은 마르틴 루터(Martin Luther)라는 청년이 양심선언을 하며 종교개혁의 횃불을 들었던 날입니다. 마르틴 루터는 가톨릭 집안에서 모태신앙으로 태어난 평범한 사람이었습니다. 그리고 타락한 천주교가 중심이었던 중세시대를 사람들은 암흑시대라고 부르기도 합니다. 이 사람은 이런 시대에 태어나서 아버지의 소원에 따라 법관이 되기 위해 법학도가 되었습니다. 모태신앙으로 태어났지만 영적인 것, 하나님, 미래, 본인의 내면 같은 것들에 전혀 관심이 없던 그는 어느 날 친구가 벼락을 맞고 즉사하는 모습을 보게 되었습니다. 가까운 친구의 죽음을 바로 눈앞에서 보고 충격에 휩싸였습니다. 죽음이 내 앞에 있다고 생각해 보십시오. 보통의 사람이라면 아주 깊은 공포에 빠지게 될 것입니다. 그도 들판에서 천둥과 벼락이 내리치는 가운데 있으면서 친구까지 잃었는데 얼마나 무서웠겠습니까? 그런 상황에서 그는 그저 귀로만 들었던 하나님을 찾았습니다. 모태신앙이기 때문에 익숙했던 종교 생활이었고 진지하게 하나님을 믿어본 적이 없었던 마르틴 루터였습니다. 하지만 죽음이라는 엄청난 두려움 앞에 그는 하나님께 엎드려 살려 달라고 외쳤습니다. 세상 속에서 멀쩡하게 살고 있을 때는 그분의 존재가 얼마나 소중한 것인지 깨닫지 못하다가 죽음 앞에 서게 되니 그제야 그분을 찾은 것입니다. "살려 주세요. 한 번만 살려 주세요. 그러면 하나님의 진리와 심판의 개념 없이 살았던 이 인생 같지 않은 인생은 버리겠습니다. 지금까지처럼 이 땅의 육신으로만 살아가지 않겠습니다. 한 번만 살려주시면 제가 이제는 이전의 삶을 뒤로하고 오직 하나님만을 섬기겠습니다!" 하며 간절히 매달렸습니다. 그때 살아난 경험을 한 그는 주저 없이 법관이 되려고 공부하던 것을 그만두고 신부가 되기 위해 준비를 시작하게 됩니다. 그 두려운 하나님의 심판과 하나님의 실존을 경험하고 난 뒤 사람이라는 존재는 단순히 껍데기 같은 육신을 가지고 사는 것이 전부가 아니라 영적인 존재라는 것을 알게 된 것입니다.

그런데 본인의 외적인 것들은 씻어내고 닦아서 애써 가릴 수 있는데 이 지저분하고 더러운 내면과 심령은 어떻게도 할 수 없다는 한계를 느끼게 됩니다. 이것을 넘어서기 위해 그는 회개하고 또 회개했습니다. 고행하듯이 자신을 쳐서 하나님께 복종케 하며 잡다한 죄악에서 벗어나고자 노력했습니다. 그런데 어떻게 해도 되지 않았습니다. 하나님의 심판을 피할 수 없다는 엄청난 압박을 느끼면서 자기 존재의 실상을 보기 시작했습니다.

그리스도 안에서 거듭나라

우리의 생애가 거룩하시고 의로우신 하나님 앞에 두려움 하나 없이 설 수 있을 만큼 우리의 영혼과 마음이 정말 정결하고 깨끗한지 생각해 본 적 있습니까? 사람은 우리의 겉모습과 외면을 보고 속을 수 있지만, 하나님은 우리를 창조하신 분이기 때문에 우리 영혼을 살피시고 우리의 속을 훤히 들여다보십니다. 하나님 앞에 자신의 마음을 한번 돌이켜 보십시오. 하루 24시간을 살아가는 동안 우리의 의지와 상관없이 우리가 태어나면서부터 가지고 있는 탐욕, 음란, 부정, 사리사욕, 악한 정욕, 거짓 같은 것으로 채워지지 않은 적이 정말 한순간도 없습니까? 자기의 마음도 스스로 할 수 없는 이 기가 막힌 상황 속에서 자신의 본질적인 문제와 존재의 실상을 들여다본 적이 있습니까? 민족시인 윤동주는 젊었을 때 지었던 서시에서 이렇게 고백했습니다. "죽는 날까지 하늘을 우러러 한 점 부끄럼이 없기를, 잎새에 이는 바람에도 나는 괴로워했다." 하늘을 우러러 부끄러움 없이 살기 위해서 마음을 먹는 순간, 심령이 수많은 바람 소리 하나에도 괴로워해야만 했다. 그만큼 불안해했다는 말입니다. 우리 인간은 자신의 인생을 하나님 말씀의 기준으로 들여다보면, 하나님의 말씀은 거울과 같아서 자신의 영과 혼과 마음과 생각을 찔러서 쪼개기까지 합니다. 몹시 아픕니다.

"하나님의 말씀은 살아 있고 활력이 있어 좌우에 날선 어떤 검보다도 예리하여 혼과 영과 및 관절과 골수를 찔러 쪼개기까지 하며 또 마음의 생각과 뜻을 판단하나니…."(히브리서 4:12)

아무리 겉모습을 꾸며도 마음을 숨길 수는 없습니다. 마음을 바꾸지 못하면 아무것도 바꾸지 못합니다. 상황에 따라서 점잖은 척하며 아무 일 없는 것처럼 사람을 속일 수는 있습니다. 하지만 마음이 바뀌지 않으면 마찬가지로 상황에 따라서 우리도 어쩔 수 없는 음란과 거짓, 비겁함, 탐욕에 사로잡혀 버릴 것입니다. 역사를 바꾸려면 사람을 바꿔야 하고, 사람을 바꾸려면 그 마음의 중심인 영혼을 바꾸어야 합니다. 그리고 이 영혼은 복음만이 바꿀 수 있습니다. 오직 복음만이 우리 영혼이 하나님을 만나기에 부끄러움이 없도록 우리를 그분의 보혈로 씻으시고, 새 마음을 주시며, 성령님께 의지해 살게 할 수 있습니다. 우리가 아무리 교회에 나가서 예배를 드리고 종교적 흉내를 내며 신학을 공부하고 인간적 행위로 자선을 행하더라도 우리 내면의 그 중심, 바뀌지 않는 이 죄인의 본질적인 심령은 바꿀 수 없는 것입니다. 이것을 깨달은 게 20대의 마르틴 루터였습니다. 그는 이를 깨닫고 고통스러워서 죽을 것만 같았습니다. 아무리 종교적인 노력을 해도 내면의 문제가 해결되지 않았습니다.

수많은 고민과 갈등 속에서 죽을 것 같은 영혼의 몸부림을 멈출 수 없었습니다.

인간은 마음의 심령이 목마르면 결국 절대자를 향하지 않을 수 없습니다. 그러한 때가 바로 인생 최대의 기회입니다. "저는 어떻게 할 수 없으니 하나님, 저를 도와주십시오. 하나님 저 혼자서는 안 됩니다. 저의 인생은 저의 것이 아닙니다. 하나님 제발 도와주십시오. 저를 구원해 주십시오. 사랑하는 하나님, 저를 살려 주십시오. 저를 변화 시켜 주십시오. 저의 영혼이 소리칩니다. 하나님, 오직 당신의 진리를 따라 제가 살 수 있게 저를 변화시켜 주시옵소서."

마르틴 루터가 온 노력과 몸부림을 다 하며 애를 썼지만 결국 인간의 행위로는 구원받을 수 없다는 것을 깨달았고 결국 인간은 죽을 수밖에 없고 그 후에는 하나님 앞에서 심판을 받을 수밖에 없다는 것을 알았습니다. 그는 이 깨달음에 대응하는 해답을 찾을 수 없자 성경을 찾기 시작했습니다. 그 당시 타락한 가톨릭은 성직자조차도 성경을 가지고 있는 사람이 없었습니다. 그래서 성경이 있다고 하는 신학교에 가서 하나님의 진리를 찾아 헤매기 시작했습니다. 하나님은 어떤 때 우리를 어떻게 구원해 주시는지, 우리에게 어떤 해결을 약속하셨는지 해답을 찾기 위해서 간절한 마음으로 성경을 한참 읽어나가던 중 그의 심령을 완전히 뒤집어놓은 복음 한 구절을 만나게 됩니다.

"복음에는 하나님의 의가 나타나서 믿음으로 믿음에 이르게 하나니 기록된 바 오직 의인은 믿음으로 말미암아 살리라 함과 같으니라."(로마서 1:17)

인간의 어떤 공로나 행위로도 우리의 본질적인 내면을 바꿀 수 없습니다. 돌을 아무리 갈고 닦아도 보석이 될 수 없는 것처럼, 닭이 아무리 애를 써도 독수리가 될 수 없는 것처럼 말입니다. 주님은 우리에게 말씀 하십니다. "거듭나라. 거듭나야 한다. 육으로 난 것은 육이고, 영으로 난 것은 영이다."

우리가 "나는 안 되는구나. 나는 끝났구나. 하나님의 심판을 피할 수 없구나. 하나님, 저를 불쌍히 여겨주시옵소서."라고 고백할 때 주님이 우리에게 내미시는 것이 복음입니다. 복음은 기쁜 소식입니다. 감히 받을 자격 없는 우리에게 신실하신 하나님이 은혜로 거저 주시는 것이 구원의 길입니다. 그리고 그 구원의 길은 바로 예수 그리스도입니다.

"하나님이 세상을 이처럼 사랑하사 독생자를 주셨으니 이는 그를 믿는 자마 다 멸망하지 않고 영생을 얻게 하려 하심이라."(요한복음 3:16)

새로운 시대를 여신 예수님

예수님께서 우리에게 하신 일이 무엇입니까? 우리의 하나님이신 그분 이 우리를 위해 육신이 되어 이 땅에 오셨습니다. 이를 기념으로 B.C.와 A.D.로 나누었고, 우리가 사는 지금은 A.D. 2020년입니다. 이 땅에 예 수님이 육신이 되어 오시고 첫 성탄절 후 2020년째 된 해라는 뜻입니다. 인류 역사의 분수령으로 나누어 놓은 분이 예수 그리스도입니다.

우리의 인생, 운명을 바꾸는 것도 하나님과 예수님을 만나기 전과 후 입니다. 운명에서 벗어나고자 자신의 힘으로 발버둥치며 애쓰던 우리를 살리시려고 주님께서 우리 이름을 대신해 심판을 받으셨습니다. 우리가 받아야 마땅할 그 고통과 죽음을, 2000여 년 전 갈보리 언덕에서 우리의 자격으로 십자가에 못 박혀 대신 돌아가심으로써 우리의 끔찍한 저주의 운명을 끝내셨습니다. 그리고 주님은 돌아가신 지 사흘 만에 부활하셔서 이제는 우리에게 영원한 새 생명이 될 수 있는 자격을 주셨습니다.

"영접하는 자 곧 그 이름을 믿는 자들에게는 하나님의 자녀가 되는 권세를 주셨으니…"(요한복음 1:12)

'영접하는 자.' 이 말은 세례를 받는다는 말과 같습니다. 예수님을 믿고 바른 믿음을 가진 자라는 믿음의 공적인 표현이 교회에서 주는 세례입니다. 이는 물에 잠긴다는 것인데 여기에서 물은 죽음을 상징합니다. 예수님께서 십자가에 나 대신 돌아가실 때 예전의 내 병든 자아가 함께 죽었음을 온전히 받아들이고 예수님을 내 구주와 주인으로 받아들일 때 영접한다고 합니다. 예수님을 단지 내 인생의 문제 해결 도우미가 아니라, 새로 태어난 생명으로 영접해 오직 내 안에 내가 아닌 예수님이 사시는 것을 받아들이는 것입니다.

"내가 그리스도와 함께 십자가에 못 박혔나니 그런즉 이제는 내가 사는 것이 아니요 오직 내 안에 그리스도께서 사시는 것이라 이제 내가 육체 가운데 사는 것은 나를 사랑하사 나를 위하여 자기 자신을 버리신 하나님의 아들을 믿는 믿음 안에서 사는 것이라."(갈라디아서 2:20)

2,000여 년 역사 속에서 가짜 그리스도인이 아주 많았지만, 아무리 우리 그리스도인을 속이며 짓밟아도 우리가 세상에 굴복하지 않았던 이유가 바로 이것입니다. 진정으로 거듭나 이전의 나는 예수님과 함께 죽

고 그리스도와 함께 살며 나의 온 삶의 주인이 예수 그리스도로 바뀐, 이 참된 신앙의 생명을 가지고 있는 하나님의 교회와 성도들은 세상이 아무리 핍박하며 예배당을 허물고, 감옥에 집어넣고, 성경을 태워도 절대 흔들리지 않습니다. 생명으로 거듭난 예수 생명을 믿으며 믿음으로 살아가는 진정한 하나님의 백성들을 세상이 짓밟을 수 없었습니다. 오히려 유대 땅에서 적은 열두 명의 제자를 통해서 시작되었던 기독교의 복음은 전 세계 사람들에게 전해졌습니다.

그리고 130여 년 전 미전도 종족이었던 바로 이 땅, 대한민국(조선)에 복음이 전해졌습니다. 소망 하나 없이 몹시 완곡한 태도로 기독교를 받아들이지 않았기에 선교할 수 없어 보였던 이 조선 땅에 선교사들을 보내주셔서 복음이 증거되기 시작했습니다. 그 결과 기독교에 아주 반항적이던 조선 민족은 복음을 받아들이기 시작했고 그들은 그리스도의 제자가 되었습니다. 그것이 우리 반만년 역사 가운데 최초로 하나님께서 축복해 주시고 기적을 행해 주신 것이었습니다.

인생을 변화 시키는 엄청난 사랑 이야기

저는 술집 아들이었습니다. 아버지가 부도덕한 방법으로 돈을 잘 버셨던 부끄러운 집안의 아들이었습니다. 돈을 잘 버시기에 그저 행복하신 줄만 알았던 아버지는 그의 인생에서 하나님을 알지 못한 채로 여자와 술, 쾌락으로 가득한 육적인 인생을 즐기다가 제가 중학교 2학년 때 비참하게 돌아가셨습니다. 갑자기 아버지를 잃게 되면서 아버지의 벌로 누리던 재산이 다 날아갔고 제 가족은 살인, 마약, 음란, 술, 폭력이 일상인 뒷골목에서 살아가게 되었습니다. 정신적으로 아주 민감했던 청소년기에 가장 부끄럽고 수치스러우며 그렇다고 쉽게 죽을 수도 없는 삶을 겨우겨우 살았습니다. 내가 왜 살아야 하는지, 무엇 때문에 살아야 하는지 생각조차 해 보지 못했습니다. 그러던 어느 날 한 예배당의 어떤 사건에 연루되어 억지로 예배당 맨 뒤에 끌려가서 초라하게 앉아 있어야 했습니다. 사람들에게 맞을 수 없어서 억지로 주일마다 예배당에 가서 들었던 이야기, 태어나서 처음으로 들었던 이야기, 그 이야기는 바로 하나님의 이야기였습니다. 처음엔 이게 무슨 미친 이야기인가 싶었습니다. 그러나 반복해서 그 이야기를 듣다 보니 "아, 이 사람들이 하는 이야기가 결론적으로는 이 이야기였구나!" 하고 깨달았습니다.

"하나님이 세상을 이처럼 사랑하사 독생자를 주셨으니 이는 그를 믿는 자마다 멸망하지 않고 영생을 얻게 하려 하심이라."(요한복음 3:16)

이 말씀이 제 마음을 마구 때렸습니다. 천지를 창조한 조물주라는 위대한 창조의 신이 세상에서 제일 쓰레기 같은 술집 아들인 나를 사랑하신다니! 나도 나를 포기하고 세상에 던져 버렸는데! 나 같은 놈을 그 하나님께서 사랑하셔서 아들을 내주셨다니! 나를 살릴 길이, 당신의 아들을 나 대신 죽이는 방법밖에 없어서 십자가에 그 아들을 내주셨다니!

이 신의 엄청난 사랑 이야기가, 이 주님의 말씀이 그냥 깨달아지고 제게 이해가 되던 어느 날, 주님께서는 예배당 뒤에 초라하게 있던 제게 다가와 주셨습니다. 그 말씀은 그 크신 하나님께서 자신을 불쌍히 여기던 제게 "내가 널 사랑한단다." 하고 말씀해 주시는 것 같았습니다. 그리고 "넌 재수 없이 태어난 망한 술집의 아들이 아니라 너는 내가 너를 대신해서 죽을 만큼 소중한 놈이다."라고 말씀하시는 것 같았습니다. 그 사랑이 마음 깊이 깨달아졌습니다. 저는 태어나서 처음으로 저를 사랑한다는 말을 들었습니다. 부모에게서도 듣지 못했던 그 말을, 제가 지금은 제 목숨보다도 더 사랑하는 주님께 처음으로 들었습니다. 세상이 두려워서 은둔하고 두려움에 자살도 성공하지 못했던 저였지만, 저를 향한 하나님의 사랑을 알게 된 그날부터 제 인생의 주인은 예수님이고 이 세상이 끝날 때까지 예수님이 저와 함께하신다는 것을 항상 마음에 새기고 있습니다.

그날부터 저는 예수님을 향한 믿음 단 하나만 가지고 스스로는 상상도 할 수 없는 길을 가고 있습니다. 주님이 가라고 하시면 가고, 서라고 하시면 서는 인생을 살아가면서 세상에 복음을 전했더니 세상 사람들이 제 말을 듣기 시작했습니다. 버스에서 만난 죽으러 가던 청년이 제가 전한 5분의 복음으로 사람이 바뀌어 생명을 살리고, 조폭이었던 사람이 바뀌고 마약상이었던 사람이 바뀌었습니다. 사람을 창조하신 하나님께서 우리를 그분의 형상대로 지으셨기 때문에 살아 계신 하나님의 복음이 들리는 곳에 성령님이 역사하시면 운명을 통째로 바꿀 수 있는 것입니다.

십자가 앞에서 항복하라!

저는 이 믿음으로 제 자식 5명을 모두 선교사로 하나님께 바쳤습니다. 복음의 놀라운 사실을 알고 나니까 그럴 수밖에 없었습니다. 제 자식들은 하나님 앞에 바쳐진 존재가 되어 다섯 아이가 온 인류를 걱정하면서 선교사로 쓰임 받고 있습니다. 내 한 목숨도 감당하지 못하는 죄인이었던 제가 이제는 온 열방을 주님의 이름으로 품고 전 세계의 영혼들을 구원하는 복음의 증인이 되었습니다. 주님이 하셨습니다. 저를 통해 이 복음이 들리는 곳곳마다 절망의 영혼들, 겁에 질린 영혼들을 주님께서 회복시키고 계십니다.

"내가 진실로 진실로 너희에게 이르노니 내 말을 듣고 또 나 보내신 이를 믿는 자는 영생을 얻었고 심판에 이르지 아니하나니 사망에서 생명으로 옮겼느니라."(요한복음 5:24)

저는 이 기적을 매일같이 보며 살고 있습니다. 하나님은 살아 계십니다. 그리고 지금도 우리 가운데 역사하십니다. 살아 계신 하나님께서는 그분의 말씀으로 우리의 영혼과 심장을 때리며 찾아오십니다.

이 복음과 진리를 믿고 받기만 하면 우리의 인생은 이전과는 다른 인생이 될 것입니다. 이제는 이전처럼 다가오는 운명에 무릎 꿇고 고통에 길든 채 살아가다가 죽어버리는, 마치 선캡 씌워진 꿩처럼 살아가는 것이 아닙니다. 우리를 사랑하시고 우리를 향한 어마어마한 꿈을 가지시고 우리 인생을 계획하신 살아 계신 하나님과 예수 그리스도 십자가 부활의 복음을 믿고 영접하기만 하면 우리의 삶은 하나님께서 그분의 계획대로 이끌어 가시는 것입니다. 살아 계신 하나님이 우리를 보고 계십니다.

그분 앞에 우리 모두 정직한 마음으로 두 손을 들어 기도하며 나아가길 원합니다. 두 손을 든다는 것은 항복한다는 것이며 아무것도 속이지 않는다는 것입니다. 사람을 속일 수는 있어도 하나님은 속일 수는 없습니다. 하나님은 우리의 눈물과 영혼의 고통과 두려움과 삶의 어려움을 다 알고 계십니다. 그리고 두 손을 들었다는 또 다른 의미는 전심이라는 말입니다. 그러므로 이제 주님을 진정한 나의 주님으로 받아들이고 싶은 분들은 두 손을 들고 전심으로 기도하시면 좋겠습니다. 우리가 믿음의 기도를 할 수 있기를 소망합니다. 하나님께서는 우리의 마음을 다 알고 계시니 눈물이 나면 그저 울기만 해도 됩니다. "주님!" 하고 부르기만 해도 그분은 들으십니다. 우리는 왜 믿음만으로 살지 못합니까? 무엇이 그렇게 두렵습니까? 그분이 이끌어가시는 믿음의 삶을 살아가십시오.

청년과 다음 세대를 위한 기도

예수님, 저의 죄를 용서하신 십자가의 복음을 믿고 주님 앞에 회개하오니 저를 용서하시고 제 안에 오셔서 저의 주인이 되어 주시옵소서. 성령님, 이것이 제 안의 실제가 되게 하시고 그 주님을 제가 믿사오니 저의 삶을 주님께서 맡아주시고 세상이 감당하지 못하는 믿음의 삶을 살게 하시옵소서. 이 믿음으로 온전히, 저도 제 인생을 십자가에서 끝장내고 주님께 내어드리겠습니다. 아멘!

박한수

HanSoo Park

박한수 목사는 열방을 제자 삼고, 다음 세대를
준비하며, 끊임없이 갱신하는 교회를 3대 비전
으로 삼아 제자광성교회의 담임목사로 섬기고
있다. 열방이 제자되는 그날을 꿈꾸며 마지막 때
를 알리는 메신저로 사랑받고 있으며, 저서로는
『내가 구원받은 줄 알았습니다』가 있다.

거룩이 곧 믿음이다

하나님이 우리를 찾으시는 것은 쓰시기 위해서입니다.
세상 사람들은 스펙을 쌓습니다. 세상 사람들은 경력을 쌓습니다.
그러나 우리 그리스도인들은 거룩이라는 스펙을 쌓는 것입니다.
하나님이 보시는 게 그것입니다.

"여호와께서 모세에게 말씀하여 이르시되 너는 이스라엘 자손의 온 회중에게 말하여 이르라 너희는 거룩하라 이는 나 여호와 너희 하나님이 거룩함이니라 너희 각 사람은 부모를 경외하고 나의 안식일을 지키라 나는 너희의 하나님 여호와이니라 너희는 헛된 것들에게로 향하지 말며 너희를 위하여 신상들을 부어 만들지 말라 나는 너희의 하나님 여호와이니라."(레위기 19:1~4)

───

인류의 역사는 하나님과 악한 마귀의 싸움의 역사인데 결국은 사람 전쟁입니다. 사탄이 사람을 쓰고 하나님도 사람을 쓰십니다. 우리가 매우 중요한 존재라는 것을 기억해야 합니다. 코로나 사태로 오프라인에서 젊은이들이 함께 찬양하고 경배하고 말씀을 듣지 못해 아쉬움이 큽니다. 하지만 이가 없으면 잇몸으로 산다고 했으니 이렇게 온라인으로 함께할 때에도 하나님께서 역사하실 줄 믿습니다. 저는 오늘 한 사람을 찾으러 왔습니다.

몇 년 전 한 집회에서 강대상에 올라가는 중에 하나님께서 마음에 이런 감동을 주셨습니다. '종아, 여기 1,000명 정도 모였는데 1,000명 정도에게 설교하면 100명 정도 감동을 받는다. 그리고 그중에서 10명이 운다. 그런데 1명만 변한다. 너는 그 1명을 보고 온 것이다.' 그 말씀이 저에게 큰 위로가 됐습니다. '지금까지도 그랬지만 앞으로도 내 평생에 수를 보지 않으리라. 한 사람. 한 사람을 찾으리라.' 그렇게 결심했습니다.

저는 이 집회를 주최하는 교회가 몇 명이 모이는 교회인지 묻지 않았습니다. 꿈을 가지고 비전을 가지고 자기의 생애를 드리는 사람이 한 명이라도 있다면 헛되지 않습니다. 1,000억 원이 중요합니까, 한 사람이 중요합니까? 지구 온 땅이 중요합니까, 한 사람이 중요합니까? 한 사람이 가치가 있습니다. 그 한 사람이 변하면 세상이 바뀝니다.

벼랑 끝에 서 있는 청년들

콘퍼런스 주제인 "벼랑 끝에 서는 믿음"을 생각할 때 2가지 마음이 왔습니다. **첫째는 현재 우리의 믿음이 벼랑 끝에 서 있다. 벼랑 끝에 몰려 있다. 그래서 마지막이라는 것입니다.** 매일매일이 마지막입니다. 저는 마지막 시대를 주제로 설교를 곧잘 하는 편인데 설교를 하는 저도 이런 날이 이렇게 빨리 올 줄 몰랐습니다. 그동안 '주님이 오십니다. 마지막 때가 다 됐습니다.' 그리고 심할 때는 '순교를 준비하십시오.'까지 얘기했지만 설교를 한 저도 이런 날이 이렇게 빨리 올 줄 몰랐습니다. 그러니 듣는 사람들은 어떠했겠습니까? 그런데 그날이 와버린 것입니다. 세상에, 마스크를 쓰고 예배를 드리다니. 예배당이 텅텅 비어 있다니. 어떻게 국가의 행정명령으로 교회 예배가 제한받는 시점까지 오게 됐을까? '정말로 마지막이 왔구나.' 하는 생각이 듭니다. 보통 '말세지말'이라는 표현을 쓰는데 마지막 중에서도 마지막이라는 의미입니다. 그런데 지금은 '말세지말'이 아니고 '말세지지지말'이 아닌가 하는 생각이 듭니다. 그야말로 우리의 믿음이 벼랑 끝에 몰려 있는 형국이라는 것입니다.

특별히 우리 청년들에게는 앞이 보이지 않습니다. 세상의 젊은이들이 장래에 무엇을 하고 살아야 할지 막막한 상황이고 영적으로도 마찬가지입니다. 예수 그리스도를 구주로 믿는 우리 교회 안의 젊은이들도 어떻게 영적인 비전을 가져갈 것인지, 이 위기를 어떻게 돌파해 나갈 것인지 앞이 보이지 않습니다. 저는 믿고 싶지 않지만 우리나라 청년 복음화율이 3%라고 합니다. 미전도 종족만도 못한 끔찍한 이야기입니다. 그런데 생각해 보면 일리가 있는 말입니다. 제가 1980년대 중반에 예수를 믿었는데 그때만 해도 주변에는 부모님의 구원을 위해 기도하는 친구가 많았습니다. 저도 그중 한 사람이었습니다. 저희 어머님은 18년 기도해서 예수님을 믿게 되었는데, 더욱이 아버지가 예수님을 믿기까지는 22년이 걸렸습니다. 우리 세대는 자식이 기도해서 부모님께 복음을 전하면 부모님이 예수님을 믿는 세대였습니다.

그런데 지금 교회에서 보면 부끄럽지만 우리 교회 중직자의 자녀들도 신앙생활을 제대로 하지 않습니다. 장로님들의 자식들이 제대로 신앙생활을 하지 않습니다. 어쩌다 교회에 와도 거듭나지 않은 사람이 수두룩합니다. 그냥 교회 와서 마당만 밟고 가는 것입니다. 교회 와서 한쪽에 앉아만 있다 가는 것입니다. 그래서 새벽기도 때 기성세대의 기도 제목 1순위가 자식의 구원입니다. 상황이 역전되기 시작했다는 것입니다. 그만큼 앞으로는 더 힘든 시대가 될 것입니다.

먹고 사는 데 관심이 없다면 거짓말이지만 저는 그런 데 별로 관심이 없습니다. 저는 우리 성도들이 헌금을 1억 원을 하든 5,000만 원을 하든 관심 없습니다. 저분의 직업이 뭐다, 어떻다 하는 소리에 귀 기울이지 않습니다. 하나님 앞에는 아무것도 아니기 때문입니다. 그건 땅에 속한 일이기 때문입니다. 그것이 문제가 아니고 영적 가치, 영원한 것이 정말 중요한 것입니다. 마귀는 우리에게 살덩이를 던져 주고 우리의 뼈를 취해

가는 존재입니다. 속으면 안 됩니다.

천국은 어떤 곳인가 하면 이렇습니다. 마태복음 13장 44절에 어떤 농부가 밭을 갈다가 보화를 발견합니다. 그리고 자기의 전부를 파는데 말씀을 보면 다 팔았다고 나옵니다. 집도 팔고 가지고 있는 모든 것과 미래에 준비한 모든 것을 팔았습니다. 그리고 그 밭에 묻힌 보화를 사는 것입니다. 미쳤다고 했을 것입니다. 동네 사람들은 당연하고, 아내와 자식까지도 미쳤다고 했을 것입니다. 그러나 발설할 수 없습니다. 그 밭을 손에 쥐기까지는 말할 수 없는 비밀, 결국 이것이 천국 비유라고 주님이 말씀하셨는데 천국은 대충 가는 나라가 아니라는 것입니다. 성경을 창세기부터 요한계시록까지 읽어 보면서 천국을 쉽게 간 사람이 있는지. 쉽게 영생을 얻을 수 있는지, 쉽게 하나님께 쓰임 받는지를 확인해 보십시오. 신앙은 현실입니다. 낭만이 아닙니다. 이것도 좋고, 저것도 좋고, 유유자적하면서 사람도 만나고, 자신이 하고 싶은 취미생활도 하고, 그러면서 하나님 나라에 갈 사람은 없습니다. 전부를 거는 사람, 어떤 결정을 할 때 자기 생의 전부를 걸고 하나만을 선택하는 사람, 그런 사람을 통해서 하나님의 역사가 이루어집니다.

오늘 우리의 믿음은 벼랑 끝에 내몰려 있습니다. 이 위기상황에서 과연 우리는 어떻게 해야 합니까? **두 번째, 벼랑 끝에 서는 믿음이라는 것은 우리가 벼랑 끝에 설수록, 벼랑 끝에 몰릴수록 우리의 믿음이 빛을 발하게 된다는 의미입니다.** 아시다시피 요셉은 애굽에 끌려갔습니다. 종살이하다 감옥살이까지 하게 됩니다. 그런데 아이러니하게도 그 기간은 주님과 함께하는 시간이었습니다. 진정한 그리스도인은 어려움이 올수록 포기하지 않습니다. 진정한 그리스도인들은 유혹을 받을 때 더 선명해집니다. 핍박을 받을 때 믿음이 더 선명해집니다. 가짜는 떠나가게 되어 있습니다. 가라지는 떠나가게 되어 있습니다. 알곡만 남습니다.

우리가 지금 처한 곳이 벼랑입니다. 우리가 지금 처한 곳이 광야라는 말입니다. 광야 길을 걷는 이 시대 우리 젊은이들에게 과연 무엇이 필요하겠습니까?

광야, 기적의 출발점

출애굽기를 보면 이스라엘 백성들이 애굽에서 나올 때 하나님이 일하시는 도식이 있습니다. 주님은 막무가내로 일하시지 않습니다. 출애굽기 12장에 이스라엘 백성들이 드디어 라암셋에서 출발합니다. 그런데 우리가 흔히 생각할 때 광야는 홍해를 건너면서 시작된 것으로 생각하지만 지리적으로 보면 홍해 이전 지역도 광야입니다. 애굽의 자기 처소를 떠날 때 광야는 이미 시작됐습니다. 퍽퍽한 땅, 메마른 땅, 건조한 땅, 어깨에 아주 발효되지 않은 떡 반죽을 짊어지고 또 애굽 사람의 손을 빌려서 훗날 성막 건설에 사용될 재물을 챙기고 목축을 이끌고 라암셋에서 출발합니다. 그런데 하나님께서 아주 세밀하게 인도하셨습니다.

12장에서 출발해 13장에 가면 불기둥과 구름기둥을 미리 준비하십니다. 하나님께서는 급한 것부터 해결해 주십니다. 광야에 나오면 하루가 못 가서 죽습니다. 낮에는 뜨거워서 못 견디고 밤에는 온도가 내려가 추워서 못 견딥니다. 그래서 하나님이 애굽의 본거지를 나오자마자 홍해를 건너기 전에 불기둥과 구름기둥을 준비해 주셨습니다. 그리고 14장에서 홍해를 건너고 15장에서는 미리암이 찬양을 드리며 16장에 가면 홍해를 건너면서 불기둥과 구름기둥으로 인간에게 제일 급한 불을 끄게 되어 생명을 유지할 수 있었습니다.

그런데 물을 먹어야 합니다. 그래서 하나님께서 반석을 터뜨려서 물을 내시고 공급해 주셨습다. 물이 해결된 후에는 무엇이 필요하겠습니까? 양식입니다. 16장에 가면 하나님께서 만나와 메추라기를 공급해 주십니다. 의식주를 해결해 주신 것입니다. 낮에는 구름기둥과 밤에는 불기둥, 이것이 의복이 되었습니다. 그 당시에는 몰랐는데 신명기 18장에 모세가 임종하기 직전에 피를 토하는 설교를 했는데 그 설교를 들어보면 광야 40년 동안 발이 부르트지 않았고 옷이 해지지 않았다고 합니다. 이때부터 기적이 시작되는 것입니다.

광야는 기적의 실마리가 됩다. 광야는 기적의 실마리입니다. 푸른 초장과 쉴 만한 물가에서 무슨 기적이 필요합니까? 그곳은 그냥 누리며 쉬는 곳입니다. 의식주를 해결해 주시고 시내산으로 인도하시더니 19장에서 여호와께서 강림하시고 20장에서 십계명을 주십니다. 그리고 세밀한 율법을 주시고 이스라엘 백성들이 출애굽기 25장부터 하나님께 받은 성막의 설계도를 근거로 36장에서 성막 설계에 들어갑니다. 그리고 40장에서는 성막이 완성됩니다.

즉, 광야에서 하나님께서 3가지 과정을 통해서 인도하신다는 것입니다. 벼랑 끝에 몰려 있는 우리들에게, 젊은이뿐만 아니라 저를 포함한 이 땅의 그리스도인들에게 정말 필요한 것은 이 3가지 요소입니다. 광야 같은 이 세상, 코로나를 맞이한 이 세상에서는 광야가 바로 코로나입니다. 먹을 것이 없습니다. 앞이 보이지 않습니다. 되돌아갈 수도 없습니다. 우리도 코로나 이전으로 돌아갈 수는 없습니다. 그렇다고 여기 머물러서

허둥지둥할 수도 없습니다. 싫든 좋든 준비해야 하는데 준비할 게 무엇이겠습니까. 그때 하나님께서 이스라엘 백성을 광야에 모이게 해놓고 행하신 역사의 단계가 있습니다.

침대는 인간이 사도 잠은 하나님이 주신다

첫 번째 단계가 하나님의 임재입니다. 불기둥과 구름기둥은 하나님의 임재입니다. 임마누엘 사인입니다. '내가 너희와 함께한다.' 놀랍게도 이스라엘 백성들이 40년 동안 광야에 있었는데 단 하루도 만나를 그치신 적이 없었고 불기둥과 구름기둥을 거두신 적이 없었습니다. 이 하나님의 크신 사랑에도 불구하고 이스라엘 백성들이 수없이 범죄하고 배역하고, 어쩌면 그렇게 배신을 하는지. 금송아지를 만들어 놓고 저들의 신이라고 고백하고 입에 담을 수 없는 온갖 패역한 짓을 하는데, 아침에 주님께서 내리시는 만나를 실컷 배불리 먹고 정오 때 금송아지를 만들어 자기들의 신이라고 펄펄 뜁니다.

저는 그들의 모습 속에서 자신을 돌아봅니다. 은혜를 망각하는 저 자신을 말입니다. 저에게 기적이 일어났습니다. 이스라엘 백성들에게 만나를 먹이시고 불기둥과 구름기둥으로 기적을 주셨듯이 말입니다. 그들도 첫날 며칠간은 놀랐을 것입니다. 하늘에서 만나가 내릴 때 벌벌 떨면서 만나를 먹었을 것입니다. 그런데 시간이 지나면서 당연하다고 생각하고 만나로 만족하지 못해 기름진 고기를 달라고 하소연하는 이스라엘 백성의 모습이 바로 저 자신이었습니다.

저는 목사가 꿈이었던 사람입니다. 어떤 사람은 두들겨 맞고 목사가 된다는데 저는 목사가 되고 싶어 미친 사람이었습니다. 열다섯 살에 교회에 나가 열여섯 살에 성령을 받고 하나님을 만났으니 당연하게 저의 인생은 정해졌습니다. 두말할 것도 없었습니다. 강요해서 간 자리도 아니었습니다. 하나님이 살아 계시고 천국이 있다면 세상에서 제일 가치 있는 일은 뭘까. 제 생각에 목사가 되는 것이었습니다. 그래서 신학 공부를 했습니다. 그런데 학부만 마치면 목사가 되는 줄 알았는데 대학원을 가야 한다는 것입니다. 그런데 저는 엉덩이를 붙이고 사는 사람이 아니었습니다. 학과 공부, 교회 사역, 입시 준비를 모두 하려니까 미칠 것 같았습니다. 입시 준비를 하면서 일주일에 4번씩 교회를 다녔습니다. 학우들이 다 미쳤다고 했습니다. 그런데 대학원에 들어갔습니다. 그건 기적이었습니다. 저에게 기적 같은 일이 일어난 것입니다. 그래서 합격자 발표가 있던 그날이 제 생애에서 손꼽히는 기쁜 날이 되었습니다, 문제는 3월 2일 오리엔테이션 예배가 있는데 저는 4년 동안 같은 학교를 다녔으므로 똑같은 교수님과 사람들, 똑같은 분위기였기에 개강예배에 안 가고 친구와 놀러가고 말았습니다. 합격하고 그렇게 울면서 기뻐했는데, 그렇게 감사했는데 그것이 인간이구나. 그것이 저였습니다. 은혜는 물에 새기고 원하는 것만 계속 구하고 있는 저 자신인데 이스라엘 백성들을 욕할 것 하나도 없었습니다.

아무튼 기적이 일상이 되니까 이스라엘 백성들이 깨닫지 못한 것입니다. 광야는 하나님께서 함께하시지 않으면 생존할 수 없는 조건입니다. 과거에도 그랬지만 지금도 우리가 못 깨닫고 있습니다. 우리나라에는 석유가 한 방울도 안 납니다. 그런데 차가 1,300만 대가 넘습니다. 교만했습니다. 지금은 세계 9번째 수출 부국입니다. 꿈에서나 생각할 수 있는 일 아닙니까? 은혜를 쏟아 부어 주셨는데 우리가 자만하고 오만하고 이 땅을 더럽혀서 지금 큰 위기에 봉착하게 된 것입니다. 이스라엘 백성 중 광야에서 굶어죽은 사람은 한 명도 없습니다. 얼어 죽은 사람도 없었습니다. 타 죽은 사람도 없었습니다. 오직 죄 때문에 죽었습니다. 광야에서 우리는 두 가지를 명심해야 합니다.

하나는 하나님께서 함께하시는 기적을 보는 눈이 있어야 합니다. 우리가 모인 게 기적입니다. 이 형국에 모인 게 기적입니다. 우리가 흩어져서 예배할 수 있다는 게 기적입니다. 우리가 지금 처소에서 유튜브와 줌으로 참석하고 있는데 이것이 하나님이 허락하지 않았다면 할 수 있었겠습니까? 하나님이 허락하시지 않았다면 제가 이 자리에 설 수 있었겠습니까? 제가 없었으면 누군가 이 자리에 또 서게 됩니다. 단지 하나님의 은혜로 이 자리에 초대를 받아서 서 있다는 것 자체가 저에게는 기적이고 은혜라는 것입니다. 제가 없어도 상관없습니다. 주님께서는 탁월한 메신저를 분명히 이 자리에 세우셨을 것입니다. 단지 제가 하나님께 감사하고 은혜라고 고백할 수밖에 없는 것이 그중에 저를 세웠다는 사실입니다. 그러니 이것을 잊으면 안 된다는 것입니다.

침대는 인간이 사도 잠은 하나님이 주시는 것입니다. 장작을 쌓아도 불을 일으키시는 분은 하나님이십니다. 우리가 모일 수는 있지만 기름 부으심을 주시는 분은 하나님이십니다. 광야로 갈 수 있습니다. 살기 위해서 광야로 갈 수도 있습니다. 그러나 거기서는 살 수 없습니다. 만나는 하나님이 주셔야 먹을 수 있습니다. 생수도 하나님이 주셔야 마실 수 있습니다. 단 하루도 불기둥과 구름기둥을 거두시면 이스라엘 백성들은 생존 자체가 불가능한 것입니다. 이것을 잊지 않아야 한다는 것입니다. 광야에서 잊지 않아야 할 것은 하나님의 임마누엘, 하나님이 우리와 함께 하신다는 것이 얼마나 큰 기적이고 얼마나 놀라운 은총인지를 깨닫고 알아야 한다는 것입니다. 이것을 잊어버리면 망합니다. 그동안 이것을 잊어버렸습니다. 가만있어도 되니까, 수도꼭지만 틀면 물이 나오니까. 카드만 긁으면 먹을 것이 생기니까 그것이 당연한 줄 알았던 것입니다. 이제 앞으로 우리에게 어떤 환란이 올지 모릅니다. 식량난이 올지도 모릅니다. 전쟁이 일어날지도 모릅니다. 코로나는 지금 진행 중이기 때문에, 지금 태풍의 중심에 있기 때문에 모르는 것입니다. 이것이 앞으로 얼마나 지속될지, 끝난 다음에 전 세계 정세가 어떻게 변할지 아무도 모릅니다. 우선 배가 불러야 여유가 있는 것입니다. 미국이 우리를 지켜 주겠습니까? 가난하다고 도와줄 것 같습니까? 6·25 전쟁 때 유엔 16개국이 우리를 도와준 것은 그나마 그들에게 여력이 있었기 때문이었습니다. 그것마저도 없다면 어떻게 하겠습니까? 메뚜기 떼는 창궐한다고 하고, 홍수도 창궐한다고 하며, 식량은 부족하다고 하는데 어떻게 하겠습니까?

제 기억에 우리나라는 20년 동안 풍년이었습니다. 올해도 대풍이다, 그래서 매년 쌀이 남아돈다, 북한을 주자 말자, 심지어 막걸리를 만들기도 했습니다. 그것이 언제까지 계속되겠습니까? 제가 두려운 건 그것이 끝날까 두렵다는 것입니다. 그러면 그동안 20년, 30년 동안 온실 속의 화초처럼 가느다랗고 야성을 잃어버린 한국 교회가, 한국 교회 젊은이들이 그것을 견뎌낼 수 있는 영적 체력이 있겠는가 하는 것이 걱정이라는 것입니다. 코로나로 휘청거리는데, 지금 한국 교회가 현장 예배에 성도가 30%도 안 나오는데, 63%가 영상예배로 돌려버렸는데, 이 정도 수준인데, 이제 시작인데, 야구에서 9회 말로 치면 아직 2회 초인데 어떻게 앞으로 9회 말까지 믿음을 지키고 견딜 수 있겠습니까?

가짜 복음에 속지 마라

두 번째로 우리가 광야에서 하나님의 임재와 더불어 잊지 말아야 할 것이 있습니다. **하나님을 두려워하는 마음을 잃지 않아야 합니다.** 이상하게 복음이 편중돼 있습니다. 복음이란 것은 좋은 소리 같지만 좋은 소리가 아닐 수도 있습니다. 암 환자가 의사에게 찾아왔습니다. 아흔을 바라보고 있는 노인인데 이분에게 암이라고 말해 봐야 수술을 할 수도 없고, 수술하면 오히려 생명이 단축될 수 있습니다. 그래서 자식이 상태를 밝히지 말아 달라고 의사에게 사정했습니다. 그래서 의사가 자기 양심을 팔고 선한 거짓말을 합니다. "어머니, 이 약 드시면 괜찮습니다. 지금 위가 헐어서 그런 거니까 약 드시면 괜찮습니다." 의사가 그러면 환자는 "아, 그렇군요." 하면서 심각한 줄 알았는데 의사 말을 듣고 기분이 좋아집니다. 이를 플라세보 효과(속임약 효과)라고 하는데 가짜 약, 위조 약을 주는 것입니다. 이게 복음이라면 가짜 복음입니다. 그리고 그 가짜 약을 먹습니다. 심리 효과가 있어서 며칠 좋습니다. 그런데 또 안 좋아져서 병원을 찾으면 또 약을 주는 것입니다. 몇 달 후에 죽습니다. 정말 제대로 된 의사라면 암 환자가 왔을 때 "정말 위중한 상황입니다. 왜 이제 왔습니까? 그러나 최선을 다해 봅시다. 오늘 오후에 당장 입원하십시오." 이것이 복음입니다. 어떤 사람에게는 죽는다는 소리가 복음일 수 있습니다. 어떤 사람에게는 산다는 소리가 사탄의 속삭임일 수도 있습니다.

이스라엘 백성이 잊지 말았어야 했던 것은 광야에서 하나님을 경외하는 것이었습니다. 우리가 지금 벼랑 끝에 모여 있고 광야 같은 세상을 맞이하고 있다면 이 땅의 젊은이들에게 감히 말하고 싶은 것은 하나님을 경외하라는 것입니다. 왜 하나님을 두려워하지 않습니까? 이래도 좋고 저래도 좋은 시험주의 노선은 절대 교회가 추구해야 할 방향이 아닙니다. 그건 교회가 될 수 없습니다. 처음에는 되는 것 같을 수 있습니다. 그러나 하나님을 경외함이 떠나버린 공동체는 절대 성령님의 역사가 있을 수 없습니다. 그럼에도 기적이 일어난다면 그것은 가짜입니다. 그 끝은 사망입니다. 참과 거짓을 구별하는 기준은 여러 가지가 있겠지만 그 중에 하나가 하나님을 경외함이 있는가 하는 것입니다. 여호와를 경외함이 지식의 근본이라 했습니다. 우리 젊은이들에게 여호와를 경외하는 마음, 거룩을 말씀드리겠습니다.

호세아를 닮은 성자, 이세종

앞에서 말씀드린 것처럼 이스라엘 백성들에게 첫 번째 문제 의식주가 해결됐습니다. 두 번째는 하나님께서 십계명으로 대표되는 말씀을 주셨습니다. 급한 불을 끄고 나서는 하나님께서 필요한 대로 그때 그때 말씀으로 인도하십니다. 말씀이 우리를 경건하게 합니다. 말씀이 우리를 새롭게 합니다.

청년들이 무엇으로 거룩하게 됩니까? 결심이나 의지가 아닙니다. 우리의 결심과 의지라는 것은 정말 믿을 수 없는 것들입니다. 말씀이 우리를 새롭게 합니다. 이건 말할 필요도 없는 것입니다. 귀에 딱지가 앉도록 들었을 것입니다. 문제는 말씀을 듣고만 만다는 것입니다. 행하는 자가 없습니다. 있다고 해도 많지는 않습니다.

일제강점기에 이세종이란 분이 계셨습니다. 그분의 일대기를 참 많이 읽었습니다. 그 일대기를 보면 그분은 일제강점기에 너무 찢어지게 가난해서 남의 종살이를 합니다. 가난에 한이 맺혀서 죽도록 성실하게 일을 했습니다. 그래서 제법 괜찮은 자산가가 됩니다. 땅도 모으고 결혼도 했는데 문제는 아이가 생기지 않았습니다. 자식이 안 생기니까 무당을 불러 굿을 하고 자기 집에다가 산당을 차려 놓습니다. 그래도 자식이 안 생기자 어느 날 그분에게 어떤 선교사가 복음을 전했습니다. 그래서 이세종 선생, 그분이 예수를 믿게 됩니다. 그 후 성경책을 손에 들고 읽기 시작했습니다. 안방에서 성경을 펴고 읽는데 성경을 어떻게 읽느냐. 우리처럼 읽고 마는 게 아니고 하나님과 대화를 하는 거예요. "예, 주님!" 하고 무릎을 꿇고 성경을 읽는 것입니다.

밖에서 하인이 마당을 쓸다 신발은 한 켤레인데 방안에서는 두 사람이 대화하는 걸 듣고 손님이 있는가 하고 의아해할 정도였습니다. 그는 그렇게 성경을 읽었습니다. 그러던 어느 날 그에게 꽂힌 말씀이 하나 있었습니다. 바로 삭개오 이야기였습니다. 누가복음에서 삭개오 이야기를 읽다가 자기가 삭개오라고 판단한 것입니다. 그가 성경을 읽으며 "하나님, 맞습니다. 제가 잘못했습니다. 그리하겠습니다." 하고 밖으로 나왔는데 얼굴이 빨갰습니다. 그 당시에는 보릿고개를 넘어야 할 만큼 식량이 부족하니까 돈깨나 있는 부자들은 식량을 빌려 주고 고리로 재산을 불렸습니다. 20~30%씩 이자로 받는 것입니다. 보릿고개가 닥쳐서 굶어 죽기 전에 땅문서를 잡히고 식량을 얻어다가 고비를 넘기고 그다음에 가면 빚이 더 늘어나기를 반복하다 땅과 집을 다 뺏겨버리는 일이 일상으로 일어났습니다. 그런데 이세종 선생도 모든 사람이 그렇게 살아가니까 그것이 죄인줄 몰랐던 것입니다. 그래서 그도 땅문서를 받고 식량을 빌려 주면서 고리로 이자를 받곤 했습니다. 한편으로는 그 방법이 가난한 그들을 살리는 길이기도 했기 때문입니다. 그런데 성경을 보는데 자기가 바로 삭개오인 것입니다. 삭개오인 그가 자기 욕심만 채우다가 주님을 만난 것입니다.

그래서 그날 저녁 그는 자기에게 빚진 모든 채무자를 마당으로 불러 모았습니다. 오라니까 모두 꼼짝없이 웅성웅성하며 수십 명이 모였습니다. 그때 그가 폭탄선언을 합니다. "여러분, 용서해 주시오. 내가 죄인이오. 나는 그것이 잘못된 줄 몰랐소. 그런데 하나님을 만나고 나니 그것이 죄인 줄 알았소." 그리고 그 자리에서 빚을 주고받은 문서를 모두 불질러 버렸습니다. 그리고 땅문서와 집문서를 모두 돌려줬습니다. 사람들이 '이게 꿈이냐, 생시냐' 하며 집으로 돌아갔습니다. 사람들이 의논했습니다. 이럴 수가 있나 하는 고마운 마음에 사람들이 마을 입구에 공적비를 세우기로 결의했습니다. 이렇게 좋은 일을 베풀어 줬으니 공적비를 세워서 대대로 남겨야 한다고 하자 그는 절대 하지 말라. 하나님이 하셨다. 그런데도 사람들이 고집스럽게 공적비를 세우자 그가 달려가서 공적비를 땅에 묻어버렸습니다.

이세종 선생, 그분의 일대기를 쓴 책의 제목이 『호세아를 닮은 성자』입니다. 이세종 선생은 주님을 만나고 나서 자기 아내가 아내로 안 보이는 것입니다. 그래서 그때부터 아내를 '자매님'이라고 불렀답니다. 아내를 자매님이라고 부르니까 이 자매님이 미칠 지경입니다. 그때부터 자매님은 이 형제님을 감당하지 못하고 옆 동네 사는 어떤 젊은이하고 바람나서 집을 나가 옆 동네에 살림을 차렸습니다. 그래서 이세종 선생이 찾아가서 사정했습니다. "자매님, 옳지 않소. 집으로 돌아오시오. 이것은 하나님이 원하는 길이 아니오." 그랬더니 이 자매님은 더 돌아버릴 지경이 된 것입니다. 그래서 미친 놈이라고 욕하면서 쫓아냈습니다. 그길로 그는 집으로 돌아와서 아내의 세간살이를 다 싸서 수레에다 싣고 갖다주며 그랬답니다. "자매님은 나에게 곧 돌아오게 될 것이오. 속히 정리하고 돌아오시오." 그러고는 자매님의 욕지거리를 뒤로 한 채 돌아왔습니다. 그로부터 3개월 후 아내가 돌아왔습니다. 그리고 1년을 못 넘기고 또 장돌뱅이와 바람이 나서 또 나갔습니다. 그때도 그는 자매님을 찾아가 사정하고 회개할 것을 권면했습니다. 그러고는 또 돌아왔습니다. 그는 일제강점기의 그 봉건주의 사회에서도 두 번이나 받아줬습니다. 그리고 끝내 그의 아내는 주님을 만나게 됩니다. 남편의 예수 그리스도를 자신도 경험한 뒤 두 분은 아름답게 여생을 보냈습니다. 이래서 그 책의 제목이 『호세아를 닮은 성자』인 것입니다.

백묘(白猫)든 흑묘(黑猫)든 쥐만 잡으면 된다?

우리는 아브라함을 흠모합니다. 골리앗과 맞서 싸웠던 다윗도 흠모합니다. 그렇지만 아브라함처럼, 다윗처럼 살 용기는 안 냅니다. 이게 모순입니다. 죄송하지만 저는 교회 성도들에게 안 속습니다. 그들의 눈물을 믿지 습니다. 그들의 손을 믿지 않습니다. 펄펄 뛰는 것을 나는 믿지 않습니다. 하루는 한 청년이 철야를 마치고 눈이 빨개져 와서 "목사님, 제가 순교할 겁니다."라고 했습니다. 저는 깜짝 놀랐습니다. 그날 설교 주제가 순교도 아니었는데 순교를 하겠다고 해서 제가 "하려면 해라. 안 말린다. 제발 하거라." 그렇게 말했습니다. 순교하겠다는 결단은 참 귀합니다. 그런데 중요한 것은 그 친구의 삶이 순교의 삶인가 하는 것까지 따져 봐야 한다는 것입니다. 때때로 저 자신에게 묻습니다. "나는 목사가 맞는가? 말만 하는 말쟁이는 아닌가?" 하고 말입니다. 우리 청년들이여! 거룩하십시오. 거룩이 곧 믿음입니다.

『목회자가 타락하면』이라는 오래전에 나온 책이 있는데 그 책의 서문을 읽고 충격을 받았습니다. 저자가 미국의 목회자로 강연을 가기 위해 비행기에 올랐는데 옆 사람이 기도하는 것입니다. 반가워서 "크리스천이냐?"고 물었더니 "나는 크리스천이 아니다."라고 대답했습니다. "그러면 누구한테 기도했느냐?" 했더니 "사탄에게 기도했다."라는 것입니다. 충격적이지만 흥미로워서 "당신이 믿는 사탄에게 어떤 기도를 했느냐?"라고 물었습니다. 그랬더니 그 사람 입에서 놀랄 만한 말이 나왔습니다. "나는 이 시간에 전 세계의 목회자들이 성적으로 타락하도록 기도했다."라고 말한 것입니다. 이게 적어도 35년 전의 일인데 그때 사탄은 전 세계의 목회자들이 성적으로 타락하기를 바라는 기도를 받고 있었습니다. 그 기도는 효과를 보고 있습니다. 언제부터인가 교회가 부흥을 이야기했지만 거룩을 잃어버렸습니다.

언어는 만들어지고, 발전하고, 쇠퇴하고, 사라지기도 합니다. 단어는 안 쓰면 사라집니다. 옛날에 사용했지만 지금은 사용하지 않아 국어사전에만 머물러 있는 단어가 많습니다. '인싸'같이 새로 생기는 단어들도 있습니다. 단어는 생기기도 하고 없어지기도 합니다. 유튜브를 볼 때 '거룩'이라는 단어를 성경과 설교 말고 들어본 적이 있습니까? 세상의 미디어에서 거룩이라는 단어를 들어본 적 있습니까? 서점에 가면 성경과 신앙서적을 제외하고 거룩이라는 단어가 나온 책이 있습니까? 언제부터인가 교회에서 거룩이라는 단어를 듣기 어려운 시대가 오고 말았습니다. 그러면 어떤 일이 벌어질 것인가? 없어져 버립니다. 어쩌면 앞으로 100년이 지나면 우리 후대, 후대의 후대, 그 후대의 후대는 '거룩'이라는 단어를 들었을 때 뭐냐고 물어볼지도 모릅니다. 이런 일이 벌어지고 있는 것입니다. 언제부터 우리가 동성애라는 말을 들었습니까? 제가 어릴 적에 어디서 동성애라는 말을 들었겠습니까? 요새는 툭하면 동성애라고 합니다. 듣도 보도 못한 단어가 이 시대를 대변하고 있는 것입니다.

오늘날 문제가 무엇입니까? 옛날에는 교회가 세상을 집어삼켰는데 요새는 세상이 교회를 집어삼키고 있는 형국입니다. 세속화의 물결이 교회 안에 들어와서 교회 안에서조차도 그냥 '모로 가도 서울만 가면 된다' 식입니다. 흰 고양이[白猫]든 검은 고양이[黑猫]든 쥐만 잡으면 된다는 것입니다. 이도 저도 필요 없이 부흥만 하면 된다고 합니다. 하나님이 보시기에는 그것을 부흥이라고, 그 더러운 부흥을 부흥이라고 보시지 않습니다. 요셉이 어째서 하나님의 눈에 띈 것은 영리해서도 아니고 성실해서도 아닙니다. 요셉은 단 하나, 거룩하기만 했기에 승리했습니다. 다른 건 다 갖춰도 거룩이 없으면 아무 짝에도 쓸모없는 것입니다. 최고의 음식점에 가서 최고의 인테리어를 갖춰놓고 최고의 셰프가 가장 값비싼 음식을 내놓았는데 거기에 머리카락이 한 올만 있어도 먹지 못합니다. 아무리 비싼 그릇이라도 끝에 약간의 흠집이 있다면 그 그릇은 사용 가치가 없는 그릇인 것입니다. 아무리 능력이 뛰어나도 거룩이 없으면 만신창이가 되는 것입니다. 능력은 두 번째입니다. 결과도 두 번째입니다.

담비도 제 몸은 더럽히지 않는다

저도 사실은 거룩이 부족한 사람입니다. 믿지 않는 집, 영적 박토에서 자랐기 때문에 경건이 부족합니다. 그것은 제가 잘 압니다. 이것이 제 평생의 씨름인 셈입니다. 어떤 분과 인터뷰를 하게 됐는데 앞으로의 계획이 뭐냐고 물었습니다. "나는 계획이 없고 주님이 인도하시는 대로 간다."라고 했습니다. 그런데 목표 하나를 말하라고 해서 "제가 사역 마칠 때까지 아무 탈 없이 끝내는 것입니다. 그것이 제 꿈입니다."라고 대답했습니다. 다니엘은 거룩했습니다. 그래서 그는 총리가 된 것입니다. 총리가 되려고 했던 것이 아닙니다. 요셉이 총리가 되려고 한 사람이 아닙니다. 자기 앞에 있는 유혹과 더러움을 이겼더니 그것이 쌓여서 실력이 되었고, 그것이 쌓여서 능력이 되었으며, 그것이 쌓여서 믿음이 된 것입니다.

죄송한 이야기지만 사역자들이 깨끗하지 못합니다. 찬양사역자들이 깨끗하지 못합니다. 우리 젊은이들이여, 지난 것은 다 지나갔습니다. 이제부터가 중요합니다. 주님께서는 과거를 묻지 않으십니다. 오늘부터 결심하십시오. 거룩하리라! 조금이라도 더러우면 하나님께서 쓰시고 싶어도 쓰실 수 없습니다. 젊은이들이 제일 경계해야 할 것은 능력 없는 게 아닙니다. 능력이 없다면 구하면 능력을 주십니다. 지혜가 부족하면 구할 때 주신다고, 부어주신다고 하셨습니다. 하나님이 능력 주시는 것은 쉽습니다. 하루아침에 능력자가 될 수 있습니다. 하늘에서 지혜가 임하면 지혜자가 되는 것입니다. 그런데 문제는 오염되면 어떻게 쓰겠냐는 것입니다. 너무도 아까운 사람들이 꽃을 피우지 못하고 봉오리 맺다가 끝내 버린 인생이 교회 안에 너무 너무 많습니다. 이것은 하나님 나라에서 엄청난 손실입니다. 그래서 지금 우리가 하나님 나라의 자산입니다. 홑몸이 아닙니다. 우리는 우리의 것이 아닙니다. 그건 아주 잘못된 생각입니다. 나 하나쯤 끝내버리자는 것은 안 될 말입니다. 하나님 나라의 치명적이고 엄청난 손실입니다.

저희 교회에서 대안학교를 운영하고 있습니다. 대안학교 학부모들을 모아놓고 이렇게 말했습니다. "이 아이들은 여러분의 자식이 아니다. 하나님 나라의 자산이다. 여러분에게 준 기업일 뿐이다. 그렇게 생각을 바꿔라. 여러분이 믿고 맡겼으니까 교회에서 최선을 다하겠다. 그 대신 여러분부터 생각을 바꿔라. 여러분의 소유가 아니라 하나님 나라의 자산이다." 우리 모두 하나님 나라의 자산입니다. 우리가 무너진다는 것은 우리만 무너지는 게 아닙니다. 성도들이 가끔 찾아와서 눈물을 글썽이며 이렇게 말합니다. "목사님, 저는 이제 더는 갈 데가 없습니다. 목사님이 변하시면 저희는 갈 데가 없습니다." 그 말을 들을 때 주저앉고 싶었습니다. '왜 갈 데가 없을까. 얼마나 상처를 많이 받았기에, 얼마나 목사를 믿지 못하기에 나한테 와서 하는 말이 이럴까.' 청천벽력 같은 무서운 소리입니다. 얼마나 무서운 소리입니까. 우리가 무너지면 우리만 무너지는 것으로 끝나는 것이 아닙니다.

짐승도 자기 몸을 더럽히지 않기 위해서 생명을 걸 때가 있습니다. 북유럽의 담비는 가죽이 비싸기로 유명한데 사냥꾼들이 담비를 잡는 방법이 있습니다. 담비가 굴을 파고 들어가 버리면 잡을 길이 없습니다. 그래서 담비의 습성을 이용해서 잡는데 담비는 밖에 나오면 낮에 돌아다니다가 해가 어둑어둑해지면 거처로 돌아가는 습성이 있습니다. 사냥꾼들은 담비가 들어가는 입구에다 잔인하게 숯을 많이 묻혀 둡니다. 그러면 담비는 자기 몸이 더럽혀질 것이 두려워서 자기 소굴로 들어가지 못하고 입구에 모여서 추위에 몸을 오들오들 떨고 있습니다. 사냥꾼들은 그때 담비를 잡습니다. 생명을 걸고 자기 몸을 깨끗하게 지키는 것입니다. 자기 몸을 깨끗하게 유지하기 위해서, 이게 짐승의 본능입니다. 하물며 하나님의 피조물인 인간이 우리가 마지막 때까지 거룩을 지켜야 하지 않겠습니까?

크리스천 청년들의 스펙, 거룩

주님은 "내가 거룩하니 너희도 거룩하라."라고 하셨는데 **첫째, 너희가 나를 알려면 거룩해야 한다는 말씀입니다.** 짐승과 인간은 대화를 못합니다. 인간은 영이고 짐승은 육이기 때문에 서로 통할 수 없습니다. 짐승이 아무리 똑똑해도 안 통합니다. 아무리 인간 같지 않은 인간도 인간끼리는 영이기 때문에 통하는 것입니다. 하나님이 우리에게 말씀하십니다. "내가 거룩하니 너희도 거룩하라." 즉, 너희가 나를 만나려면 거룩해야 한다. 내 수준이 되어야 한다. 우리가 하나님의 능력을 어떻게 뛰어넘을 수도 하나님의 계획과 그 깊이와 지혜를 다 알 수도 없습니다. 그런데 우리가 거룩하면, 최소 거룩만 유지해도 하나님은 우리에게 계시하십니다. 하나님의 비밀을 말해 주실 것이며 하나님의 지혜를 가르쳐 주실 것입니다.

둘째, 나는 거룩한 자를 찾는다는 말씀입니다. 하나님이 우리를 찾으시는 것은 쓰시기 위해서입니다. 세상 사람들은 스펙을 쌓습니다. 세상 사람들은 경력을 쌓습니다. 그러나 우리 그리스도인들은 거룩이라는 스펙을 쌓는 것입니다. 하나님이 보시는 게 그것입니다. 우리가 얼마나 소중한 자신인지 깨달았으면 좋겠습니다. 그래서 우리를 소중히 여기는 것이 중요한데 우리를 소중히 여기는 비결 중 가장 중요한 것은 우리를 거룩한 존재로 지켜나가는 것입니다. 오늘날 교회가 거룩하지 않습니다. 바라기는 우리 모든 젊은이가 이제부터 거룩한 삶으로 서원하고 자신의 전부를 걸고 거룩하리라 결심했으면 좋겠습니다. 아예 죄의 환경을 만들지 마시기 바랍니다.

저는 우리 교회에서 여자 집사님과는 악수하지 않습니다. 제가 악수하는 사람은 여자가 아닙니다. 80세가 넘으면 악수할 수 있습니다. 농담으로도 그런 말을 할 필요가 없습니다. 교회 남자 집사님과 여자 집사님이 하이파이브를 하는 경우가 있습니다. 제 눈에 띄면 혼납니다. 제 방에는 여자 집사님이 들어온 적이 없습니다. 제 아내와 청소하시는 80세 다 되신 할머니 집사님만 들어옵니다. 이성 교역자도 못 들어옵니다. 문제가 될 만한 조건을 만들 필요가 없습니다. 그런 환경을 만들 필요가 없습니다. 우리 부목사들도 심방 갈 때 절대 2명만 다니지 못하게 합니다. 반드시 3명이 가도록 합니다. 제 옆자리에는 제 아내만 앉습니다. 다른 사람은 절대 못 앉습니다. 제가 이런 유치한 이야기까지 해야 할 시대가 되어 버렸습니다.

우리 사역자들과 청년들, 정말 금쪽같이 하나님이 빚으셔서 연단하시고 여기까지 왔고 또 앞으로도 얼마나 쓰실지 미래가 보이지 않을 정도로 장래가 있는 분들, 제발 거룩하십시오. 한 번 넘어지면 끝입니다. 그것만 아십시오. 삼손은 인류 역사상 가장 큰 복을 받고 태어난 존재입니다. 솔로몬과 함께 인류 역사상 가장 큰 복을 타고 났다고 봅니다. 그런데 삼손의 생애는 빛을 보지 못했습니다. 그 이유는 그 대단한 힘을 더러운 곳에 사용했기 때문입니다. 비록 우리가 부족하고 연약한 곳에서 출발했다 해도 상관없습니다. 세상이 말하는 성공을 이루지 못해도 상관없습니다. 믿음 지키다가 거룩하게 살면 하나님은 인정해 주십니다. 그걸 기억하시고 세상의 어떤 것보다 거룩을 사모하고, 거룩을 기뻐하고, 거룩을 목적으로 삼았으면 정말 좋겠습니다.

벼랑 끝에서 믿음을 증명하라!

결론을 말씀드립니다. 이번 콘퍼런스 주제가 "벼랑 끝에 서는 믿음"입니다. 지금이 벼랑이라고 했습니다. 그런데 사실 인류의 역사는 한 번도 벼랑이 아닌 적이 없었습니다. 우리 할아버지 세대는 일제강점기가 벼랑이었습니다. 6·25전쟁을 겪으면서 벼랑을 겪었습니다. 우리 아버지 세대는 먹고살기는 어느 정도 됐는데, 민주화 열풍 가운데 최루탄 가스를 마시면서 사셨습니다. 오늘 우리 젊은이들은 코로나 시대를 만났습니다. 계속 벼랑이고, 계속 광야입니다. 이 시대를 살아갈 때 과연 우리는 무엇을 대비하고, 어떻게 살아가야 할 것인가. 이것이 큰 숙제입니다. 아무쪼록 우리 하나님은 벼랑 끝에 서 있지만 본질을 놓치지 않는 사람을 찾으십니다.

다니엘의 때는 나라가 망하지는 않았지만 망한 거나 마찬가지였습니다. 586년에 망했지만 605년에 포로로 잡혀 왔으니 이미 끝난 것입니다. 그런 나라에서 비참하게 어릴 때 바벨론으로 포로로 잡혀갑니다. 그러나 그는 귀족의 자식, 인재였기 때문에 바벨론에서 정략적으로 키워졌는데 그는 왕의 진미를 거절합니다. 우상의 제물이었기 때문에 거절합니다. 그래도 우리는 그보다 낫지 않습니까? 그 속에서도 하나님이 다니엘을 주목하시고 생존하게 하시며 키워주셨는데, 하물며 우리 하나님께서 우리나라를 버리시겠습니까? 우리를 포기하시겠습니까? 그렇지 않습니다. 연단 중에 하나님이 계신다고 믿습니다. 이 광야, 이 코로나 정국은 우리가 하나님 앞에 진정한 믿음을 보일 수 있는 절호의 찬스입니다. 앞에 있는 먹잇감을 찾지 말고 멀리 계시는 하나님, 우리를 주목하고 계시는 그 거룩한 손길, 그것을 절대 잊지 마십시오. 사람의 마음에 들려고 하지 말고 하나님을 경외하십시오. 하나님이 나를 보시는데 어째서 내가 하나님 앞에 득죄하겠습니까? 코람데오 정신을 잃지 말고 야망이 아닌 소망, 야망이 아닌 비전 그것을 우리가 소유하면서 하나님 앞에 가야겠습니다.

퇴락한 양반 후예가 있었습니다. 완전 집안이 쑥대밭이 됐습니다. 거기에다 아내는 폐병으로 딸 둘을 남겨 놓고 죽었습니다. 그의 어머니는 치매 환자입니다. 그는 아내의 병 치료에 빚만 잔뜩 짊어지고 하루하루 생존을 걱정해야 하는 퇴락한 양반 후예입니다. 이 주인공이 하루하루

무거운 짐을 지고 남겨진 열 살과 다섯 살짜리 두 딸을 데리고 생명을 걸고 살아갑니다. 어느 날 서당에 갔다 온 큰딸이 기울어져 가는 가세를 아니까 걱정이 돼서 짚신을 꼬며 일하고 있는 아버지에게 묻습니다. "아버지, 제가 서당에 가서 글을 배웁니다. 그래서 글 읽기를 하니 재미가 있습니다. 그런데 바느질을 배우는 게 더 낫지 않겠습니까? 바느질하면 옷을 만들어서 팔 수 있습니다. 그런데 글을 배워서 무엇을 하겠습니까?" 이 아버지가 두 눈을 부릅뜨고 이렇게 얘기합니다. "딸아, 바느질하면 한 끼를 해결할 수 있지만 글을 배워 글씨를 깨우치고 책을 읽으면 생각의 힘이 생긴다. 그 생각의 힘은 너의 인생을 바꿀 수 있단다." 그러자 그 딸은 알아듣는 듯 못 알아듣는 듯 고개를 끄덕거립니다.

일류 대학 나와서 대기업 들어가 처자식과 함께 그럭저럭 살다가 죽고 싶습니까? 꿈이 고작 그것입니까? 존 파이퍼 목사님이 말한 대로 소라 껍데기나 몇 개 줍다가 끝날 것입니까? 은퇴한 후에 그림 같은 집을 바닷가에 지어 놓고 그 바다를 거닐면서 노부부가 손을 잡고 해변에서 소라 껍데기를 잡고 사는 것, 그것이 미국 중산층이 꿈꾸는 가장 행복한 미래인데 존 파이퍼 목사님이 소리를 질렀습니다. "그걸 꿈꾸냐"라고 말입니다. 우리가 그렇게 시시하게 죽어야 하겠습니까? 눈앞에 있는 바느질을 배워서 뭐합니까? 배고프고 힘들어도 글을 깨쳐야 하듯이 우리 이제 시시하게 살지 맙시다. '주님을 위해 살자.' 그런 거창한 말을 떠나서 하루하루 믿음을 지키고 말씀을 지키며 영혼을 거룩하게 지켜 갑시다. 세상에 한눈팔지 말고 그렇게 살아갑시다. 우리는 이제 증명해야 합니다. 이 코로나 정국은 우리의 믿음을 증명하고 세상과 강하게 담대하게 저항해야 하는 시대입니다. 그것을 잊지 말고 예수님의 이름을 붙잡고 오늘 주님이 오시든, 오늘 우리 인생이 끝나든 하나님 앞에서 깨끗하게, 정갈하게, 거룩하게 살아가리라고 결심하기를 주님의 이름으로 축원합니다.

청년과 다음 세대를 위한 기도

하나님, 지난간 내 생애를 아시는 주님, 우리가 다시 한 번 결단합니다. 말씀이 저의 안에 새겨져서, 말씀이 저의 머리에만 새겨지는 것이 아니라 저의 눈에만 새겨지는 것이 아니라 저의 귀에만 들리는 것이 아니라 이 모든 말씀이 저의 심장에 새겨져서 영원히 떠나지 않게 해 주십시오. 제가 말씀을 움직이는 존재가 아니라 말씀이 저를 지배하고 움직이는 자가 되게 해 주십시오. 그 말씀이 살아 꿈틀거려 저를 거룩하게 만드시고 그 말씀이 저를 정결하게 만드시고 그 말씀이 저를 세상과 싸우게 만들어 주시옵소서. 하나님, 저에게 거룩의 영을 부어주십시오! 저의 평생에 거룩하겠습니다. 가난해도 거룩하겠습니다! 죽더라도 거룩하겠습니다! 주 여호와여, 거룩한 영을 저에게 부어 주시옵소서! 오늘이 마지막으로 여겨진다면 거룩하게 살다가 주님 앞에 가겠습니다.

고성준
SungJoon Ko

고성준 목사는 서울대 수학과와 동 대학원을 졸업하고, UC Berkeley에서 박사학위를 취득해 안정된 삶이 보장되어 있었다. 하지만 다음 세대를 향한 하나님의 선교적 사명과 부르심에 순종해 수원하나교회를 담임하고 있으며 선교사들을 훈련하고 파송하는 사역을 감당하고 있다. 저서로 『Destiny』, 『예수마음』 등이 있다.

유업을 취하라

우리를 향한 하나님의 계획이 무엇인지 발견하고 알게 되는 순간,
우리는 그 놀라운 계획을 쉽게 믿을 수 없을 것입니다.

"내게 구하라 내가 이방 나라를 네 유업으로 주리니 네 소유가 땅 끝까지 이르리로다."(시편 2:8)

───

예상하지 못했던 세상이 왔습니다. 비대면 사회가 되면서 온라인 예배가 과연 효과가 있을지 반신반의했습니다. 그런데 집에서 온라인으로 예배드리며 방언 받는 분이 계속 나오면서 하나님이 온라인 예배에도 역사하신다는 확신을 갖게 되었습니다. 성령님은 어디에나 계시기 때문에 지금도 우리 청년 세대가 어느 곳에 있든지 동일한 은혜로 역사하신다는 것을 믿습니다.

예배에서 중요한 것은 장소가 아니라 마음입니다. 우리의 마음이 준비되어 있다면 하나님께서 그 마음 위에 기름을 부으십니다. 하나님의 말씀을 받을 때 중요한 한 가지는 기대하는 것입니다. 성령님께서 역사하셔서 우리 안에 하나님의 말씀을 기대하는 마음을 일으키는 것입니다. 기대가 없는데 하나님이 일하시는 법은 없습니다. 기대가 없는 사람이라면 하나님 앞에 새로운 기대를 끌어 올려야 합니다. 말씀을 통해서 인생이 완전히 새롭게 변화될 수 있다는 믿음과 기대를 가지시기를 예수님의 이름으로 축복합니다.

콘퍼런스나 수련회를 두고 '일주일만 지나면 은혜 다 잊어버리는 행사'라고 생각하는 사람이 많습니다. 그러나 그렇지 않습니다. 수많은 선교사님과 목사님들이 수련회를 통해 하나님이 하시는 말씀을 듣고 그 말씀에 반응해 인생의 큰 전환점을 맞이했습니다. 물론 우리 인생이 하나님 앞에 쓰임받기 위해서는 한 번의 결단만으로 이루어지는 것은 아닙니다. 그러나 결단하지도 않고 시작도 안 했는데 준비가 되기는 어렵습니다. 무언가를 시작하는 시작점이 있어야 준비가 이뤄집니다.

저 또한 제 인생을 하나님 앞에 드리게 된 것이 점진적으로 훈련받아 이루어진 것은 아닙니다. 저의 멘토인 한 선교사님이 말씀을 전하는 집회 가운데 제 안에 깊은 울림이 있었고 '나도 그렇게 살고 싶다.'라는 마음의 결단과 울림으로 시작점을 맞이하게 되었습니다. 시작하고 나서 인생을 하나님 앞에 드렸더니 하나님께서 그 길을 갈 수 있도록 하나씩 준비시키셨습니다. 시작이 있어야 준비가 이뤄집니다. 우리의 새로운 인생이 시작되는 지점을 만나시길 축복합니다. 오직 하나님의 말씀에 믿음으로 반응하면 가능합니다. 지금까지 우리가 어떻게 살아 왔는지 관계없이 완전히 새로운 인생이 시작될 수 있습니다.

1. 데스티니의 첫 번째 특징, 개인적

저는 젊은이들을 볼 때마다 마음이 흥분됩니다. 제가 하나님 앞에 인생을 드렸던 것이 대학교 1학년, 20세 때였습니다. 그때 예수님을 만나고 감격이 너무 커서 평생을 캠퍼스에서 전도하고 양육하며 살겠다고 결심하고 인생을 드렸습니다. 그로부터 35년이 지났는데 하나님께서 그 서원을 잊지 않으시고 청년과 대학생을 많이 보내주셨습니다. 청년들을 보고 있으면 에너지가 올라옵니다. 하나님께서 주신 이 에너지의 근본은 기대입니다. '이 청년들을 통해서 하나님이 계획하신 일들이 이루어지면 얼마나 놀라운 하나님의 역사가 일어날까?'

성경을 봐도 사도 바울이라는 한 사람의 인생이 변화되어 주님 앞에 드려졌을 때 로마제국 전 지역이 하나님 앞으로 돌아오는, 사람이 상상할 수 없었던 일들이 벌어졌습니다. 오늘날도 마찬가지로 하나님께서는 청년 세대 한 사람, 한 사람을 향한 계획을 가지고 계십니다. 작은 계획이 아닙니다. 하나님은 우리 청년 세대를 향한 작은 계획을 가지실 수 없습니다. 우리를 사랑하시는 아버지, 창조주이시기 때문입니다.

저에게는 아들이 둘 있는데, 차라리 제가 어려운 일 당하더라도 이 아이들만은 할 수 있는 모든 것을 다 하면서 최고의 인생을 살았으면 좋겠다는 마음이 항상 올라옵니다. 인간 아버지도 그런데 하늘 아버지께서 어떻게 자녀인 청년 세대에게 작은 기대를 가지시겠습니까? 만약 하나님이 우리 청년 세대를 향한 작은 기대를 가지고 계신다면 그분은 우리 아버지일 수가 없습니다.

하나님은 우리 청년 세대 한 사람, 한 사람을 향한 놀랍고도 놀라운 계획을 가지고 계십니다. 우리 인생의 목적은 이 하나님의 계획을 발견하고 이루어 가는 것입니다. 그것을 영어로는 데스티니(destiny)라고 부릅니다. 우리 청년 세대 모두에게 데스티니가 있습니다. 우리를 향한 하나님의 계획이 있습니다. 하나님께서는 이 계획 가운데 우리 청년 세대를 창조하셨습니다. 우리 청년 세대는 결코 우연히 이 땅에 떨어진 존재가 아닙니다. 언제, 어떤 사람으로 태어날지, 키는 얼마나 될 것인지, 머리카락 수까지도 다 하나님이 계획하셨습니다. 창세 전부터 계획하시고 때가 됐을 때 우리 청년 세대를 이 땅에 태어나게 하시고 인생을 살아가게 하신 것입니다.

그래서 우리 인생에는 분명한 목적이 있습니다. 그 목적은 하나님의 계획을 발견하고 이루어 가는 것입니다. 우리 청년 세대가 무엇을 기대하시든지 그것보다 더 큰 계획입니다. 그래서 우리를 향한 하나님의 계획을 깨닫게 되었을 때, 첫 번째 반응은 '설마~'라는 것입니다. 성경에서도 마찬가지입니다.

모세가 그를 향한 하나님의 계획이 무엇인지 처음으로 알게 된 것은 떨기나무 사이에서였습니다. 떨기나무에서 모세를 향한 하나님의 계획을 말씀해 주십니다. "너는 바로에게 가서 내 백성을 자유롭게 해라. 그게 너의 데스티니이다." 그때 모세는 아무도 알아주지 않는 광야에서 양을 치고 있었습니다. 그것도 자기 양이 아닌 장인의 양을 쳤습니다. 80세가 되도록 변변한 직장도 없이 장인 집에 얹혀 살면서 장인 일을 대신 봐주고 있는 것입니다. 예를 들면 장인이 운영하는 작은 슈퍼마켓 도와주고 있는 것, 그게 바로 모세였습니다. 반면에 바로는 그 시대 최고의 권력자였습니다. 오늘날 미국의 도널드 트럼프나 중국의 시진핑 같은 사람입니다. 모세에게 하셨던 하나님의 말씀을 오늘날의 언어로 풀어 얘기하면 장인 집에 얹혀 일하며 살고 있는 사람에게 "너는 시진핑에게 가서 조선족을 모두 데리고 나오겠다고 얘기해라."와 같은 말씀입니다. 완전 미친 짓입니다. 우리가 생각하는 '나'와 하나님이 말씀하시는 '나' 사이에는 엄청난 차이가 있습니다. 이것이 바로 하나님의 계획입니다.

우리의 생각을 초월하는 하나님의 데스티니

모세뿐만 아니라 다른 성경 인물도 마찬가지였습니다. 예를 들면 기드온입니다. 기드온은 포도즙 짜는 곳에서 밀 타작을 하다가 하나님을 만났습니다. 원래 밀 타작은 넓은 벌판에서 밀을 흔들어서 타작하는 것입니다. 하지만 그 시대는 이스라엘이 미디안의 식민지였기 때문에 뺏기지 않기 위해 숨어서 타작해야만 했습니다. 먹을 만한 것, 쓸 만한 것이 있으면 미디안이 다 빼앗아 갔기 때문입니다. 포도즙 짜는 공간은 조그맣고 깊어 밀 타작하기에 어울리는 장소가 전혀 아니었습니다. 그런데 그곳에서 기드온은 몰래 밀 타작을 하며 미디안 군이 오면 어떻게 하나 눈치를 보고 있었습니다. 그런데 그곳에 하나님이 나타나셔서 "너, 큰 용사여." 하고 부르십니다. 그 음성을 들었을 때 기드온은 깜짝 놀랐을 것입니다. 누구를 말씀하시는 것인지 몰랐을 것이며 나는 '너, 큰 용사여.'라고 부를 존재가 아니라고 생각했을 것입니다. 기드온이 스스로 생각하는 자기 이미지와 하나님께서 보시는 이미지에는 엄청난 차이가 있었습니다.

베드로도 마찬가지였습니다. 하나님이 베드로를 처음 불렀을 때 "사람을 낚는 어부가 되게 하리라." 하고 말씀하셨습니다. 이 말이 무슨 말인지 베드로는 전혀 몰랐을 것입니다. 베드로가 교회의 기초가 되고, 초대 교황으로 불리며 교회를 시작하는 사람이 되며, 어마어마한 인류 역사의 한 획을 긋는 사람이 될 것이라고 상상이나 했겠습니까? 베드로는 많이 배운 사람도 아니었습니다. 평생을 호숫가에서 어부로 살면서 물고기를 잡던 사람이었습니다. 그런데 예수님께서 베드로를 바라보셨을 때 그를 향한 하나님의 계획을 본 것입니다. 평생 이곳에서 고기를 낚고 있을 사람이 아니었던 것입니다. "내가 너로 사람을 낚는 어부가 되게 하리라. 네 위에 교회를 세우리니 음부의 권세가 해치지 못하리라." 이것이 베드로의 데스티니였습니다. 베드로를 향한 하나님의 데스티니와 베드로 스스로가 생각했던 데스티니 사이에는 엄청난 차이가 있었습니다.

하나님이 우리 청년 세대를 향한 계획을 가지고 있는데 그 계획이 모세보다 작은 계획도 아니고 기드온보다 작은 계획이 아닙니다. 우리 하나님께서는 한 사람, 한 사람을 향한 열정을 가지고 계십니다. 우리가 하나님의 자녀이기 때문입니다. 한 사람, 한 사람을 향한 포기할 수 없는 열정을 가진 사람이 부모입니다. 인간은 제한이 있기 때문에 수십 명, 수억 명 똑같이 사랑할 수 없지만 하나님은 능력에 제한이 없으신 분이십니다. 하나님은 자녀들을 사랑하시되 한 사람, 한 사람을 향한 정말 특별하고 포기할 수 없고 양보할 수 없는 열정으로 사랑하시는 분이십니다.

그 열정의 집합체가 바로 우리 청년 세대입니다. 청년 세대 스스로를 우습게 보면 안 됩니다. 우리 청년 세대는 우습고 가벼운 존재가 아닙니다. 우리 하나님께서 생명을 내어주고 구원하실 만큼 하나님의 모든 기대가 쏟아져 있는 존재입니다. 이것이 우리 청년 세대의 데스티니입니다. 우리를 향한 하나님의 계획이 무엇인지 발견하고 알게 되는 순간, 우리는 그 놀라운 계획을 차마 믿을 수 없을 것입니다. '이것은 말이 안 돼요. 하나님, 농담하시는 것이지요?'라고 반응할 것입니다. 우리 청년 세대를 향한 하나님의 기대가 우리 청년 세대의 생각을 초월하기 때문입니다. 큰 하나님의 계획이 있기 때문입니다.

청년들을 볼 때 심장이 뛰는 이유는 이 데스티니가 이루어질 것을 기대하기 때문입니다. 청년들은 아직 인생의 10~20%밖에 살지 않았습니다. 지금까지 어떻게 살았는지 실패와 좌절은 다 잊어버려도 괜찮습니다. 나머지 80~90%의 시간이 남아 있는데, 하나님께서 우리 청년 세대를 향한 계획의 80%를 이뤄갈 수 있다면 사도 바울과 모세를 뛰어넘는 인생이 청년 세대의 인생이 될 수 있는 것입니다. 청년 세대를 향한 하나님의 모든 계획이 남김없이 이루어지길 축복합니다.

박스에서 뛰쳐 나오라!

우리 삶의 세밀한 부분을 우습게 여기고 넘어갈 수는 없습니다. 우리는 작은 일에 충성해야 큰일을 할 수 있습니다. 그럼에도 불구하고 작은 일에 매몰되지는 말아야 합니다. 작은 일의 예를 들면 '어디에서 일할까, 무엇을 먹을까, 무엇을 마실까?' 같은 것입니다. 요즘의 '어느 회사에 취직할까, 어느 학교에 들어갈까?'에 해당하는 이런 문제가 우리 청년 세대 인생의 최대 목표처럼 보일 수 있습니다. 하지만 성경은 그 작은 일에 매몰되지 말라고 합니다. 무시하라는 얘기는 절대 아닙니다. 성경은 작은 일을 무시하고 큰일을 할 수 있다고 하지 않았습니다. 그러나 거기에 매몰될 필요는 없다는 것입니다. 하나님께서는 그것보다 훨씬 더 큰 계획을 갖고 계시기 때문입니다.

한국의 청년들이 취업이 안 된다고 걱정하는 모습을 볼 때 때로는 답답합니다. 저는 그런 청년들에게 우리나라에서 꼭 직장을 찾아야만 하는 무슨 특별한 이유라도 있는지 묻습니다. 조금만 눈을 들어 우리 주변에 있는 다른 나라를 바라보면 할 수 있는 일이 많습니다. 아프리카에서는 우리나라 고등학교 졸업장만 있어도 교수가 될 수 있습니다. 아시아나 중동 지역은 대학 졸업장만 가지고 가면 교수가 될 수 있습니다. 한국은 하나님께서 선교할 수 있도록 수준을 높여 놓으신 나라입니다. 전 세계에서 교육 수준이 매우 높은 나라 중 하나이고, 사회시스템과 경제적으로도 상위권에 있는 나라입니다. 우리가 한국 안에서 경쟁하며 살고 있기 때문에 실패자 같고, 좋은 직장을 구하지 못해 사회에서 뒤처지는 것 같다는 착각 속에 있습니다.

우리의 눈을 조금만 넓히면 하나님께서 우리 청년 세대를 통해서 한 나라를 완전히 변화시킬 수도 있고 완전히 문을 닫게 하실 수도 있습니다. 우리 청년 세대는 하나님께서 한 나라와 민족과 열방의 운명을 쥐락펴락할 수 있는 계획을 가지고 만드신 사람들입니다. 우리 안에 있는 스스로 정해 놓은 제약들이 우리의 삶을 울타리 안에 가두게 합니다. '내가 정해 놓은 울타리 안에서만 내 인생이 펼쳐져야 해.'라며 스스로 제약해 버리는 것입니다. 반드시 한국에 있어야 하고, 반드시 서울에 있어야 하며, 직장은 우리나라 상위 30위 안에 드는 대기업에 들어가야 한다는 이런 제한을 둡니다. 그리고 거기서 벗어나면 실패했다고 판단하게 됩니다.

저는 수학박사인데 통계 자료 중 빈곤지수라고 하는 재밌는 통계자료가 있습니다. 부자부터 가난한 나라 사람들을 쭉 일렬로 세우는 통계자료입니다. 전 세계에서 가장 부자인 사람을 1이라고 하고, 가장 가난한 사람을 10이라고 합니다. 대한민국에 사는 사람 중에 가장 가난한 사람들, 예를 들어 노숙자 같은 분들은 대충 2와 3 사이에 위치합니다. 이 이야기는 우리 청년 세대가 대한민국에서 '나는 루저로 살 거야. 실패할 거야. 가장 가난하게 살 거야.'라고 노력한다 해도 세계 인구의 20% 아래로 내려가기 힘들다는 뜻입니다. 마음잡고 우리 청년 세대가 자신의 인생을 망치려고 애를 써도 전 세계에서 20~30% 아래로 내려가기 힘들다는 것입니다. 이것이 지금 하나님께서 대한민국을 놓으신 위치입니다. 우리 청년 세대가 눈을 열어 하나님을 위해 의미 있는 일을 하고 싶고 우리를 통해 사람들이 새로운 소망을 갖는 것을 보고 싶고, 우리를 통해서 한 나라가 새로워지는 것을 보고 싶다면 그 마음을 가지고 인생의 경계선을 조금만 더 넓히시기 바랍니다. 믿음의 발걸음을 한 발짝만 떼어 보면 우리의 생각을 훨씬 뛰어넘는 일들이 기다리고 있습니다. 삶의 경계선을 계속 좁히는 것은 사탄이 거짓말하는 것입니다. 우리 청년 세대의 인생을 사탄이 박스 안에 가두려고 속이고 거짓말하는 것입니다. 거기서부터 뛰쳐나와야 합니다. 그렇게 할 때 놀라운 인생이 펼쳐질 것입니다.

한 사람을 통해 역사를 바꾸시다

선교 이야기를 하려고 합니다. 선교는 특별한 것이 아닙니다. 선교는 삶의 경계를 모든 민족으로 넓히는 것입니다. 우리가 꼭 한국에서 살아야 하는 이유는 없습니다. 하나님께서 여러분을 부르신 곳이 있다면 우리 청년 세대의 삶을 하나님이 사용하시고 싶어 하시는 곳이 있다면 그곳에 가서 우리의 인생을 사는 것입니다. 주님께서 주신 달란트를 사용해 사는 것입니다. 그곳에서 하나님이 일하시는 것입니다.

데스티니라는 말은 단순히 하나님이 계획만 하시는 것이 아니라 그 계획을 이루어갈 수 있도록 지지해 주시는 것입니다. 하나님이 계획을 세워 놓으시고 인생의 설계도를 그려 놓으셨다면 그 길을 따라 가는 사람을 지지해 주십니다. 우리 인생 가운데 맞이하게 되는 좌절과 인생이 막히게 되는 많은 실패는 어떻게 보면 하나님의 길에서 벗어나 있을 때 일어나는 결과입니다. 그런데 저는 하나님의 계획을 100% 이루어가는 사람을 아직 보지 못했습니다. 완전한 순종으로 따라가는 사람이 10~20%이고 그 나머지 80~90%는 죄와 타락한 인간 본성 때문에 하나님으로부터 멀어져 있습니다. 정말 우리 청년 세대가 오늘부터 순종해서 하나님의 계획대로만 살아가기로 작정하고 그 삶을 살아가기 시작한다면 인류 역사가 바뀔지도 모르겠습니다.

과거 교회사를 보면 바울 한 사람을 통해서 인류사가 바뀌었습니다. 베드로 한 사람을 통해서 인류 역사가 바뀌었습니다. 우리 청년 세대를 향한 하나님의 계획이 무엇인지 발견하고 그것을 완전히 이루어 가기 시작한다면, 그런 한 사람만 있으면 100%는 아니더라도 인류 역사가 바뀔 수 있습니다. 청년 세대를 향한 계획의 20%만 이루어 가도 상상할 수 없는 인생이 될 것입니다. 왜냐하면 하나님의 계획은 그만큼 크기 때문입니다. 하나님께서는 이 데스티니를 발견하고 이루어 가는 사람들을 지지해 주시고 돌파해 갈 능력을 주실 것입니다. 그것이 하나님의 계획이기 때문입니다.

담임집사가 된 수학박사

저는 수학을 전공했습니다. 수학을 전공한 이유는 수학을 좋아해서였는데 어렸을 때 말을 아주 심하게 더듬었기 때문입니다. 앞에 나가 말을 잘 못했습니다. 앞에 나가면 더듬다가 들어가곤 하다 보니 어렸을 때 친구들의 놀림에 상처를 많이 받았습니다. 말을 더듬는 사람에게는 생각보다 제약이 많았습니다. 가장 말 안 하고 살 수 있는 방법이 뭘까 생각하다가 수학을 하기로 결심했습니다. 물론 수학을 좋아하기도 했지만 누구보다 잘했습니다. 그래서 수학을 전공하게 됐습니다. 그래서 저는 어렸을 때부터 학자 외에 다른 일을 하게 될 것이라고 생각해 본 적이 없습니다. 수학 외에 할 수 있는 게 없었기 때문입니다.

감사하게도 하나님의 은혜로 서울대 수학과를 가고 대학교 1학년 때 예수님을 만나서 평생 캠퍼스 사역에 헌신하겠다고 결심했습니다. 평생 캠퍼스에서 사역하려면 교수가 돼야 한다고 생각했습니다. 그래서 박사학위를 따려고 공부를 열심히 해서 미국 UC버클리에 가게 됐습니다. 그곳은 전 세계 수학과 중 가장 좋은 곳이었는데 정말 하나님의 은혜가 있었던 것 같습니다.

박사학위를 끝낼 때쯤 영적 아버지가 되는 분을 만났는데 그분은 선교사님이셨습니다. 그 분의 삶을 지켜보는 것만으로도 너무 놀라웠습니다. 1993년 미국에 가자마자 유학생 교회로 갔는데 이 선교사님이 집회에 오셨습니다. 아프리카에서 집회에 오셔서 간증 하시는데 저에게는 엄청난 충격이었습니다. '저분도 예수님을 믿고 나도 예수님을 믿고, 똑같은 예수를 믿는데 저분이 믿는 예수는 왜 내가 믿는 예수님과 다를까?' 마치 그분은 사도행전에서 툭 튀어나온 느낌이었습니다. 선교지에서 일어난 일을 중심으로 간증해 주시는데 믿을 수가 없었습니다. 그때부터 그분을 쫓아다니기 시작했고 20년째 제 영적인 멘토가 되어 주셨습니다. 지금은 은퇴하신 이재환 선교사님입니다.

그분을 만나면서 선교에 눈을 뜨게 됐습니다. 제 안에 '나도 그렇게 살고 싶다.' 하는 열망이 올라오기 시작했습니다. 사도행전 같은 삶을 살고 싶은 열망으로 선교사로 헌신했고 미국에서 박사학위를 마치고 선교사로 나갈 준비를 하려고 한국에 돌아왔습니다. 미국으로 유학 갈 때 정부로부터 장학금을 받아 국비 유학생으로 나갔는데 그 장학금을 받은 사람은 반드시 한국에 돌아와서 3년 동안 일을 해야 했습니다. 이 의무조항을 마치려고 한국에 돌아와 일할 곳을 알아보니 마침 수원의 경희대에 1년씩 계약직 교수를 할 수 있는 자리가 있었습니다. 정교수가 아닌 1년씩 교수로 지낼 수 있는 자리를 찾아 일하다 딱 3년 후에 나가기로 서원하고 알아봤는데 마침 그 자리가 있어서 교수 생활을 시작했습니다.

교수 생활을 시작하려고 수원에 갔더니 미국에서 가장 친하게 지내던 선배 한 분이 마침 경희대 옆에 대학생들과 함께 교회를 개척했습니다. 저는 당연히 교회 개척을 도와드리다가 3년 후에 선교지에 갈 생각으로 그 교회에 가게 되었습니다. 그런데 담임목사님이 미국 시민권자셨는데 제가 교회로 가자마자 갑자기 개인적으로 어려운 일이 생기셔서 미국으로 돌아가야 하는 상황이 되었습니다. 개척은 했는데 목사님이 없어진 것입니다. 이 목사님이 돌아가시면서 저에게 교회를 잘 부탁한다고 말씀하셨습니다. 집사이고 신학도 한 적이 없는 저에게 교회를 잘 부탁한다고 하신 것입니다. 저는 목사로 부르심을 받지 않았기 때문에 이건 아닌 것 같다고 말씀드렸더니 기도해 보라고 하셨습니다. 그리고 저는 기도원에 올라갔습니다. 하나님께 선교 나가려고 준비하고 있었는데 진짜 목회를 해야 한다면 알아듣도록 말씀 좀 해 달라고 기도했습니다. "하나님, '대충 감동이 있다' 이런 것이 아니라 '초자연적으로 들리는 목소리로 말씀해 주시면' 제가 순종하겠습니다."하고 기도하면서도 나름대로 그런 목소리는 들릴 리 없다는 믿음이 있었습니다. 저는 보수적인 장로교에서 신앙생활을 했기 때문에 성령의 음성을 한 번도 경험해 본 적이 없습니다.

그런데 기도원에 올라간 지 3일째 되는 날 제 평생 처음으로 하나님이 말씀하시는 인카운터(encounter)를 경험했습니다. 저는 그때까지 상상도 못했습니다. 들리는 목소리로 하나님께서 말씀하시는데 바로 저의 데스티니에 관한 것이었습니다. "너를 향한 나의 계획이 있는데 너는 선교지에 들어가는 게 아니야. 너는 교관이야. 너는 새로운 세대를 준비시키고 훈련시켜서 선교지로 들여보내는 사람이야." 저는 이 말을 듣고 엄청난 충격과 함께 기도원을 내려왔습니다. 교회에 돌아가 하나님이 말씀하신 것을 전하고 1주일 만에 목회를 시작하게 됐습니다.

저의 첫 번째 직분은 '담임 집사'였습니다. 신학 공부도 안 했고 전도사도 아닌 사람이 목회를 한다는 것은 개척교회이기 때문에 가능한 일이었습니다. 그런데 문제가 생겼습니다. 목회를 시작하고 설교를 해야 하는데 저는 말을 더듬었습니다. 남 앞에 서 본 적도 없고 서면 말을 못 했습니다. 개인적으로 이야기할 때도 말을 더듬어 앞에 설 수 있는 사람이 아니었습니다. 하나님께서 들리는 음성으로 말씀하셨으니까 그래도 순종했던 것입니다.

설교하기 전 토요일 밤은 날이 새도록 잠을 못 자고 기도했습니다. "하나님, 내일 설교를 해야 하는데 아시잖아요. 저 말 더듬는 거 아시잖아요. 도와주셔야 합니다." 그런데도 불안했습니다. 밤새 한숨도 못 자고 새벽을 맞았습니다. 새벽이 되니까 화가 났습니다. "하나님, 왜 저만 미워하십니까? 말 잘하는 사람 그렇게 많은데 왜 저를 붙잡아 이런 힘든 일을 시키십니까? 왜 저만 미워하십니까." 9시에 설교해야 하는데 아침이 되니까 기도가 바뀌었습니다. "주님, 살려 주십시오. 조금 있다가 설교하러 가야 하는데 이건 재앙입니다." 시간은 속절없이 흘러 9시가 되자 설교하러 갔습니다. 강단에 섰는데 정말 놀라운 일이 벌어졌습니다. 처음 설교하려고 딱 서는 순간부터 지금까지 저는 이렇게 말을 잘하게 됐습니다. 가장 놀란 건 저 자신이었고, 그다음으로 놀란 건 아내였습니다. 그래서 지난 20년 동안 말 더듬는 것 때문에 한 번도 고생한 적이 없습니다.

하나님의 계획을 막을 수 있는 딱 한 사람, '자기 자신'

이것이 바로 데스티니의 능력입니다. 데스티니에는 돌파의 능력이 있습니다. 하나님의 계획이기 때문입니다. 사람의 계획이라면 막힐 수도 있고, 사람의 계획이라면 능력이 부족할 수도 있습니다. 그렇지만 하나님이 하시겠다면 막을 사람이 없습니다. 하나님의 계획은 막힐 수가 없습니다. **우리 청년 세대를 향한 하나님의 계획을 막을 수 있는 사람은 딱 한 명인데 바로 자기 자신입니다.** 내가 안 하겠다고 하면 할 수 없습니다. 하나님은 선악과를 주시고 선택할 수 있게 하셨습니다. 우리를 인격적으로 선택할 수 있는 존재로 만드셨습니다. 그래서 우리가 안 하겠다고 하면 할 수 없습니다. 그런데 내가 하겠다고 하는 이상 막을 수 있는 것은 없습니다. 사람의 일은 막힐 수 있지만 하나님의 일은 막힐 수 없습니다. 이것이 데스티니의 능력입니다. 확신하는 것은 **누구든지 청년 세대를 향한 하나님의 계획을 발견하고 그 길로 들어서는 순간 그 앞에는 돌파가 일어날 것입니다.** 여리고 성이 무너질 것입니다. 홍해가 갈라질 것입니다.

성경은 모두 그 이야기를 하고 있습니다. 모세 때에 출애굽했습니다. 출애굽한 이스라엘 백성의 데스티네이션(destination, 목적지)은 가나안 땅에 들어가는 것이었습니다. 출애굽하고 나왔을 때 그들 앞을 가로막고 있었던 홍해를 하나님께서 갈라 버리셨습니다. 나중에 여호수아가 요단강을 건너서 가나안에 들어갑니다. 데스티네이션에 들어갑니다. 그런데 가나안 앞에 난공불락의 성, 여리고가 있었습니다. 여리고성은 작은 성이 아니었습니다. 정복하기 불가능한 굉장히 큰 성이었습니다. 그런데 그 성도 무너져버립니다. 이것이 바로 데스티니 이야기입니다.

하나님의 계획 가운데로 들어가는 민족은 그 앞을 가로막는 것이 강이든, 바다든, 산이든, 성이든 다 무너뜨리십니다. 하나님의 계획이기 때문입니다. 우리 청년 세대의 인생도 마찬가지입니다. 제 인생 가운데 하나님께서 일하신 것 때문에 저는 자신 있게 이야기할 수 있습니다. 누구든지 우리 청년 세대를 향한 하나님의 계획을 발견하고, 그 계획을 알고, 그 계획 가운데로 한 발을 내디뎌 들어가면 들어가는 순간, 밟는 순간, 홍해가 갈라질 것입니다. 한 발을 내디뎌 들어가면 밟는 순간 여리고가 무너질 것입니다. 이것이 데스티니의 능력입니다.

우리는 믿음을 가져야 합니다. 관건은 자신의 능력이 아니라 하나님의 능력입니다. 여리고를 여호수아가 무너뜨린 것이 아닙니다. 그냥 주위를 뱅뱅 돌기만 했습니다. 하나님이 무너뜨리셨습니다. 홍해를 모세가 가른 것이 아닙니다. 하나님이 가르셨습니다. 우리 인생 가운데 능력은 하나님께로부터 오는 것입니다. 우리 삶은 결국 도토리 키 재기와 마찬가지입니다. 누가 조금 더 똑똑하고, 누가 조금 더 좋은 대학 나왔는지, 모든 것이 다 도토리 키 재기입니다. 하나님의 능력 앞에서 인간의 능력은 차이가 난다고 해도 아무것도 아닙니다. 인간의 능력은 도토리와 같이 다 거기서 거기입니다.

하나님의 능력이 청년 세대를 덮는다는 표현은 무엇과도 비교할 수 없는 능력이 우리 청년 세대를 지지하고 덮는다는 의미입니다. 홍해를 가르시고 여리고를 무너뜨리신 하나님의 능력을 기억하시기 바랍니다. 우리 인생은 하나님의 능력으로 사는 것입니다.

저는 35년 전 예수님을 만나고 20년 전 목사로 헌신했습니다. 짧게는 20년, 길게는 35년을 지금에 와서 되돌아보면 믿어지지 않는 순간이 많았습니다. "와, 하나님이 이런 일을 하셨구나. 이것은 내가 할 수 있는 일이 아니야."라는 말만 나옵니다. 다 나눌 수 없지만 제 삶은 기적의 연속이었습니다. 사람의 능력이 아닌 하나님의 능력으로 하시는 것입니다. 우리가 해야 할 것은 바로 순종입니다. 기쁘게 순종하는 것입니다. 사람들은 순종하라는 말을 힘든 것은 내려놓고 헌신하는 것처럼 이해합니다. 하지만 하나님은 무언가가 부족하셔서 우리에게 내려놓으라고 하시는 분이 아닙니다. 돈 내놓으라, 인생 내놓으라, 시간 내놓으라 하시는 분이 아닙니다. 모든 것이 우리를 위한 것입니다. 우리를 향한 하나님의 계획이 있는데 그 계획이 이루어지는 것을 우리가 보길 원하십니다. 그것이 순종입니다. 우리가 해야 할 것은 딱 하나 순종입니다. 자신의 데스티니를 발견하고 따라간다면 기적이 일어날 것입니다.

2. 데스티니의 두 번째 특징, 공동체적

개인뿐만 아니라 공동체도 마찬가지입니다. 공동체도 데스티니가 있습니다. 하나님은 공동체를 아무 계획 없이 만드신 것이 아닙니다. 가족에는 가족을 향한 하나님의 계획이 있고, 교회에는 교회를 향한 하나님의 계획이 있으며, 나라와 민족에는 그 나라와 민족을 향한 하나님의 계획이 있습니다. 그것이 데스티니입니다. 한 나라의 진정한 축복과 부흥은 바로 그 나라를 향한 계획이 풀어지는 것입니다. 한 나라와 민족이 그 나라와 민족을 향한 하나님의 계획을 발견하고 그 길로 들어설 때 그 민족은 상상할 수 없는 축복을 받게 되는 것입니다. 바로 자랑스러운 우리 대한민국은 이 일에 관한 살아 있는 간증입니다.

개인처럼 나라와 민족도 각자 다른 데스티니를 가지고 있습니다. 출애굽기 19장에 '이들은 나의 제사장나라이다.'라고 기록되어 있습니다. 제사장은 원래 사람에게 주는 직분인데 한 나라를 향해 제사장적인 나라라고 하십니다. 제사장은 사람과 하나님을 연결합니다. 그래서 이스라엘을 통해 계속 하나님과 사람이 연결됩니다. 주의 말씀이 이스라엘 백성을 통해서 우리에게 오고, 메시야 예수 그리스도도 유대인으로 이 땅에 오셨습니다. 이스라엘에는 제사장적 데스티니가 있기 때문입니다. 이와 마찬가지로 나라마다 독특한 데스티니가 있습니다. 예를 들면 아프리카를 보면 기가 막히게 예배합니다. 예배를 위해서 태어난 족속인 것 같습니다. 몸 전체가 울림통이고, 몸에서 춤이 나오기 시작하면 3시간 춤을 춰도 끊이지 않습니다. 이처럼 민족마다 데스티니가 있습니다. 한국도 마찬가지이고, 중국이나 미국도 마찬가지입니다.

Let's pray in Korean style!

한국의 데스티니는 한 가지가 아닙니다. 하나님께서 여러 가지 데스티니를 가지고 계신데 그중 분명한 것 하나는 기도입니다. 한국은 기도하는 민족입니다. 전 세계 어디를 가도 한국 민족처럼 기도하는 사람들이 없습니다. "주여!" 하고 크게 통성기도 하는 것을 'Korean style prayer'라고 부릅니다. 공식 명칭입니다. 미국 교회에서는 'Let's pray in Korean style'이라고 하면 부르짖으며 기도합니다. 이것이 한국의 저력입니다. 한국 민족은 참 독특한 민족입니다. 기도를 위해 타고난 민족입니다.

그런데 우리 민족은 한 세대 전만 해도 참 가난했습니다. 1950년에는 남한과 북한 사이에 큰 전쟁이 일어났습니다. 1950부터 1953년 사이에 이 전쟁으로 죽은 사상자만 600만 명이었습니다. 그 당시 사망자가 600만 명인 전쟁이라면 상상할 수 없이 많은 사람이 죽은 전쟁입니다. 1953년 전쟁이 끝나고 나서 우리나라 전체는 완전히 폐허가 됐습니다. 모든 것이 무너졌습니다. 집도 없고, 공장도 없고, 아무것도 없었습니다. 그런 상황이 1970년대, 1980년대까지 이어졌습니다. 제가 어렸을 때만 해도 정말 가난했습니다. 한국은 1960년대까지 전 세계에서 가장 못사는 두 번째 나라였습니다. 모든 아프리카 나라가 우리보다 앞에 있었습니다. 얼마나 가난했었던지, 어렸을 때 저는 달걀 먹는 것이 소원이었습니다. 어머니는 약사이셨고 아버지는 서울대 교수여서 잘사는 집이었는데도 달걀 먹기가 힘들어서 귀한 손님이 오셔야 달걀을 대접했습니다. 손님이 오시면 삼 남매가 쪼르르 앉아 달걀만 보고 있었습니다. 말이 필요 없는 최빈국 중 한 나라였습니다.

그런데 1960년대를 지나고 1970년대가 되면서 한국 가운데 새로운 운동이 시작됩니다, 바로 기도운동이 시작됩니다. 산마다 기도원이 세워지기 시작합니다. 새벽마다 교회에서 기도하기 시작합니다. 한국의 데스티니는 기도입니다. 비로소 한국이라는 나라가 데스티니에 들어서기 시작한 것입니다. 그때부터 기적이 일어나기 시작합니다. 1980년대, 1990년대 이르러 전 세계에서 가장 가난했던 나라가 세계 10위의 경제 대국이 되는 상상할 수 없는 일이 일어납니다. 아무것도 볼 것 없던 나라가 세계 문화를 선도하는 K-pop으로 주목받게 됩니다. 이런 일은 전 세계에서 딱 한 번 일어난 기적입니다. 전 세계 어떤 나라도 이런 기적을 경험한 나라가 없습니다. 다른 나라의 원조를 받던 나라가 원조하는 나라로 바뀐 유일한 경우입니다.

학자들은 그 이유를 찾으려고 합니다. 원인을 분석하려고 합니다. 어떻게 하면 한국 같은 기적이 일어날 수 있을까? 교육열이 높아서일까? 아시아 대부분의 국가의 교육열이 높습니다. 아직까지도 학자들은 정확한 원인을 못 찾았습니다. 우리는 알고 있습니다. 하나님! 하나님이 일하신 것입니다. 하나님 말고는 설명할 수 있는 것이 없습니다. 모든 것이 불가능할 것 같은 나라, 먹을 것도 없던 나라, 입을 것도 없던 나라, 그 나라 가운데 하나님이 축복하시기 시작합니다. 상상할 수 없는 복을 부으시면서 가난의 돌파가 일어나고, 영적인 돌파가 일어나고, 부흥의 돌파가 일어나고, 아무것도 없는 나라가 하나님 앞에 100만 선교사를 헌신합니다. 저는 윗세대 목사님들의 믿음을 보면 존경스럽습니다. 100만 선교사를 헌신했던 1980년대는 교회 주차장에 차가 한 대도 없던 시절이었습니다. 자가용을 몰고 다니던 시대가 아니었기 때문입니다. 이 놀라운 부흥은 데스티니에 들어설 때 일어난 것입니다.

그래서 저는 이 나라의 축복이 무엇인지 알고 있습니다. 이 나라가 진짜 복 받는 길은 정치에 있는 것이 아닙니다. 진짜 복 받는 길은 경제에 있는 것이 아닙니다. 진짜 복 받는 길은 제도가 만들어주는 것이 아니고, 인권에 있는 것도 아닙니다. 진짜 복 받는 길은 데스티니에 들어서는 것입니다. 하나님의 계획 가운데로 들어가는 것입니다. 이 민족이 하나님의 계획 가운데로 들어설 때 세상이 상상할 수 없는 복을 누리게 되는 것입니다.

저에게는 우리 청년 세대를 향한 기대가 있습니다. 그 기대는 놀라운 하나님의 역사입니다. 한강의 기적으로 불리는 역사는 우리 윗세대가 경험했던 하나님의 역사입니다. 청년 세대를 향한 하나님의 또 다른 계획이 있습니다. 청년 세대는 청년 세대만의 스토리를 써 내려 갈 것입니다. 이전 세대가 써 내려 간 모든 이야기를 훨씬 뛰어넘는 다음 세대의 이야기를 써 내려 갈 것입니다. 우리 청년 세대가 그 이야기의 주인공이 될 것입니다.

사람은 각 사람이 속한 공동체의 데스티니를 초월할 수 없습니다. 각 사람의 데스티니는 반드시 그 사람이 속해 있는 공동체의 데스티니를 통해서 발현되는 것입니다. 혼자서 데스티니를 이뤄 가는 것이 아니라 함께 이뤄 가는 것입니다. 우리 청년 세대가 한국 사람이라면 한국을 향한 하나님의 계획을 이뤄 가면서 청년 세대의 데스티니를 이루어 가는 것입니다. 분리되어 있지 않다는 것입니다. 한 나라에 전쟁이 일어났다고 예를 들어 보겠습니다. 전쟁이 일어나서 폐허가 됐습니다. 그 나라에 사는 사람들은 뛰고 날아도 전쟁에서부터 망한 나라라고 하는 시작점을 벗어날 수 없습니다. 거기서부터 시작해야 하는 것입니다. 반면에 하나님께서 높여 놓으신 나라에서 태어났다면, 그 나라 사람들은 아무것도 한 일이 없어도 거기서부터 시작하는 것입니다. 지금 여러분이 한국에서 태어난 것을 감사하게 생각하시길 바랍니다.

오래전 국제선교회의에 참석한 적이 있었습니다. 거기에서 저는 마음이 상했습니다. 선교는 한국 사람도 많이 하고 있고 한국 선교사님 중에도 탁월한 분이 많은데 리더는 모두 미국 사람이었습니다. '왜 미국 사람이 다 리더십을 갖고 있을까?' 의아하게 생각했습니다. 나중에 알았습니다. 하나님이 미국이라고 하는 나라를 전 세계의 기독교를 끌고 가는 리더십으로 세워놓으신 것입니다. 그 나라의 데스티니가 있기 때문에 그 나라 사람들은 출발점이 거기인 것입니다.

우리 청년 세대가 속해 있는 공동체의 데스티니를 절대로 추월할 수 없다는 것을 기억하시기 바랍니다. 하나님이 우리 청년 세대를 그 공동체에 속하도록, 가정에 속하도록, 교회에 속하도록, 한국에 속하도록 만드신 것은 그 공동체를 향한 하나님의 계획을 우리 청년 세대를 통해서 이뤄 가시기 위함입니다. 우리의 데스티니는 공동체와 분리되어 있지 않습니다. 우리 청년 세대가 한국 사람으로 태어난 이상 한국의 데스티니와 청년 세대의 데스티니는 분리될 수 없습니다. 청년 세대를 통해서 하나님께서 한국 땅을 향한 하나님의 계획을 이뤄 가실 것입니다.

3. 데스티니의 세 번째 특징, 시대적

하나님께서는 시대별로 그 시대에 맞는 사명을 주십니다. 만약 우리 청년 세대를 향한 계획이 19세기 것이라면 청년 세대를 19세기에 태어나게 했을 것입니다. 왜 지금 태어나게 하셨겠습니까? 지금 태어났다고 하는 것은 하나님이 이 시대에 우리 청년 세대를 사용하실 계획이 있는 것입니다. 그래서 우리의 데스티니는 반드시 시대적인 데스티니에 물려 있습니다. 이 시대에 하나님이 하시고자 하는 일들을 볼 수 있어야 합니다. 그 가운데 뛰어 들어갔을 때 우리 청년 세대의 데스티니가 파도를 타게 되는 것입니다. 데스티니의 파도를 타는 2가지 비결은 공동체에 뛰어드는 것과 시대에 뛰어드는 것입니다.

성경에도 시대별로 하나님이 행하시는 다른 사역이 있습니다. 예를 들면 모세의 때에 하나님이 행하셨던 일은 출애굽입니다. 엘리야의 때에는 갈멜산에서 아합과 이세벨로 대표되는 우상숭배를 척결하는 게 하나님의 역사였습니다. 바울의 때에는 로마제국 안에 복음을 전하는 것이었습니다. 종교개혁 때에는 타락한 종교를 다시 회복하시는 것이었습니다.

시대별로 하나님이 일하시는 다른 방식이 있습니다. 그런데 사람들이 제일 많이 실수하는 것이 과거의 역사를 답습하려고 하는 것입니다. 한 번 상상해 보십시오. 엘리야의 때가 됐는데 엘리야가 계속 홍해를 어슬렁어슬렁 다니는 것입니다. 하나님께서 "엘리야야, 거기서 뭐하냐?" 하시자 엘리야가 "모세 때 하나님이 가르치셨잖아요. 그러면 제 앞에서도 가르쳐야 하실 것 아닙니까?"라고 한다면 이는 난센스입니다. 그러면 하나님께서 이렇게 말씀하실 것입니다. "엘리야야, 나는 홍해를 가를 생각이 없단다. 네가 있어야 할 곳은 홍해가 아니고 갈멜산이란다."

오늘날 많은 사람이 전 세대의 부흥을 똑같이 흉내 내려고 합니다. 아닙니다. 그것은 잘못된 것입니다. 청년 세대는 청년 세대를 향한 하나님의 계획이 있는 것이고, 청년 세대는 청년 세대를 향한 선교가 있는 것입니다. 윗세대 선교사님들의 선교 전략을 무시하지는 마십시오. 존중하셔야 합니다. 그러나 그것을 똑같이 흉내 내지는 마십시오. 그것은 실패할 것입니다. 우리 청년 세대는 청년 세대만의 전략이 있고, 청년 세대만의 사명이 있고, 청년 세대만의 스토리가 있습니다. 그게 뭔지는 저도 모릅니다. 그건 우리 청년 세대가 써 내려 가야 하는 것입니다. 저는 우리 세대의 스토리는 알고 있습니다. 그러나 청년 세대의 스토리는 청년 세대가 써 내려 가야 하는 것입니다. 선교도 윗세대와 똑같이 할 필요는 없습니다. 하나님이 전혀 다르게 사용하실 수 있습니다.

선교의 패러다임을 바꾸라!

과거에는 선교지에 뼈를 묻는 선교사가 좋은 선교사였습니다. 그런데 요즘은 뼈를 묻으려고 해도 비자를 안 줘서 못 묻습니다. 그리고 무엇 때문에 선교지에 가서 뼈를 묻겠습니까? 뼈를 묻는다는 말이 왜 나왔느냐하면 예전에는 교통이 발달되지 않아서 선교지에서 나오려면 배를 타고 3개월이 걸리기도 하고 왔다 갔다 왕복하면 1년씩 걸렸기 때문에 선교지에서 나오지 말라고 했던 것입니다. 그런데 요즘은 한나절이면 선교지에서 나올 수 있는데 안 나올 이유가 있겠습니까? 또 무엇 때문에 선교지에 들어갑니까? 들어갈 수 없다면 줌으로 하면 되는데 말입니다. 물론 선교지에 갈 필요가 있을 수 있겠지만 이젠 패러다임을 바꾸십시오. 과거를 똑같이 흉내 낼 필요가 없습니다. 우리 청년 세대만의 방식이 있고, 우리 청년 세대만의 스토리가 있고, 우리 청년 세대만의 전략이 있습니다. 하나님께서 우리 청년 세대를 통해서 새로운 길을 여실 것입니다. 과거의 길을 계속 쫓아가려고 하지 마십시오. 하나님께서 새로운 길을 여실 것입니다.

얼마 전 코로나 이후의 새로운 선교 전략을 찾기 위한 한 포럼에 참석했습니다. 거기서 나온 많은 이야기 중 마지막 결론은 젊은이들이 새로운 길을 찾을 것이라는 내용이었습니다. 우리는 아무리 생각해도 우리의 패러다임이 벗어나지 못한다는 것입니다. 선교에 평생을 바쳐 왔던 선배들도 청년 세대의 스토리를 기대하고 있습니다. 똑같은 이야기를 써 내려가는 게 아니라 전혀 다른 이야기를 써 내려갈 것입니다. 선교는 어떤 특별한 방식이 아닙니다. 청년 세대의 삶의 경계를 모든 민족으로 넓히는 것입니다. 꼭 한국에 있어야 할 이유가 없습니다. 시야를 넓히십시오.

하나님께서 새로운 길을 내실 것이고 이전에 생각하지 못했던 일을 행하실 줄 믿습니다.

모슬렘, 하나님의 무대 위로 올라오다

인생을 살면서 시대를 이해하는 게 중요한데 이 시대를 이해하려면 역사도 봐야 하고, 시대적 키워드도 봐야 이해할 수 있습니다. 하나님께서 이 시대에 하시는 중요한 일 중 하나가 이슬람입니다. 모슬렘들이 주님 앞에 돌아오는 것입니다.

저는 전공이 수학이다 보니 논리적이고 합리적인 추론을 좋아합니다. 그런데 숫자로 봐도 그렇고, 현상으로 봐도 분명합니다. 이슬람이 표면에 떠오르기 시작한 건 2001년 9.11테러 사건입니다. 9.11테러 전까지만 해도 이슬람 국가는 신비한 나라였습니다. 도대체 어떤 사람들이 사는지, 문화가 어떤지 아는 사람이 별로 없었습니다. 완전히 단절된 세계였습니다. 그런 사람들이 지구 반대편에 사는데 우리와 전혀 접촉이 없는 사람들이었습니다. 그런데 9.11테러가 일어나면서 두 세계가 섞이기 시작했습니다. 그래서 오늘날 모슬렘들을 만나는 게 어렵지 않습니다. 한국에도 많은 모슬렘이 들어와 있고, 우리도 세계여행을 하면서 많은 모슬렘을 대하게 됩니다. 아주 자연스럽게 만나면서 섞입니다. 그런데 단순히 섞이는 게 아니고 종교와 문화가 많이 다르기 때문에 충돌이 일어납니다.

중요한 것은 하나님께서 지금 이슬람을 돌아오게 하시는 것입니다. 하나님이 역사하시는 시대적인 키워드를 보려면 하나님께서 역사의 무대 위로 올리시는 사람들을 봐야 합니다. 반복해서 무대 위로 올리시는 사람들은 하나님이 구원하시기로 작정한 사람들입니다.

　예를 들어 4~5세기 로마시대에 네이버가 있었다면 실검 1위는 야만족(barbarian)과 관련한 내용이었을 것입니다. 로마제국 바깥에 작은 나라에 살던 사람들이 있었는데 로마 사람들이 교만해서 그들을 야만족이라고 불렀습니다. 게르만족, 앵글로색슨족, 고트족인데 이들은 로마제국 문화에 비하면 한참 뒤떨어진 사람들이었습니다. 이 사람들이 계속 로마제국 안으로 쳐들어오기 시작했습니다. 로마가 강성했을 땐 괜찮았는데 4세기에 로마가 쇠퇴하기 시작하자 로마제국 깊숙이 쳐들어오기 시작합니다. 그러면서 로마가 망할 위기에 처하고 475년 서로마제국이 망하게 됩니다. 당시의 실검 1위는 당연히 이들에 관한 이야기였을 것입니다. 그 당시에 가장 핫한 뉴스는 야만족이었을 것입니다.

　하나님께서 이들을 역사의 무대 위로 계속 올리셨습니다. 왜 그러셨는가 하면 교회들에 보라고 하신 겁니다. 그 당시 교회는 로마제국에만 있었는데, 로마제국에 있는 교회들에 보라고 하신 것입니다. 이런 민족이 있고 내가 구원하기 원하는데 보라는 것입니다. 그런데 계속 보여 주시는데 아무도 선교사를 안 보냅니다. 그래서 하나님이 "너희가 안 가? 오케이. 그럼 데리고 들어오지 뭐." 그래서 데리고 들어오신 것입니다. 이것을 선교학자들은 '비자발적 선교'라고 합니다. 가는 선교를 자발적 선교라고 하고, 데리고 오는 것을 비자발적 선교라고 합니다. 비자발적 선교가 일어나고 이들이 로마를 정복하고 유럽의 새로운 주인이 됩니다. 그 당시 야만족으로 불렸던 게르만족이 독일이 되고, 고트족은 스페인과 프랑스가 되고, 앵글로색슨족은 영국이 됩니다. 이 사람들이 새로운 유러피안이 되고 그로부터 100년이 지나면 이들이 다 예수님을 믿게 됩니다. 놀라운 일입니다. 그런데 똑같은 일이 또 일어납니다.

7~8세기 신성로마제국 때입니다. 이때 실겸 1위는 스칸디나비아반도에 살고 있는 바이킹입니다. 이들 해적이 계속 유럽을 괴롭힙니다. 그래도 아무도 선교하러 안 갑니다. 하나님께서는 또 그러십니다. "선교하러 안 가? 오케이. 데리고 오지 뭐." 그래서 이들이 유럽을 점령하고 유럽을 초토화합니다. 그리고 100년이 지나면 다 예수님을 믿게 됩니다.

똑같은 패턴이 있습니다. 오늘날에도 계속 무대에 올리시는 사람들이 있습니다. 바로 아랍 모슬렘들입니다. 9.11테러 사건을 시작으로 오사마 빈 라덴을 잡기 위해 아프가니스탄 전쟁이 일어나고 이라크의 후세인을 잡는다고 후세인 전쟁이 일어납니다. 석유값이 폭등하면서 석유 폭동이 일어납니다. 그러다 알카에다 때문에 10년 고생하다가 정리될 만하니까 IS가 생깁니다. IS가 사방을 뒤집고 다니다가 아랍의 봄이 일어나서 민주화 운동이 일어납니다. 그리고 시리아 내전이 일어나고 내전으로 난민이 발생합니다. 유럽으로 난민이 대거 유입되고 테러와 IS가 들어가면서 유럽이 뒤집어지니까 전 세계가 국수주의로 돌아서기 시작합니다. 난민 문제 때문에 영국이 브렉시트하면서 나가게 됩니다. 지난 20년 동안 세계사를 주도하는 기폭제가 됐던 사람들이 다 아랍 모슬렘입니다. 이는 바로 하나님께서 이슬람을 무대 위로 올리시는 것입니다. 교회들에 보라고 하시는 것입니다. 지금 이슬람을 구원할 거라고 하시는 것입니다. 이들에게 가면 사도행전적인 역사가 일어날 것입니다. 하나님이 작정하셨으니까.

하나님의 시선을 따라가라

　지금 아랍에 가면 정말 놀라운 일들이 벌어지고 있습니다. 지난 1,300년 동안 세계사에 한 번도 없던 일들이 일어나고 있습니다. 모슬렘이 집단으로 예수님께 돌아오고 있습니다. 난민이 발생하면서 어마어마한 일들이 벌어집니다. 제가 선교의 열정과 비전을 품고 하나님의 길을 걸어왔지만 이런 열매를 보게 될 것이라고는 생각도 못했습니다.

　저와 아주 가깝게 요르단에 아랍 목사님이 하시는 교회가 하나 있습니다. 이 교회는 시리아와 이라크 난민을 섬기면서 복음을 전했는데, 모슬렘이었다가 예수님을 믿게 된 사람이 지난 7~8년 동안 이 한 교회에서만 5만 명이 나왔습니다. 저는 이런 열매를 볼 것이라는 기대도 하지 않았고 생각조차 하지 않았는데, 어떻게 모슬렘 5만 명이 예수님께 돌아올 수 있습니까? 아랍 모슬렘은 선교사가 아랍에서 평생 선교해서 주님 앞으로 돌아오는 게 평균 2~3명, 많아야 5명입니다. 모슬렘의 개종은 거의 불가능합니다. 그런데 5만 명이 돌아왔다는 것입니다. 이건 하나님이 강권적으로 일하시는 것입니다. 우리는 아랍에서 일하면서 얼마나 많은 기적을 봤는지 모릅니다.

　그중 한 가지가 2006년 대학생이 레바논으로 단기선교를 갔습니다. 20~21세 청년들이 아침에 기도하는데 성령님께서 모슬렘에 사는 마을에 들어가라는 감동을 주셨습니다. 현지 교회에 이야기했더니 위험하다고 하는 걸 조용히 다녀오게 해 달라고 해서 들어갔습니다. 그 마을에 들어갔더니 날 때부터 눈동자가 없는 15세 소녀가 있었습니다. 날 때부터 눈에 검은 눈동자가 없고 흰자만 있는 소녀였습니다. 그 소녀를 보는 순간 '이 아이다.' 하는 감동이 들었습니다. 그때 간 청년들이 다 믿음 좋은 청년은 아니었습니다. 나이는 겨우 20~21세이고 갓 예수 믿은 청년, 거기서 예수 믿게 된 청년도 있었습니다. 그런데 무슨 믿음이 있었는지 그 자리에서 이 소녀를 붙잡고 기도하기 시작하더니 3시간 동안이나 계속했습니다. 그런데 3시간 동안 기도를 하는데 이 소녀의 눈에 까만 눈동자가 생겼습니다. 아무것도 없던 하얀 눈동자에 검은색이 생기기 시작하더니 보기 시작하는 것입니다. 저는 장님이 눈을 떴다는 얘기는 들어봤어도 눈동자가 없던 아이의 눈에 눈동자가 생겼다는 얘기는 처음 들었습니다.

그리고 그 자리에서 같이 간 현지 크리스천이 복음을 전했는데 그중 40명이 예수를 믿고 6개월 뒤에는 70명이 예수를 믿었으며 그 자리에 교회가 세워졌습니다. 사도행전적 역사가 일어난 것입니다.

그때 갔던 청년 5명이 14년이 지난 지금 다 선교지에 있습니다. 하나님이 역사하시는 것을 보고 나서는 돌아올 생각이 없었던 것입니다. 그 청년들이 대학생 때 단기로 선교를 나갔는데 2년이 지난 뒤 그 청년들에게 이제 돌아오라고 했더니 이렇게 하나님이 역사하시는데 어딜 가느냐고 대답했습니다. 선교는 하나님이 하시는 일에 우리를 초청하시는 것입니다. 사도행전적 역사를 좀 보라고 초청하시는 것입니다. 시대적 사역을 분별할 줄 알아야 합니다. 쫓아가면 하나님의 역사가 있습니다.

믿음의 유업을 취하라!

그다음에 필요한 것은 우리 청년 세대를 향한 믿음의 유업들을 취하는 것입니다. 사실은 우리의 데스티니를 이루어 가는 중요한 방법 하나가 우리 윗세대가 이루어 놓은 믿음의 유업을 받는 것입니다. 그러면 그 사람은 출발점이 달라집니다. 우리 윗세대가 이루어 놓은 어깨 위에서 출발하는 것입니다. 그런데 정말 미련한 사람은 어른들을 대할 때 싸가지가 없는 사람들입니다. 저는 요즘 한국을 보면서 마음 가운데 심히 근심되는 게 어른들을 대하는 태도를 보면 어떤 때는 참 마음이 아픕니다. 아이들이 쓰는 용어 중 하나가 '틀딱'인데 이 말을 들을 때마다 너무 마음이 상합니다. 어른들이 아니라 이 아이들 때문에 마음이 상합니다. 이 아이들이 도대체 무슨 복을 누리려고 이러나 하는 생각이 듭니다. 성경은 '네 부모를 공경하면 땅에서 네 생명이 길리라.'라고 했습니다. 이 이야기는 땅에서 복을 받는다는 뜻입니다. 하나님이 주시는 유업이 있다는 것입니다. 출발점이 달라지는 것입니다. 우리 부모 세대를 공경하면 부모 세대가 믿음으로 취했던 것들이 다 자손들의 것이 되는 것입니다. 믿음은 하늘에 있는 것들을 이 땅에 실체가 되게 합니다.

에베소서 1장에 하늘에 있는 모든 신령한 복이 있다고 하는데 그 복은 하늘에 있는 것입니다. 이것을 이 땅에서 누려야 하는데, 하늘의 것을 이 땅으로 끌어내려야 하는데, 그러려면 믿음이 필요합니다. 믿음은 우리 청년 세대가 생각하는 것 이상의 비밀이 있습니다. 하늘에 있는 것을 이 땅에 실체가 되게 하는 것입니다.

유업은 부모 세대가, 앞서간 세대가 믿음으로 살면서 이 땅의 실체가 되게 했던 것들을 물려받는 것입니다. 이것은 어마어마한 복입니다. 우리 윗세대가 평생을 믿음으로 살면서 생명을 바쳐 하나님의 삶을 살아가면서 하늘의 것들을 이 땅에 끌고 와서 실체가 되게 한 그 복을 우리 것으로 취하는 것입니다. 이건 절대 놓치면 안 됩니다. 그래서 성경은 네 부모를 공경하라고 하는 것입니다.

우리 한국은 선교의 유업이 있는 나라입니다. 윗세대가 정말 믿음으로 살아가면서 하늘의 것들을 땅에 실체가 되게 한 것들이 있습니다. 저의 멘토 선교사님의 이야기를 20년째 들으면서 살고 있습니다. 지금까지의 이야기를 들어보면 우리 세대가 감당하지 못할 일들을 하셨습니다. 저의 멘토 선교사님도 1980년대에 아프리카를 가셨습니다. 1980년대이면 한국이 아프리카 같을 때인데 거기서 아프리카를 가셨습니다.

믿음의 선배 세대는 선교지에 한 번 들어가면 나오지 못했습니다. 전보를 한 번 치면 한 달 걸리는데 그러면 한 달 만에 소식을 받는 것입니다. 그래서 아버지가 돌아가셨는데 한 달 뒤에 전보를 받습니다. 그리고 나오지도 못했습니다. 어렵게 나와서는 가족만 보고 돌아갔습니다. 한 2년 있다가 어머니가 돌아가셨습니다. 그때도 한 달 있다가 전보를 받습니다. 그러면서 선교하셨습니다.

또 존경하는 선교사님 한 분 더 계시는데 이분은 43년 전에 이집트에 들어가셨습니다. 1977년에 갓 결혼한 새댁이 아주 딸들을 데리고 갔습니다. 2년 동안 선교했는데 경찰이 조사할 게 있다고 해서 남편을 데리고 경찰서에 갔습니다. 그리고 1주일 뒤에 남편은 사막에서 시체로 발견됐습니다. 어린 딸들을 데리고 있는데 지금까지 42년 동안 그 자리를 지키면서 선교하고 계십니다. 한국 선교의 전설입니다.

그분들이 치른 대가는 상상을 초월합니다. 우리는 상상도 할 수 없습니다. 청년들에게 그런 희생을 치르라고 하는 것은 아닙니다. 요즘은 순교하고 싶어도 순교하기 어렵습니다. 요즘 그런 데도 없습니다. 하지만 우리 윗세대가 취해 놓은 믿음의 유업들이 있습니다. 그것을 취해야 하는 것입니다. 한국은 유업이 있는 나라입니다.

지금 한국 교회는 어느 때보다 중요한 시기에 있습니다. 많은 사람이 더는 한국에서 선교사가 나오지 않는다고 선교 헌신자가 없다고 걱정합니다. 그러나 저는 제 마음 가운데 확신이 있습니다. 하나님께서 한 챕터를 더 뛰게 하실 거라는 확신이 있습니다. 과거에 서양이 주도하는 선교 시대가 저물어 갑니다. 지금은 중동선교의 시대입니다. 1990년대는 중앙아시아에서 일하셨고, 1980년대는 중국에서 일하셨다면 지금은 중동입니다. 그런데 문제가 뭐냐 하면 서구 선교사들은 이제 중동으로 들어갈 수 없습니다. 트럼프 대통령이 친이스라엘 정책을 펴면서 이스라엘 수도가 예루살렘이라고 했습니다. 이 얘기가 모슬렘에게는 천지가 개벽할 일입니다. 이 이야기는 독도가 일본 거라는 것보다 강도가 10배쯤 더 크다고 생각하면 됩니다. 그래서 서양 선교사들은 발을 붙일 수 없어 썰물 빠지듯 쫙 빠져나갔습니다. 지금 중동에 남아 있는 선교사들은 한국 선교사밖에 없습니다. 그다음에 중국 선교사들이 들어오기 시작합니다. 그런데 중국은 선교를 한 번도 해본 적이 없습니다. 아시아에서 많은 새로운 부흥이 일어나면서 선교의 중심축이 아시아로 넘어오고 있습니다. 그런데 아시아 국가는 미국과 사이가 좋지 않습니다. 미국으로부터 뭔가 배우는 걸 불편해합니다.

저는 하나님의 인도하심이 있어서 10년 정도 중국 교회가 선교할 수 있도록 중국 교회를 도왔습니다. 그런데 이분들이 울면서 "우리를 도와주십시오. 우리는 선교할 줄 모릅니다."라고 합니다. 그 자존심 센 중국 사람들이 그런 이유는 다른 선택이 없기 때문입니다. 아시아에서 유일하게 선교 노하우가 있는 나라는 한국밖에 없습니다. 아시아에서는 어느 나라도 선교해 본 적이 없습니다. 그동안 선교라고 하는 건 미국, 영국, 호주가 했던 것이 전부입니다. 아시아에서 선교해 본 나라는 한국밖에 없습니다. 그런데 아시아 선교시대로 넘어오고 있습니다. 많은 아시아의 나라가 한국을 바라보고 있습니다. "우리를 도와주십시오. 우리가 선교하게 해주십시오."

우리 청년 세대에게 새로운 사명이 있습니다. 그 유업은 우리 청년 세대가 리더십 있어서 주시는 것이 아니고 윗세대가 물려주신 유업입니다. 남편이 죽고 부모가 죽어도 생명 바쳐서 하나님 앞에 드렸던 믿음과 헌신이 유업으로 우리 청년 세대에게 주어지는 것입니다. 아시아의 리더십으로 세워지고 있는 유업으로 오고 있는 것입니다. 이것을 취할 줄 알아야 합니다. 지금 우리 청년 세대가 딴 데서 딴짓하며 빼고 있을 때가 아닙니다. 하나님께서 한국을, 특별히 청년 세대를 아시아 군대의 장군으로, 리더십으로 세우기로 결정하셨는데 그 이유는 윗세대가 물려준 유업에 있습니다. 이 유업을 물려받을 자들이 나와야 합니다.

"예, 하나님, 제가 유업을 물려받아서, 바통을 물려받아서 뛰겠습니다." 그러면 상상할 수 없는 일들이 벌어질 것입니다. 제가 10년 전에 미국 사람을 바라보면서 왜 저 사람들만 리더로 쓰실까 생각했는데 지금은 청년 세대가 그 위치에 서는 것입니다. 미안한 말이지만 공로는 없습니다. 윗세대가 물려준 유업입니다. 그냥 한국에서 태어났다는 것만으로 아시아의 리더로 세우시고, 세계 선교의 리더로 세우시고, 새로운 시대를 이끌어 갈 하나님 군대의 장군으로 세우시는, 유업이 물려지는 것입니다.

청년 세대를 향한 기대가 있습니다. 우리 세대는 아직 거기까지 뛰어본 적이 없습니다. 우리는 한국 사람들끼리 선교하기에도 바빠서 한 번도 그런 리더십을 누려본 적도, 발휘해 본 적도 없습니다. 하지만 지금의 청년 세대는 다른 세대입니다. 우리 세대가 뛰었던 시대와는 전혀 다른 시대를 뛰게 될 것입니다. 하나님께서 청년 세대를 이미 높이셨고 세계 선교를 감당하는 일들을 우리 세대와는 다른 위치에서 하게 하실 것이고, 다른 방법으로 하게 하실 것이며, 다른 리더십으로 하게 하실 것입니다. 청년 세대뿐만 아니라 이들을 통해서 수많은 아시아의 하나님 군대를 이끌고 모든 열방 가운데 하나님의 나라를 선포하는 영광된 사명과 비전을 우리 청년 세대 위에 부으시는 것입니다. 청년 세대들이여, 이 유업을 물려받을지어다!

박호종
Boaz Park

박호종 목사는 국가 기도운동을 일으키는 더
크로스처치의 담임목사이며 탁월한 메신저이
다. 여러 단체(YWCA, 인터콥, 두란노, 다리놓
는사람들 등)의 모임에서 중보기도, 영적전쟁,
Sonship의 탁월한 교사로 쓰임 받고 있다. 저
서로 『기도의 집을 세우라』, 『하나님의 집이
되라』가 있다.

일곱 영역을 정복하라

" 일곱 영역을 다스린다는 것은 하나님의 성품에 참여하는 것입니다.
하나님의 나라를 이 땅에 오게 하는 것입니다. 하나님의 통치와 다스림
이 이 땅에 충만히 임하는 것을 뜻합니다. "

"지혜 있는 뜻이 여기 있으니 그 일곱 머리는 여자가 앉은 일곱 산이요."

(요한계시록 17:9)

───

일곱 영역을 정복한다는 의미를 살펴보려고 합니다. 일곱 영역과 관련한 이야기를 나누며 본문으로 요한계시록을 택한 데는 이유가 있습니다. 일곱 영역의 뿌리가 되는 구절은 먼저 이사야에서 찾을 수 있습니다.

"그의 위에 여호와의 영 곧 지혜와 총명의 영이요 모략과 재능의 영이요 지식과 여호와를 경외하는 영이 강림하시리니…."(이사야 11:2)

여호와의 일곱 영으로부터 출발한 일곱 영역을 성경에서 찾는다면 이사야 11장 2절에서 발원한 것입니다. 그런데 그 원조가 되는 이사야서 말씀을 읽지 않고 이 계시록에서 찾는 것은 몇 가지 의도가 있습니다. 첫째, 우리가 사는 이때가 마지막 때에 가깝기 때문입니다. 어떤 종말론을 믿든지 중요한 것은 이제는 인류가 시작한 시간보다 끝날 시간에 훨씬 가까워졌다는 것입니다. 선교학적 종말론이 성경에서 가장 안전하고 보편적일수 있습니다. 땅끝까지 복음이 증거되면 주님이 오십니다. 예수님이 오실시즌이 다가올 때 산발적으로, 부분적으로가 아니라 성령님께서 동시다발적으로, 성령님이 충만하게 하시면서, 여기저기에서 리바이벌이 터지면서 마지막 때의 추수가 강력하게 일어납니다. 그와 동시에 기독교를 대적하며 예수 믿는 것을 어렵게 하는 적그리스도적 요소, 적그리스도의 영(Anti-Christ-spirit)이 강력하게 동시적으로 일어납니다.

홀리 퍼펙트 스톰(Holy Perfect Storm) 시대

구약성경에서 마지막 때와 관련 있는 요엘서, 스가랴서, 말라기서 등 대부분의 묵시 문학에서 마지막 때를 표현할 때 대부분 이 두 단어가 나옵니다. '크고, 두려운 날에.' 이게 동시에 있다는 것은 예수님이 가까이 오실 때 두 가지를 동시에 맞이하게 된다는 것입니다. 하나는 사도행전 이후 전 지구적으로 강력하게 임하시는 놀라운 하나님의 위대함과 영광을 보게 될 것입니다. 그와 동시에 도전적이고 위협적이며 위험천만한 일이 동시에 몰려올 것입니다. 예수님이 오실 때 큰 날과 두려운 날이 동시에 역동적으로 임하는 순간이 일어난다는 것입니다.

우리가 먼저 주목해야 할 것은 큰 날이 온다는 것입니다. 그 당시의 세계관으로 볼 때 어쩌면 사도행전의 부흥은 지중해 연안의 팔레스타인을 중심으로 로마 문화권에 임하는 것이었습니다. 그 당시 세계관에서 그것이 세계였던 것입니다. 그런데 마지막 때, 정말 예수님이 오실 날이 가까울 때 오게 될 부흥은 동네의 조그마한 사건 같은 것이 아니라 전 지구적 사건이란 것입니다. 지금 온라인으로 함께하는 우리가 있는 구석구석 하나님의 영이 떨어질 때 온라인을 통해 전 지구적 부흥을 경험하는 일이 지금 시작됨을 선포합니다. 같은 현장을 느끼며 수천 킬로미터, 수만 킬로미터 떨어진 곳에서 전 지구적으로 하나님의 성령의 부흥을 보는 것입니다. 코로나가 우리에게 두려운 '퍼펙트 스톰(Perfect Storm)'이 아니라 '거룩한 퍼펙트 스톰(Holy Perfect Storm)'이 될 것을 선포합니다. 막을 수 없는 하나님의 거대한 폭풍이 될지어다!

올해 초 우리 공동체는 뜻을 알 수 없는 하나님의 키워드 몇 가지를 받았습니다. 그중 하나가 홀리 퍼펙트 스톰이라는 단어였습니다. 저는 영어를 잘 쓰는 사람도 아니지만 퍼펙트 스톰은 기상캐스터도 100년에 한 번 쓸까 말까 하는 단어라고 합니다. 퍼펙트 스톰은 단순히 태풍 두세 개가 부딪혀서 생기는 것이 아니고 기단과 기단, 대륙과 대륙이 서로 엇갈리고 충돌하면서 태평양 같은 바다를 뒤흔들고 또한 자연 발생 지진해일(쓰나미)까지 일으킬 수 있는 것으로 100~200년에 한 번 나타날까 말까하는 폭풍을 말합니다. 잘 쓰지도 않는 이 단어를 귀에 강렬하게 들려 주셨습니다. "퍼펙트 스톰이 홀리 퍼펙트 스톰이 되게 하라!"

저는 이 단어의 뜻을 알고 난 후 평소 북한과 통일에 꽂혀 있다 보니 이런 생각을 했습니다. '하나님이 북한을 쓰러뜨리시려나?' 아무것도 안 해도 맞아 죽고, 얼어 죽고, 굶어 죽고, 탈출하다 죽고, 고문당해서 죽고, 그래서 매일 2만~3만 명이 비참하게 죽는 나라, 이게 나라이겠습니까? 이를 위장하기 위해 평화를 말하고 그럴싸한 감상적 표현을 하는 것은 양심적으로 문제가 있다고 봅니다. "가능하면 북한과 기도와 예배의 성경적 통일이 이루어지게 해 주옵소서!" 이게 저의 기도입니다. 정상적인 사람이라면 이렇게 말해야 할 것입니다. 어떻게 북한이 문제가 없다고 말합니까? 어떻게 북한이 아름다운 나라라고 말합니까? 양심에 화인을 맞지 않고는 말을 그렇게 하지 못합니다. 지구상에 저런 나라가 어디 있습니까? 그들은 인권이라는 단어가 사전에도 없고, 자유라는 것이 무엇인지도 모릅니다. 북한 정권이 속히 무너지는 것은 어떤 위인도 풀 수 없는 문제입니다. 한반도의 역학적 구도는 정말 풀 수 없습니다. 이 나라의 수많은 열방 간의 이해관계 속에서 우리 스스로는 아무것도 할 수 없는 상황을 생각하면 기도밖에 답이 없습니다. 제 마음에 이렇게 꽂히는 부분이 있어서 그 음성을 들을 때 북한 정권이 무너지려나 아니면 중국 정권이 무너져서 전 세계에 새로운 진동이 오려나 하는 생각을 했습니다.

어느 날 우한발 코로나바이러스 사태가 터졌습니다. 그런데 이게 점점 심각해지는 것입니다. 우리 스태프 중 한두 분이 "목사님, 그 퍼펙트 스톰이 이거 같아요."라고 했습니다. 사실 연초에 정했던 우리 콘퍼런스의 주제도 홀리 퍼펙트 스톰이었습니다. 그런데 이 코로나바이러스가 장난이 아닌 것입니다. 한 나라나 한 대륙이 봉쇄된 일은 있었지만 이처럼 전 지구적으로 봉쇄된 일은 처음일 것입니다. 전 지구적으로 이 코로나가 지나갔던 지난 3~4개월 동안은 어느 나라도 예외 없이, 복음의 나라라고 하는 미국까지도 80%가 교회 문을 닫는 초유의 상황을 맞이했습니다. 교회에 갈 수 없는 상황이 초대교회 이후 처음 발생한 것입니다. 중요한 전제적 단서가 있습니다. 이 퍼펙트 스톰이 결국 저주나 두려움이 아니라, 이걸 주관하시는 분이 하나님인 줄 믿기에, 교회로 말미암아 이 퍼펙트 스톰이 홀리 퍼펙트 스톰이 되게 할 것입니다. 오늘 한 장소, 한 꼭짓점에서 출발한 예배에 전 지구적으로 참여하고 있고 한마음으로 기도하고 있다는 것, 이것이 위대한 사건입니다. 바이러스 퍼펙트 스톰을 홀리 퍼펙트 스톰으로 뚫어내고 영계가 바뀌도록 기도합시다.

우리가 맞이한 이들 상황은 가히 마지막 때의 징후라고 말할 수 있습니다. 어느 개인이 개꿈 하나 꾸고 말세라고 떠드는 그런 사건이 아닙니다. 앞으로 일어나게 되는 마지막 때의 전제 중 중요한 하나는 전 지구적 사건이어야 한다는 것입니다. 그런 의미에서 우리가 지금 겪고 있는 이 사건의 전후에서 하나님이 행하신다는 것을 반드시 주목해야 합니다. 성령님이 교회들에 하시는 음성을 듣게 되길 축원합니다.

7영역_세븐 마인드 몰더스(Seven Mind Molders)

우리가 일곱 영역이라고 하고 세븐 마인드 몰더스(Seven Mind Molders)라고도 하는 일곱 가지의 가치체계를 다스리고 정복하는 것, 이것을 이해하는 것은 정말 중요합니다. 어느 단체에서는 세븐 마운틴 (Seven Mountain)이라고 표현하기도 합니다. 이 일곱 영역의 정복을 잘못 이해하면 마귀의 편에 서게 되고 헛삽질을 하게 됩니다. 우리가 살고 있는 이 시간은 주님이 오실 날이 가까운 시간이기 때문에 의도적으로 요한계시록에서 이와 관련된 부분을 본문으로 선택한 것입니다. 우리는 지금 주님이 오실 날이 더 가까운 시대에 사는 것을 믿습니다. 그렇다고 불안해하거나 어두워질 이유는 전혀 없습니다. 정말 내일 예수님이 오신다 하더라도 한 그루의 사과나무를 심겠다는 삶을 살아야 합니다. 그렇지 않으면 시한부 종말론, 임박적 종말론 같은 건강하지 않은 거짓 종말론에 사로잡혀 헛삽질을 하게 됩니다. 종말론이 온다고 어디 산속에 숨어 있다가 예수님을 맞이하는 것은 말이 안 됩니다. 모든 일을 때려치우고 손 싹 씻고 하얀 옷 입고 기다리는 그런 것이 아닙니다. 마태복음 24장과 25장에는 땅을 파다가, 밭을 갈다가, 맷돌질하다가 홀연히 예수님이 데려갈 자를 데려가신다는 말씀이 나옵니다. 이렇듯 다양한 모습이 있는 것이지 다 하얀 옷을 입고 어느 골방에서 들림 받는다는 말씀은 어디에도 없습니다. 그러므로 주님 오실 날이 가까워지는 이때 어느 영역에 있든지 마지막 때 주께서 이끄시는 백성이 되기를 축원합니다. 일곱 산이 주께 돌아오기를 축원합니다.

마지막 때를 통과하는 능력 '분별력'

이 시대는 그 어떤 종말론을 믿든지 예수님이 가까이 오셨다고 모두 이야기합니다. 이때 세 가지를 꼭 인지하고 계셔야 합니다.

첫째, 마지막 때에는 분별력이 제일 중요합니다. 분별력이 있어야 합니다. 혹시 '그래도 박○○ 목사 바짓가랑이라도 붙잡고 있으면, 황◇◇ 목사 바짓가랑이라도 붙잡고 있으면 그래도 본전은 건질 수 있지 않을까?' 하는 생각을 하고 있다가는 한방에 갈 수 있습니다. 주의 종들을 위해 간절히 기도하시길 바랍니다. 누구 바짓가랑이 붙잡고 따라갈 생각은 하지 마십시오. 우리의 영이 깨어 있어야 합니다. 영으로 인도받는 세대가 되어야 합니다. 귀에 들리고, 눈에 보이며, 몸으로 느끼는 것만 따라가면 죽음입니다. 가짜일수록 진짜보다 더 화려하고, 더 영광스러우며, 더 위대해 보일 것입니다. 요한계시록을 보십시오. 4장과 5장은 천상의 예배와 기도 운동 그리고 땅의 예배와 기도 운동이 만나서 6장부터 시작되는 그 어마어마한 지각변동이 시작됩니다. 6장부터 하나님의 배틀 플랜(battle plan), 주님의 전쟁계획이 막 풀어집니다. 4장과 5장에는 아버지의 아름다움, 어린양의 아름다움과 아버지의 보좌, 어린양의 보좌가 나오는데 그때 어린양의 보좌에 유대의 사자가 나옵니다. 성경에서 요한계시록에서만 유일하게 예수님이 어마어마하고 무시무시한 사자로 나와 있습니다. 사자와 죽임을 당한 어린양이 동시에 그 보좌에 앉아 있는 특이한 장면입니다. 위대한 사자와 아주 나약하고 순결한 어린양이 동시에 앉아 있습니다. 그러면서 계시록 흐름 안에서 14장을 중심으로 계시록을 마무리할 때는 '어린양이 인도하는 대로 어디든지 가는 자들이라.'라는 표현이 나옵니다. 그들이 승리하는 자가 되는 겁니다. 예수님이 유대의 사자이고 위대한 왕이나 마지막 때를 맞이하는 성도는 어린양인 예수 님의 눈과 아이콘택(eye-contact)하셔야 합니다. 어린양이 인도하는 대 로 가는 것이 승리입니다.

마지막 때는 진리가 기준이 되어야 합니다. 진리의 영이신 성령님을 따라가야 합니다. 여기서 중요한 것은 성령과 진리는 충돌하지 않는다는 것입니다. 성령님이 이렇게 말씀하셨는데 말씀은 다르다면 그것은 성령 님이 아닙니다. 귀신입니다. 아무리 그럴싸하게 말해도 그것은 귀신입니 다. 성령은 말씀이 말씀 되게 역사하는 영이십니다. 마지막 때에 분별력 이 있기를 축원합니다.

마지막 때의 무기 '기도와 예배'

둘째, 기도와 예배, 예배와 기도로 우리의 영을 칼을 갈듯이 갈아 야 합니다. 다른 것 없습니다. 통계에 따르면 코로나 사태가 터진 후 서 울 교인의 예배 복귀율이 20~30%라고 합니다. 안 나온 60% 중에서 20~30%는 그 기간 어떤 종교 활동도 하지 않았다고 조사되었습니다. 자기 교회의 유튜브를 보거나 자기 교회 유튜브가 재미없으면 다른 교회 의 유튜브라도 보는 것조차 하지 않았다는 것입니다. 많은 교회의 성도 가 아무런 종교적 활동을 하지 않았다는 것입니다. 그들은 크리스천이 아니라고 생각합니다. 그들은 교회 안에 있었던 불신자, 교회 안에 존재 했던 구원의 대상일 뿐이라고 생각합니다. 그러므로 교인이 많이 모이는 교회가 대수가 아니라는 것입니다. 우리 교회에 몇 만 명이 모인다고 해 서 어깨에 힘줄 일이 하나도 없다는 말입니다.

그런데 이런 와중에도 예배 복귀율이 빠르기도 하고 처음부터 복귀율이 60%가 넘는 교회가 있는데, 예배의 현장에 살아 계신 하나님의 역사가 있는 교회입니다. 다시 말하면 뜨거운 기도와 뜨거운 예배, 찬양과 선포가 살아있어서 유튜브를 보는 것보다 현장에서 경험했던 임재 예배, 치유의 터치(loving touch)를 주셨던 그 주님을 만난 경험이 있는 예배를 드리는 교회에서는 그 예배를 그리워한다는 말입니다. 어르신이 평생 예배드리던 처소였기 때문에 그 자리를 지키고 싶은 의무감과 그리워하는 마음, 이런 차원을 뛰어넘어 성령님의 임재를 경험하고 예배 중에 하나님의 영이 운행했던 그런 교회의 성도가 예배당으로 몰려오는 것입니다. 전 세계 유명한 설교를 모두 내 집에서 유튜브로 들었다 하더라도 그 현장에서 내 영과 함께 살아 있던 하나님의 영이 그리워 목마름으로 교회에 몰려오는 것입니다. 이 코로나 와중에 무식해서 그런 것도 상식이 없어서 그런 것도 아닙니다. 우리 공동체에도 한국 최고의 과학자 몇 분이 계시는데 그분들이 예배를 얼마나 사모하는지 모릅니다. 그것이 살아 있다는 증거입니다. 예배는 종교의식이 아니고, 시간을 지키는 것도 아니며, 영이신 하나님과 교제(코이노니아)를 이루는 것입니다. 성령님이 우리가 있는 자리에 임하시길 축원합니다. 마지막 때에 다른 것은 없습니다. 기도와 예배, 예배와 기도의 상태로 성경을 읽어야 성경이 열리고 그 상태로 말씀을 읽어야 로고스가 로지컬로 끝나지 않고 영이 되고 레마가 되는 것입니다. 말씀이 영이 되어야 우리의 영이 살아날 것입니다.

마지막 때를 살아가는 능력 '교회의 정체성'

셋째, 교회를 분명히 알아야 합니다. 상황이 어쩔 수 없어서 식구들끼리 예배를 드린다고 다 교회가 아닙니다. 가족 중 한 명이 어느 시점이 되면, 통제가 더 압박되면 신앙과 개인의 자존감 혹은 생명의 문제와 충돌할 때가 있을 수 있습니다. 그때 우리 가족 중의 한 사람은 "엄마, 우리 너무 광신 아니야? 아니, 저 교회 사람들은 저렇게 정부가 원하는 대로 잘 따라가는데 엄마는 너무 광신자 아니야?"라고 할 수도 있습니다. 그러다가 위기가 더 조여 오면 "광신자 같은 엄마는 죽어도 우리는 그렇게 죽고 싶지 않아!"라고 할 수도 있습니다. 그래서 성경에서도 자식이 부모를, 부모가 자식을 내어 팔고 버리는 일이 일어난다고 말씀합니다. 가정의 회복이 중요합니다. 가정이 교회가 되고, 교회가 가정이 되어야 이상적입니다. 식구끼리 뭉친다며 성경은 펴고 있으면서 가족마다 오만 가지 생각을 하는 것은 교회가 아닙니다. 오늘 이때 우리 가족이 한영이 되길 바랍니다. 지금 우리는 극단적인 시간을 안 만나서 그렇지 이슬람 세계와 북한 지하교회에서는 내부의 식구에게서 배반당하는 일이 일어납니다. 죽음이 두렵고 인간이 연약하기 때문일 것입니다. 그런 일이 역사 속에 있었고, 지금도 모슬렘과 공산권 안에서 벌어지고 있는 사실입니다. 어떤 이단은 교회가 구원이라는 등식을 믿고 잘못된 집단적 사교 집단이나 종교 집단의 나르시시즘에 빠지기도 합니다. 마지막 때에 주님이 신부로 맞이하는 것은 개개인이 아니라 하나님의 교회, 신부 된 교회라는 것을 잊지 않아야 합니다.

일곱 영역을 정복하라

일곱 영역을 정복한다는 게 무엇일까요? 기독교계에서 이 일곱 영역을 제일 먼저 선포한 두 분이 있습니다. 아주 놀랍게 두 분이 거의 비슷한 시간에 그 계시를 받게 됩니다. 한 사람은 우리가 잘 아는 분으로, 현재 세계에서 가장 큰 선교단체로 꼽히는 CCC(대학생선교회)의 설립자 빌 브라이트(Bill Bright) 박사입니다. 어느 날 브라이트 박사에게 성령님께서 임하셔서 "아들아, 사회의 일곱 영역을 제자화하라." 하시는 음성을 듣게 됩니다. 그와 비슷한 새벽 시간에 CCC와 양대 산맥을 이루면서 전 세계의 젊은이를 이끄는 YWAM(예수전도단)이라는 단체의 설립자 로렌 커닝햄(Loren Cunningham) 목사도 성령님의 음성을 듣게 됩니다. "일곱 영역을 바꿔라." 이것이 무엇인지 개념이 없으셔서 잠결에 티슈를 뽑아 그 티슈에 '일곱 영역을 바꿔라.'라고 쓰고 아침에 일어나서 고민을 합니다. 시간이 지난 뒤 두 분이 만나 서로 이야기를 나누게 됩니다. 그래서 YWAM에서는 세븐 마일드 몰더스라는 변화를 외치기 시작했고 그 외침과 함께 CCC를 포함해 세계관 영역을 다루던 전문 단체인 IVF, 네비게이토 등 단체에서 사회를 제자로 삼는 운동을 부르짖기 시작했습니다.

일곱 영역은 한 사회를 이루고 있고 한 국가의 일곱 가치체계를 가리키는 기둥입니다. 이 가치체계의 순서는 일종의 파워 순서로 정해집니다. **첫 번째 영역은 정치입니다.** 가장 중요한 영역이므로 이 영역이 잘못되면 모든 영역이 어둠에 빠질 수 있습니다. **두 번째 영역은 경제입니다.** 정치가 제일 중요하지만 정치가 정치 되도록 알게 모르게 밑에서 힘이 되는 것이 경제입니다. 이 모든 것을 사람들에게 세팅하고 세뇌하고 그럴싸하게 행동하고 변화시킬 수 있게 하는 것이 **세 번째 영역인 교육입니다.** 교육 영역 못지않게 사실 모든 영역의 DNA인 **가정이 네 번째 영역입니다.** 이 영역 바로 다음에는 우리 삶의 윤택과 행복의 문제를 결정하는 **다섯 번째 영역이 예술입니다.** 그리고 이런 영역을 퍼뜨리고 알리는 **여섯 번째 영역이 미디어입니다.** 마지막 **일곱 번째 영역은 종교입니다.** 우리의 삶에 모든 곳에 녹아 있는 영역입니다. 이 일곱 기둥이 온전히 있어야 온전한 국가, 온전한 사람이 됩니다. 우리 안에 일곱 기둥, 일곱 진리가 회복되길 바랍니다. 우리의 가정에 이 일곱 기둥이 회복되길 바랍니다.

성경적 가치관으로 돌아가라

우리의 가정에 정치적 가치에 문제가 생긴다면 행복하지 않습니다. 정치라는 것은 가정이 현재 한국의 정치 상황을 대하는 태도를 말하는 것이 아닙니다. 그것도 한 요소가 되긴 하겠지만 정치의 본질은 사람이 사람을 움직일 때, 사람이 사람을 다스릴 때 발생하는 원리를 가리킵니다.

저에게는 아들이 둘 있습니다. 두 아들 사이에 항상 정치적 상황이 발생합니다. 지금은 안 그러는데 한 녀석이 사고를 쳐 놓고는 마치 당구를 치듯 이리 치고 저리 치면서 애꿎은 다른 녀석이 혼나도록 하는 정치(?)를 합니다. 세상은 정치의 가치를 거짓, 권모술수, 수단, 방법 같은 키워드로 평가합니다. 그런데 하나님 나라의 정치는 정직, 사랑과 신뢰, 권위의 사용 등으로 키워드가 다릅니다.

우리 가정에서는 경제의 가치체계가 잘못된 사람이 있습니다. 있을 때 팍팍 쓰고 없으면 굶거나 그냥 카드를 긁어대는데 이걸 성격으로 치부하기는 어렵습니다. 성경은 사랑의 빚 외에는 지지 말라고 합니다. 저는 목회하면서 가능하면 하나님의 음성 안에서 절대적인 것으로 지는 빚 외에는 건축이나 다른 데서 믿음이란 이름으로 발생하는 빚은 안 지려고 몸부림칩니다. 그리고 우리 사역자들에게는 절대로 빚지지 말라고 이야기합니다. 왜냐하면 빚은 우리가 하나님께 헌신하려고 할 때나 물질을 드리려고 할 때 우리의 목줄을 잡고 발목도 잡는 올가미가 될 수도 있기 때문입니다. 사랑의 빚 외에는 지지 말길 축원합니다. 그냥 검소하게 살고 믿음으로 살며 하나님의 가치대로 살기를 축원합니다. 이런 빚 같은 경제 가치체계에 비진리가 들어오면 원수에게 문이 열리는 것입니다. 우리의 경제 논리가 비성경적이라면 회개하시길 바랍니다.

회개라는 것은 눈물 짜내며 "이 죽일 놈, 주여!" 하고 한탄하는 태도가 아닙니다. 아쉬움을 토로하는 것이 회개가 아닙니다. 눈물 한 방울 안 흘려도 괜찮습니다. 회개는 진리를 향해 돌아가는 것입니다! 그렇게 내 맘대로 살고 내 뜻대로 살았던 사람이 예수 그리스도께 완전히 방향을 바꾸는 것이 회개입니다. 방향은 바꾸지 않으면서 "이 죽일 놈이! 썩을 놈이!" 하고 울기만 하는 감정플레이가 아닙니다. 자신이 주인이었다가 예수님이 주인으로, 잘못된 가치관에서 성경적 가치관으로 돌아가는 것입니다.

정치성향? 성경적 진리를 따르라

가끔 어떤 분이 목사님과 교회는 우파이냐 하는 말을 합니다. 저는 우파도 좌파도 아닙니다. 저는 정치인을 절대로 믿지 않습니다. 정치인들이 나라를 바꿀 것이라고 믿지도 않습니다. 하나님만 바꿀 수 있습니다. 혹여 하나님이 시대적 사람을 일으키시도록 바랄 뿐입니다. 동성애 문제에서는 분명한 성경적 가치만 주장할 뿐입니다. 북한의 인권에 관해서도 분명한 양심과 성경적 가치만 외칠 뿐입니다. 이 나라에 밀려오는 이슬람에도 성경적, 선교학적으로 냉철하게 접근하자는 견해입니다. 만약 이렇게 이야기하는데 그것이 우파라고 한다면 우파 하는 것이 옳다고 생각합니다. 그러나 여당이든 야당이든 성경적 진리에 위배되는 것을 외치면 우리는 그들과 충돌할 수밖에 없습니다. 오늘 이 시대에 대부분이 몰린다고 해서 그게 답이 될 수는 없습니다. 역사적으로 진리는 항상 소수였습니다. 그러니까 뭐가 참인지 잘 모르겠다면 누가 대세인지, 누가 강한지를 보고 그 반대편으로 가면 됩니다. 성경적 진리체계로 돌아가시기를 바랍니다.

우리의 가정의 정치 문제를 이어 갑니다. 혹시 아버지 어머니들이 이 책을 보신다면 부탁 하나 드립니다. 자식을 조종하지 마십시오. 하나님은 우리를 조종하지 않으시고 스스로 인격적인 선택을 하기를 원하시며 바른 선택을 하기를 기다리시고 때론 옳지 않은 선택을 했을 때 가슴 아파하시며 기다리고 기다리십니다. 권위를 앞세우는 부모가 있다면 성경적 부모가 되시기를 축원합니다.

언론이 만들고 분위기가 만드는 지도자 말고 정말 국민을 많이 사랑하고 인류공영에 이바지하는 지도자가 왜 이렇게 드문지 그 이유는 이렇습니다. 그냥 부모가 조종해서 시험 잘 보게 하고 열심히 암기만 잘하게 해서 서울대 보내곤 했습니다. 그런데 국제무대에 가면 중대한 문제를 선택하는 방법을 모릅니다. 중대한 길을 선택해야 할 때 결단을 못 내립니다. 올백을 맞으면 뭐하겠습니까? 창의적이지 않은데, 옳고 그름을 분별하지 못하는데 말입니다. 외국은 중고등학교 다닐 때 공부를 안 시키지만 대학 가서 진짜 공부합니다. 우리는 거꾸로 중고등학교 다닐 때 왜 하는지도 모르고 열나게 공부하다가 대학에 가기만 하면 코 삐뚤어질 때까지 술 퍼마시며 놀다가 마지막에 취업 공부하는 정도이지요. 아니면 대학원을 먼저 생각해 놓고 대학 때 놉니다. 이런 상황에서 어떻게 지도자가 나오겠습니까? 연봉 좀 높은 곳을 찾아갈 수는 있겠지요. 지도자는 선택해야 하고 분별해야 하며 어느 부분에서는 용기를 가지고 "팔로 미(Fallow me)!"를 외칠 수 있어야 합니다. 그런데 한국에서는 부모가 역압하고 컨트롤해서 자식을 키웁니다. 그런 자식들이 서울대까지 가서 졸업하면 졸업장 딱 내밀면서 잘라 말합니다. "어머니, 이제까지 엄마가 원하는 것 다 했어요. 그러니 이젠 관여하지 마세요."

이렇듯 신앙과 함께 자유의 삶을 찾아 부모를 떠난 아이들의 이야기, 피눈물 흘리면서 기도 요청한 권사님들의 이야기를 저는 많이 알고 있습니다. 삶의 일곱 기둥은 이처럼 알든 모르든 우리 삶에 존재하고 있습니다. 이들 영역이 여호와의 진리로 사로잡힌 나라가 하나님의 나라가 됩니다. 이렇게 거짓과 인습과 사탄으로 가득 찰 때 어둠의 나라가 되는 겁니다.

동성애보다 더 무서운 페미니즘

지금 이 시대에 동성애보다 더 무서운 것은 페미니즘이 몰려오고 있다는 것입니다. 사실 동성애는 페미니즘 가운데 하나일 뿐입니다. 한국은 이화여대를 중심으로 강력한 여성 지도자가 일어나고 있는데 이들은 페미니즘이 뭔지도 모르면서 대단한 학교에서 공부하고 온 교수들에게 세뇌되고 있습니다. 저는 이 책을 읽는 많은 자매 중에서 위대한 여성 지도자가 일어나길 원합니다. 그 위대한 여성 지도자가 성경적 여성관, 성경적 아내관으로 "제가 한 나라의 대통령입니다. 그런데 저는 성실한 아이들의 엄마이며 한 남편의 아내입니다!"라고 말할 수 있는 여성 지도자가 일어나기를 소망합니다.

얼마 전에 어떤 모임에서 한 목사님이 하신 말씀입니다. 교회에서 난리가 났답니다. 왜 그러냐고 했더니, 안수집사의 부인이 바람났다는 것입니다. 주로 안수집사나 장로가 바람났다는 이야기는 들을 수 있는데 안수집사 부인이 바람났다고 해서 좀 충격적이었습니다. 그런데 더 충격적인 건 부인의 애인이 여자라는 것입니다. 늘 가부장적이기만 하고 성경적이지 못한 폭력적인 남편에게 시달리던 아내에게 의도적으로 대학 동창인 페미니즘 친구가 붙어서 그를 해방시켰답니다. 그래서 중년의 레즈비언이 되면서 "이제 내 인생은 자유다!"를 외치며 멀쩡한 가정이 풍비박산 나고 말았습니다. 앞으로 이런 일이 밀려올 것입니다. 우리 사랑하는 자매들께 말씀드립니다. 남성 지도자도 중요하지만 앞으로 강력한 성경적 여성 지도자가 일어나기를 소망합니다.

마귀가 하는 일은 기준을 무너뜨리는 것입니다. 우리가 성경적으로 간다는 것, 위대한 제자로 산다는 것은 어렵지 않습니다. 성경만 보면서 내가 지금 옳게 생각하는가, 틀리게 생각하는가만 찾으면 됩니다. 저는 교단 배경이 침례교단인데, 침례라는 이름이 좀 침침하게 들리리라 생각합니다. 재미난 말이 있습니다. 서울의 아파트 상가마다 교회가 들어왔습니다. 맨 꼭대기에는 장장한 장로교회, 그 아래 3층에는 감감한 감리교회, 2층에는 소란한 순복음교회, 1층에는 대개 마트가 들어왔습니다. 그리고 지하에 침침한 침례교회가 들어왔다고 합니다. 웃자고 하는 이야기입니다. 우리 침례교회의 특징은 특별한 교조가 없다는 것입니다. 칼뱅(John Calvin), 루터(Martin Luther), 츠빙글리(Ulrich Zwingli)가 뭐라고 했는지 그리 중요하지 않습니다. 'We Are Bible Man!', 즉 성경이 무엇이라고 말했느냐가 중요합니다. 미국의 6대 신학교가 다 침례신학교인데 이들 학교의 특징은 모두 성서신학, 해석학, 사본학에서 뛰어나다는 것입니다. 왜냐면 침례교회는 성경이 뭐라고 말하느냐가 제일 중요하기 때문입니다. 이게 그리스도인의 태도입니다. 성경이 뭐라고 하시는가를 우리의 기준으로 삼으십시오. 이것이 회개입니다. 이것이 일곱 영역을 회복하는 것입니다.

견고한 진을 파하라!

이 시대가 문제인 것은 일곱 영역에 크리스천이 없어서가 아닙니다. 그러나 그들의 가치가 성경과 전혀 상관없다는 데 있습니다. 몸만 예배당에 잘 들락날락한다고 해서 크리스천이 아닙니다. 우리의 일곱 기둥 안에 진리가 세팅되길 축원합니다. 우리 안에 진리가 아닌 것들이 쫓겨나고 깨어지기를 소망합니다.

"우리가 육신으로 행하나 육신에 따라 싸우지 아니하노니 우리의 싸우는 무기는 육신에 속한 것이 아니요 오직 어떤 견고한 진도 무너뜨리는 하나님의 능력이라 모든 이론을 무너뜨리며 하나님 아는 것을 대적하여 높아진 것을 다 무너뜨리고 모든 생각을 사로잡아 그리스도에게 복종하게 하니 너희의 복종이 온전하게 될 때에 모든 복종하지 않는 것을 벌하려고 준비하는 중에 있노라."(고린도후서 10:3~6)

그리스도를 향하여 높아진 모든 견고한 진을 파하라고 되어 있습니다. 우리의 가치 체계와 내면에 있는 견고한 요새가 예수님의 이름으로 깨어지기를 바랍니다. 자신의 소견에 옳은 것이 중요하지 않습니다. 우리는 아무 복음이나 믿는 것이 아니라 마가복음, 마태복음, 누가복음을 믿습니다. 소견에 옳은 대로 예수님을 믿는 것이 아니라 우리의 가치 체계에 하나님의 영이 엄습하길 축원합니다. 우리의 영과 혼에 박혀 있는 비진리가 무너져야 세상이 바뀝니다. 이제까지 일곱 영역이라 하면 우리는 고지론을 외쳤습니다.

저와 친한 목사님 한 분이 계시는데, 하루는 이 목사님께 고3 때 예배한번 나온 아이가 최고의 대학에 붙었다고 기도 받으러 온 것입니다. 그목사님이 대뜸 "너 고3 때 예배 몇 번 나왔니?" 하고 물었습니다. "딱 한번 나왔습니다."라고 대답했습니다. 목사님은 그 말을 받아 "그럼 하나님께서는 영광을 하나도 안 받으셨겠네. 야, 서울대 가고 미국에 유명한 대학에 가야 하나님께서 영광받으시는 거냐? 네가 영광 받는 거지."라고 말씀하셨답니다. 그분이니까 이렇게 말씀하실 수 있었습니다. 그 후 얼마나 공격을 받았을지 저도 공감합니다. 저도 우리 교인 중에 예배에 한 번도 안 나온 학생이 무슨 대학에 갔다고 기도 받으러 오면 축복은 해

줍니다. 그러나 하나님의 영광이란 말은 안 합니다.

이 나라의 문제는 최고의 대학을 나온 크리스천들이 영역 곳곳에 들어가 있는데, 가치 체계는 비그리스도인만도 못하다는 것입니다. 예배만 왔다 갔다 한다고 하나님께서 영광 받으시지 않습니다. 진리가 우리를 사수할 것입니다. 그래서 에이브러햄 링컨(Abraham Lincoln)처럼, 윌리엄 윌버포스(William Wilberforce)처럼 "내가 아는 믿음과 진리 안에서는 흑인도 우리와 똑같은 인간이며 인간은 어떤 인간도 차별할 수 없다. 그래서 내가 의원이 되면 노예제를 폐지하겠다."라는 고백이 필요합니다. 수많은 저격과 암살의 두려움을 겪으면서도 그게 기독교의 진리이기 때문에 정치인으로서 그 진리의 가치를 끝까지 사수하는 사람들이 일어나야 나라가 바뀝니다. 꼭대기에 굳이 안 가도 됩니다. 꼭대기에는 크리스천이 많습니다.

용사의 비장한 마음으로 칼을 품으라!

한때 강남에서는 그래도 지도층, 인텔리층과 교제하는 혜택을 보려면 교회에 가야 한다는 말이 있었습니다. 이 말은 지금도 있습니다. 이 말이 틀리지 않은 게 강남이란 곳에는 서초구, 강남구, 송파구라는 3개 구가 있습니다. 송파구 중간에서 서초구 방배동까지가 사람들이 소위 말하는 강남 에어리어(area)입니다. 대한민국에서 제법 큰 교회가 거기에다 있습니다. 그리고 한국 최고의 1%가 그 지역의 크리스천입니다. 귀부인, 엄청난 재력과 명예를 가진 분들입니다. 그중에 가장 복음화율이 낮은 곳은 송파구 쪽인데 그래도 26%나 됩니다. 제일 많은 곳은 강남구로 28%입니다. 이게 얼마나 큰 비율이냐 하면 10명이 모이면 4명이 크리스천이고 강남에 인간이 바글바글한데 교회에 다니는 사람이 누구냐고 하면 대부분이 손을 들어야 한다는 겁니다. 그런 이 나라에 지금 비기독교적 가치와 영성이 지배하는 것입니다. 무엇이 진리인지를 모르는 것입니다. 사람들이 감성적으로, 그럴싸하게 박수 쳐 주면 멋있다고 그러는 것이 진리가 아닙니다. 사람들이 다 아니라고 그러고 "니들 왜 이렇게 짜냐. 이럴 때 좀 중탕하면 안 돼?" 그래도 짜야 하는 게 우리이고, 세상이 아무리 깜깜해져도 끝까지 빛이어야 하는 것이 우리입니다. 우리의 대사회적 정체성은 소금이고 빛입니다. 이게 우리의 대사회적 기독교 정체성입니다. "할렐루야, 아버지~, 주여~." 하면 예쁘고 사랑스럽습니다. 그런데 이제는 예쁘고 사랑스러운 감성적 크리스천으로는 안 됩니다. 용사의 비장한 마음을 품고 칼을 품으십시오. 감상적인 크리스천이 아니라 "하나님, 저 여기 있습니다. 저를 써 주십시오. 저는 실력도 없고 배경도 없는데 저는 하나님을 믿습니다."라고 외치십시오. 제가 젊은이들에게 외치는 말이 있습니다. "실력이 아니고, 배경도 아니며 기름 부음이고 부르심이다." 부르심을 받으면 기름을 부으십니다. 실력이 없으면 실력을 불어넣어 주시고 능력이 없으면 능력자를 붙여 주시고 배경이 좋지 않으면 하나님이 배경이 되어주십니다. 하나님과 연결되는 것이 중요합니다.

하나님 사람들의 변화는 성공을 말하는 게 아닙니다. 성공한 수많은 크리스천이 이 땅에 바글바글합니다. 강남에서 목회하면서 아주 유리한 위치에 있고 아주 좋은 기회를 가진 분이 많은데 너무 안타까울 때가 많습니다. 이 책을 읽는 독자와 전 세계의 하나님의 백성들이 진리와 진리의 영에 붙들리기를 소망합니다. 이때, 이렇게 진리가 우리를 사로잡을 때 여기서부터 일곱 영역은 정복되는 것입니다. 산꼭대기에 이미 너무나 많은 크리스천의 시체가 널려 있습니다. 비참한 주검이 되어 원수들의 전리품이 되려면 무엇 때문에 올라갑니까? 중세시대에 소위 일곱 영역 전체를 기독교가 다스렸습니다. 왕도 종교지도자가 머리를 두드려주지 않으면 될 수 없었던 시대가 1,000년간 있었습니다. 그러나 그때를 기독교의 암흑기라 말합니다. 성령의 사람들이 마녀 취급을 받았고 진리의 사람들이 이단으로 찢겨 죽고 십자가에서 죽었습니다. 존 위클리프(John Wycliffe)가 그렇게 죽었고, 우리가 영서라고 읽는 책 『예수 그리스도를 깊이 체험하기』를 쓴 잔느 귀용(Jeanne Guyon)이 그렇게 마녀로 몰려 불태워져 죽었습니다. 하나님은 그 꼭대기를 정복하기를 원하시는 게 아니라 우리가 진리에 붙들리기를 원하십니다.

마지막 때에 세븐 마운틴이 우리의 대적이 될 음녀가 누워 있는 음녀의 보좌가 되고 있다는 것이 놀랍습니다. 성경에 다윗을 제외한 모든 사람은 일인자가 아니었습니다. 어떻게 보면 마귀를 상징하는 애굽의 왕 바로의 참모일 뿐 일인자가 아니었다는 것입니다. 심지어 하나님의 사람 오바댜는 성경에서 가장 악한 왕으로 표현되는 아합의 믿을 만한 충신이었으며 선지자를 보이면 다 죽여버리는 시대의 궁내대신이었습니다. 궁내대신은 궁내 살림을 도맡아 하는 사람입니다. 왕이 신뢰해야 할 사람은 목숨을 맡기는 친위대이고 그다음이 살림을 다 관리하는 내부대신과 궁내대신입니다. 모순이 아닐 수 없습니다. 엘리야가 나 혼자 남았다고 할 만큼 여호와 선지자의 씨를 말리려던 시대에 악한 왕 옆에 가장 인정받았던 사람 오바댜가 있었습니다.

정복도 아니고 성 꼭대기의 높은 자가 되는 것도 아니라 우리의 삶 가운데서 진리의 빛이 되는 것입니다. 경우에 따라서는 하나님께서 필요하시다면 그들 중에 한두 명을 부르실 수도 있습니다. "제가 언제 왕이 된다고 했습니까? 제가 한 번이라도 왕이 되겠다고 기도한 적 있습니까? 제가 여호와께 원한 것은 한 가지 아닙니까. 주님의 아름다움을 갈망하면서 예배하는 그것뿐인데 나를 왜 정치판에 던져서 왜 이렇게 도망가게 만드십니까." 하나님께는 왕이 되고 싶은 사람이 아니라 다윗과 같은 자가 필요합니다. 고3 내내 예배에 한 번 얼떨결에 나간 청년이 그런 위대한 자리에 올라가면 하나님 나라에 아무런 유익이 없습니다. 바닥 논리에 그냥 뒤집혀 버립니다. 그런 청년을 많이 봤습니다. 어려서 열심히 가르쳤더니 어느 날 그 자리에 올라서면 딴짓을 합니다. 유명하지 않을 때 그 자리에 올라가면 찾아와서 이렇게, 저렇게 하자면서 같이 계획을 논하곤 합니다. 그러다가 점점 만나기 힘들어지고 결국에는 제가 "야, 너 왜 그러고 사니."라고 말하게 됩니다. "목사님이 이 바닥을 몰라서 그래요. 이 바닥이 만만치가 않아요." 그 바닥 논리 속에 비참하게 짓밟혀 가사 상태에 빠진 크리스천이 많다는 말입니다. 세상의 일곱 영역에만 바닥 논리가 있는 것이 아니라 슬프고 웃기는 것은 우리 같은 목사들도 바닥 논리 타령을 한다는 것입니다. 우리 같은 종들도 바닥을 엎는 자들이 되기를 원합니다. 바닥논리를 뒤집어야 합니다. 이제는 그런 자들이 필요합니다. 이것은 성령에 붙들리지 않으면 불가능합니다.

진리 체계로 훈련되지 않은 사람이 올라간들 뭘 하겠습니까. 또 위로 올라가면 많은 사람이 아부만 하지 싫은 소리를 못 합니다. 남의 말 듣기가 쉽지 않아집니다. 교회에서 죽치고 있었느냐 아니냐 하는 이런 이야기가 아닙니다. 다윗이 다윗이 된 것은 십대 때부터 기름 부음을 받고 광야에서 사울과 블레셋 군대로부터 훈련을 수없이 받았습니다. 끊임없이 하나님을 택할 것인가, 세상 가치를 택할 것인가를 훈련받고 그 자리에 갔으니 그나마 크게 한 번 넘어졌다가도 처절하게 회개하고 일어나지 않았습니까. 하나님의 백성들이여, 주의 영에 사로잡히기를 소망합니다. 뱀같이 지혜롭고 비둘기같이 순결하지만, 자신이 쌓아온 커리어가 한방에 무너진다 해도 해야 할 말을 용기 있게 해야 합니다. 수많은 왕후 중에 에스더처럼 비장한 마음으로 목숨을 내걸고, 일생일대에 한 번 온 기회를 '이때를 위함이 아닌지' 하고 던질 수 있는 준비를 지금부터 하지 않으면 그곳에 올라서서 절대 할 수 없습니다. 지금 무명일 때부터 그렇게 선택하지 못하면, 웬만큼 기회가 왔을 때 흔들리면서 죽습니다. 하나님의 용사들이 일어나기를 바랍니다. 비장한 영의 칼을 가는 하나님의 군대들이 일어나기를 축원합니다.

왜 '일곱'인가?

우리가 일곱 영역을 정복한다는 것은 성공한다는 것을 의미하지 않습니다. 우리가 진리의 사람이 되는 것입니다. 일곱 영이신 성령님께 사로잡히는 것입니다. 왜 '일곱' 영역은 앞에서 말씀드렸듯이 원 본문은 이사야 11장 2절로 시작됩니다. 요한계시록 4장과 5장에 보면 삼위일체가 나오는데 보좌에 앉으신 하나님과 어린양, 혹은 보좌에 앉으신 그 아버지의 위엄과 어린양. 그런데 성령님은 항상 일곱 영, 일곱 눈, 온 땅에 보내심을 받은 여호와의 일곱 영이 구체적으로 나옵니다. 이 일곱 영을 좀 더 하나님의 성품으로 표현한 구절이 요한계시록 5장 12절입니다.

"큰 음성으로 이르되 죽임을 당하신 어린 양은 능력과 부와 지혜와 힘과 존귀

와 영광과 찬송을 받으시기에 합당하도다 하더라."(요한계시록 5:12)

　이것은 하나님의 일곱 영을 영광으로 표현한 것입니다. 간혹 어떤 분들은 "이제는 여덟 영역으로 해야 한다", "아니다. 아홉 영역이 필요하다" 하고 말합니다. 그렇게 하다 보면 계속 늘어날 수밖에 없습니다. **왜 '일곱'이야 하면 첫째, 전 세계에 선포하신 두 분(빌 브라이트와 로렌 커닝햄)이 성령님께 7영역이라고 받았습니다. 둘째, 성경은 일곱 산, 일곱 영, 일곱 지혜 등으로 표현되어 있습니다. 셋째, 7이 여호와의 숫자이기 때문입니다. 정치, 경제, 교육, 가정, 예술, 미디어, 종교는 하나님의 일곱 성품과 속성입니다.** 무지개 일곱 색을 분석하면 수백 색, 더 분해하면 헤아릴 수 없습니다. 여호와의 크심과 광대하심이 끝이 없고, 그의 성품을 다 말로 할 수 없지만 무지개가 일곱 색으로 표현되듯이 하나님의 속성과 진리가 일곱 영역으로 표현되는 것입니다. 일곱 영역을 다스린다는 것은 하나님의 성품에 참여하는 것입니다. 하나님의 나라를 이 땅에 오게 하는 것입니다. 그의 통치와 다스림이 이 땅에 충만히 임하는 것을 뜻합니다. 성령은 진리의 영이시며, 일곱 영이시며, 진리와 하나 되십니다.

대안적인 삶과 대항적인 삶

　결론적으로 일곱 영역에 사로잡힌다는 것은 대안적이고 대항적인 삶을 사는 것입니다. 대안적이라는 것은 뭔가가 잘못되어서 보완하기 위해 세우는 것을 말합니다. 대항적이라는 것은 잘못된 것이 강력하게 밀려올 때 그것을 무너뜨리고 깨뜨리면서 존재들이 전쟁적 상황으로 드러나는 것을 의미합니다. 예수님이 오실 때까지 주의 오실 길을 예비하면서 이 두 가지를 하셔야 합니다. 그것은 바로 대안적 시스템과 대항적 시스템의 구축입니다. 그래서 오늘 연합이 일어나야 합니다. 하나님의 킹덤 네트워크가 일어나야 합니다. 그래서 우리가 대안학교를 하는 것이고 믿는 정치인이 일어나길 기도하는 것이며 하나님의 문화, 영역을 네트워킹하기 시작하는 것입니다.

대안적일 뿐만 아니라 대항적이어야 합니다. 다른 분들은 영적 전쟁이란 이야기를 하면 그것은 마치 특정적이고 호전적인 영성을 지닌 사람만 하는 것인 줄 압니다. 우리가 그저 감성적이어서 전투성을 잃어버렸기 때문에 하나님의 중대한 성품, 즉 정의와 공의를 이루며 악을 진멸하는 이 부분을 오용했거나 거짓으로 사용한 것입니다. 과거의 서구 기독교가 이러한 이름을 기치로 해서 인종차별하고 자연을 파헤치고 하면서 혐오적인 단어로 전락했습니다. 우리의 부흥은 성경적이어야 합니다. 하나님이 용사라는 표현과 활과 창을 쏘는 하나님이라는 표현, 원수를 치는 하나님이라는 표현이 성경에 얼마나 많이 나와 있느냐는 것입니다. 감성적 기독교인에서 거룩한 군대의 영성으로 깨어나기를 소망합니다. 하나님의 군대로 일어나기를 바랍니다. 에스겔 37장에서 마른 뼈가 살아나서 결국 군대가 됩니다.

"이에 내가 그 명령대로 대언하였더니 생기가 그들에게 들어가매 그들이 곧 살아나서 일어나 서는데 극히 큰 군대더라."(에스겔 37:10)

하나님의 군대가 필요한 시즌입니다. 기도와 예배로 전쟁할 줄 아는 방법, 그리고 사랑과 진리로 무장된 하나님의 군대는 없고 그 대신 적그리스도, 이 안티 크리스천이 거침없이 기독교를 짓밟고 깡그리 무너뜨리는데 우리는 지나치게 감성적입니다. 예수님께서 자신을 찢어서 원수를 이기신 그 사랑은 감성적이거나, 나약하거나, 우스운 것이 아닙니다. 그것은 위대한 저항입니다. 그것은 위대한 힘입니다. 이때 우리가 깨어나길 축원합니다.

때로는 하나님의 군대끼리 연합해야 합니다. WCC 같은 부정적인 연합 때문에 아예 하나님 백성의 연합까지 부인하는 이상한 집단이 있습니다. 자기의 왕국을 차리고 선량한 사람들의 등골을 뽑아먹으면서 종말을 팔아먹고, 그러면서 연합이 어쩌고저쩌고 하며 거짓말합니다. 앞에서도 말씀드렸지만 마지막 때 주님의 신부는 개인이 아니라 온전케 살아남고 승리한 교회입니다. 하나님의 백성들이 함께하고 연합하며 하나님의 신부 군대끼리 연합해서 대항적 하나님의 군대가 일어나길 축원합니다! 이 코로나 때에 만만치 않은 이 시대에 뱀 같은 지혜와 비둘기 같은 순결함으로 깨어 있기를 축원합니다.

광인의 콜링에 응답하라!

마지막으로 콜링합니다. 광인의 콜링입니다. 누가 이미 원수가 차지하고 있는, 음녀가 보좌에 깔고 누워서 수많은 하나님 백성들의 피를 흘리게 하는 일곱 산꼭대기를 다스릴 수 있겠습니까? 누가 주님 오실 길을 예비하고 누가 하나님의 군대로서 대안적, 대항적 삶을 살아낼 것입니까? 누가 이 선한 싸움에 용기 있게 참여할 것입니까? 오직 예수님께 미친 자만이 가능합니다. 한때 '미쳐야 미친다.'라는 문장이 한국 사회의 핵심 키워드가 된 시절이 있었습니다. 『미쳐야 미친다』라는 이 책은 조선시대의 지성을 연구한 책입니다. 자기 지성에 미쳐서 동인, 서인의 광기 어린 피바람이 불어치고, 글을 만들다가 눈이 멀기도 한 그런 조선의 지성을 설명하면서 미쳐야 미친다고 말합니다. 영어로는 'driven'입니다. 가속도 차원이 아니라 멈출 수 없는 상태를 말합니다. 한자로 풀이해 보면 미칠 광(狂)자와 빛 광(光)자가 합쳐져 무언가에 미쳐서 빛이 나는 사람, **이것이 광인입니다.** 우리가 예수님께 미치기를 콜링합니다. "나 미친 거 같아? 미친 거 좀 어때?" 이건 아직 안 미친 겁니다. 미친 척하면 중간에 진짜 미쳤는지 확인해야 합니다. 미친놈은 자기가 미친 걸 모릅니다. 청바지 위에 속옷을 입어도 정상인 줄 압니다. 이제는 미친 척하는 사람이 필요한 것이 아니라 진짜 예수님께 미친, 광인이 필요합니다. 이건 이때 하나님이 저에게 하시는 콜링이기도 하고, 이제는 청년 세대를 콜링합니다. 미친 사람을 보면 진짜 빛이 납니다. 파란빛도 나고 빨간빛도 납니다. 예수님께 미쳐서 빛을 발하는 자들입니다. 예수님께 미칩시다!

저는 최근에 어떤 상황을 겪으면서 나는 뭔가에 미쳐야 하는 사람이란 것을 깨닫게 되었습니다. 그러면서도 무척 감사했습니다. 돈에 미치고 여자에 미치고 마약에 미치고 성공에 미치지 않고 그래도 나의 미칠 대상을 분명히 바르게 잡았다는 것, 미칠 대상을 분명히 선택했다는 것입니다. 예수 그리스도, 그에게 미치십시오. 아무것에도 안 미치면 그건 미친놈보다 더 못한 삶이 됩니다. 정신이 나가서, 내면에 나약함이 있어서, 내면의 무너짐 때문에 그 미친놈이라고 말하는 사람보다도 더 못한 삶이 안 미친 사람입니다. 예수님께 미쳐서 빛을 발하는 사람이 오늘 말씀드린 일곱 영역 안에 하나님의 나라를 가져올 사람입니다.

제가 언젠가 어떤 집회에서 물어봤습니다. 진짜 내가 예수님께 미쳤다고 생각하는 사람 손 들어 보라고 했더니 전체의 20~25%가 손을 들었습니다. 그중에 누군가는 얼떨결에 손을 들어 내릴 수 없었던 사람일 수 있습니다. 정직한 것입니다. 미치는 게 쉬운 것은 아닙니다. 예수님께 미치는 것, 하나님의 은혜와 자원하는 마음이 필요합니다. 미치기를 원하시면, 예수님께 미치기를 원하시면, 예수님의 광인이 되길 원하시면 성령님이 저를 사로잡아 주십시오! 저를 미치게 이끌어 주십시오! 내 속의 일곱 영역이, 진리 체계가 하나님의 진리 체계에 붙들리게 해 주십시오 하고 기도하십시오. 하나님의 영에 사로잡혀 세상이 감당치 못하는 자가 되십시오. 바닥 논리는 이제 말하지 마십시오. 뱀같이 지혜롭고 비둘기 같은 순결함이 야비함과 비겁함이 아닌 성령에 미침이 되게 하십시오. 그때 그 속에서 지혜, 그 속에서 계시, 그 속에서 자기의 정체성이 분명하게 열릴 것입니다.

김태헌

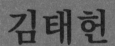

Steven Kim

김태헌 목사는 비전스테이션 미니스트리 아시
아 디렉터로 2018년 필리핀 바기오에 제3오메
가교회를 개척했다. 필리핀의 다음 세대에게 선
교적 영성과 경험을 전수해 주고 체계적인 훈련
을 통해 그들을 다음 세대를 위한 선교사로 양성
하고 있다. 특별히 이사야 19장을 비전으로 품
고 이집트에 청년과 다음 세대를 위한 교회 개척
을 준비하고 있다.

순전한 기름을 준비하라

" 바로 지금이 자기 자리에서 기름을 준비할 수 있는,
주님이 주신 기회입니다. 그렇기 때문에 이제 맡겨진 자리에서
주님의 부르심에 충성하십시오. "

"그때에 천국은 마치 등을 들고 신랑을 맞으러 나간 열 처녀와 같다 하리니 그중의 다섯은 미련하고 다섯은 슬기 있는 자라 미련한 자들은 등을 가지되 기름을 가지지 아니하고 슬기 있는 자들은 그릇에 기름을 담아 등과 함께 가져갔더니 신랑이 더디 오므로 다 졸며 잘새 밤중에 소리가 나되 보라 신랑이로다 맞으러 나오라 하매 이에 그 처녀들이 다 일어나 등을 준비할새 미련한 자들이 슬기 있는 자들에게 이르되 우리 등불이 꺼져가니 너희 기름을 좀 나눠 달라 하거늘 슬기 있는 자들이 대답하여 이르되 우리와 너희가 쓰기에 다 부족할까 하노니 차라리 파는 자들에게 가서 너희 쓸 것을 사라 하니 그들이 사러 간 사이에 신랑이 오므로 준비하였던 자들은 함께 혼인 잔치에 들어가고 문은 닫힌지라 그 후에 남은 처녀들이 와서 이르되 주여 주여 우리에게 열어 주소서 대답하여 이르되 진실로 너희에게 이르노니 내가 너희를 알지 못하노라 하였느니라 그런즉 깨어 있으라 너희는 그 날과 그 때를 알지 못하느니라."(마태복음 25:1-13)

저는 필리핀 바기오 오메가교회에서 즐겁게 선교하고 있습니다. 우리의 모국어로 예배한다는 것이 얼마나 큰 축복인지 다시 한 번 깊이 깨닫고 있습니다. 선교지에서 다른 언어로 예배 하다 보면 깊이 있는 영적 교감이 쉽지 않다는 것을 경험합니다. 언어는 단순히 문자적인 소통 이상의 민족과 국가의 정서를 담고 있기 때문입니다. 우리는 한국 사람입니다. 그래서 우리의 언어인 한국어로 예배드린다는 것이 선교사인 우리에게는 큰 힘을 얻는 기회입니다.

모든 것이 멈춰버리다

필리핀은 코로나 확산으로 지난 3월 둘째 주부터 약 4개월 정도 록다운으로 강화 격리되었습니다. 외출하려면 각 바랑가이(동사무소)에서 허락된 스케줄에 따른 외출증을 받아야 했습니다. 일주일에 두 번 공식적으로 허락된 주중 외출 스케줄이 있었는데, 그날도 6시간 이내로만 외출이 가능하고, 한 가정에 단 한 사람만 허가증을 가지고 외출해 식료품과 생필품만 구매할 수 있었습니다. 오후 8시부터 다음날 오전 5시까지 통행금지령이 내렸으며, 대중교통인 택시와 지프니는 운행되지 않았고, 노년층과 20세 미만은 아예 외출이 허락되지 않는 등 모든 삶이 통제되었습니다. 주일날은 완전히 록다운이 되어 자연스럽게 교회 예배는 모두 비대면으로 드릴 수밖에 없었습니다. 필리핀 현실은 한국처럼 의료시스템이 좋지 않고 모든 상황이 너무 낙후되어 있기에 코로나가 발생한 후 코로나로부터 자신을 지킬 수 있는 최선의 방법은 집에만 있는 것이었으므로 사람들은 정부의 모든 통제를 다 자연스레 용납하고 순응했습니다. 그래서 우리도 정부 지침을 따라 4개월 정도 집에만 있었습니다. 집에서 머무는 동안 행복하고 감사한 일도 있었고 힘들었던 부분도 있었습니다. 가장 힘들었던 부분은 저희가 한국인, 즉 외국인이라는 것이었습니다.

한번은 필리핀 대통령이 "외국인 때문에 국가에 코로나 피해가 오는 것을 좌시하지 않겠다."라고 발표했는데, 이 한마디에 외국인인 우리는 위축되고 더 조심할 수밖에 없었습니다. 발표 당시 대구에 코로나 확진자가 폭발적으로 증가했고, 그것이 국제적인 이슈가 되자 한국 사람으로서 돌아다닐 때면 포비아의 시선이 느껴졌습니다. 코로나 발생 후 집안에만 있는 것이 너무 힘들어 하던 우리 아이들이 어쩌다 한번 집 앞마당에 주차된 차 옆에 앉아 한국어로 떠들며 놀고 있으면 이웃 사람들이 창문으로 내다보며 아이들에게 집안으로 들어가라고 눈치를 주는 것을 느낄 수 있었습니다. 어쩌다 서로 마주쳐도 이전과 다르게 서로 긴장하고, 집 앞에 서 있는 동안도 마스크를 쓰지 않으면 가드에게 신고하는 일까지 생기다 보니 이웃 간에도 서로 예민해지고, 무정해지기 시작했습니다. 어느 누구와도 친교할 수 없고 이웃 간 짧은 대화 중에도 주변인을 살펴야 하는 고립감을 느끼면서 수많은 생각이 엄습해 오는 이런 모든 상황이 저를 힘들게 했습니다. 게다가 저희 교회의 리더와 멤버를 전혀 만날 수 없고 지체들과 연락조차 닿지 않아 교회를 전혀 돌볼 수도, 사역할 수도 없다는 점이 저를 참 많이 힘들게 했습니다. 저에게는 하루하루가 보이지 않는 치열한 영적 전쟁이었습니다.

예배, 감사의 비결

그래서 어느 날 이런 마음에서 벗어나기 위해서 매일 아침 'The Bible(일용할 양식)'을 통해 우리 아이 셋과 가정 제단을 다시 쌓기 시작했고, 온라인으로 접속 가능한 교회의 몇몇 지체와 새벽기도를 시작했습니다. 역시 모든 어려운 시간을 돌파하는 한 가지 비결은 예배였습니다. 바로 이것이 힘든 현실에서도 행복하고 감사할 수밖에 없는 일입니다. 매일같이 아이들과 예배하며 말씀을 나누었습니다. 매번 예배 때마다 성령님의 임재가 있었고, 말씀이 우리 가족의 심령 속에 양식으로 자리 잡기 시작했습니다. 특별히 예배와 말씀 나누는 시간을 통해 아이들에게 또 우리 안에 보이지 않게 스트레스로 쌓여 있었던 상처가 하나둘 회복되기 시작했습니다.

우리 아이들은 선교지에 있지만 사교성이 좋아 늘 즐겁게 현지 문화를 즐기며 지내는 줄 알았습니다. 그런데 예배 중 아이들과 함께 나눔을 통해 아이들이 마냥 즐겁지만은 않았고 보이지 않는 관계의 갈등을 이겨 내기 위해 많이 애쓰고 있음을 깊이 깨닫게 되었습니다. 부끄럽지만 이들 시간을 통해 아이들의 삶이 생각만큼 녹록지 않았다는 점을 아빠로서 처음으로 그들의 눈높이에서 보기 시작했습니다. 사실은 아이들도 선교사로서 수고하며 애쓰고 있었던 셈입니다. 필리핀은 영어와 타갈로그어를 공용어로 쓰고 있으며, 부족별, 지역별 자신들의 부족 언어를 쓰기도 합니다. 우리는 북부 루손 지역에 살고 있는데 이들은 영어, 타갈로그어분만 아니라 일루카노어도 사용합니다. 같은 필리핀 사람이지만 언어를 사용할 때 그들도 서로 각 단어의 뉘앙스와 의미를 잘 이해하는 것이 필요합니다. 영어도 모국어가 아니기에 모국어로 쓰는 웨스턴과 그들의 영어(타글리시)는 약간의 차이가 있습니다. 동양인이기 때문에 그렇다고 생각합니다. 문법이 틀려도, 적절한 표현이 아니라도, 눈치로 이해합니다.

그들도 서로 영어를 자신들의 문화적 표현에 따라 뉘앙스가 많이 다른 표현으로 쓰기도 합니다. 아마도 오랜 기간 여러 나라의 식민지 생활을 해서인지 자신들의 진짜 속마음을 쉽게 잘 드러내지 않기 위해서인 것 같았습니다. 그래서 진짜 친구가 되기까지 시간도 오래 걸리고 오늘 친구처럼 지내다가 그다음 날 마주치면 처음 만난 사람처럼 대하곤 합니다. 그런 학교에서 아이들과 선생님들 간의 관계 안에서 문화적 표현 차이로 서로 오해도 있었고, 왕따도 당했으며 정말 힘겨운 시간을 보냈던 아이들의 경험을 들으며, 가정예배를 통해 아이들과 함께 서로의 아픔을 함께 이해하고 나누는 시간을 보내기도 했습니다. 그래서 이 록다운 되었던 시간은 우리 가족이 더 가까워지고 말씀 안에서 모든 상황을 이해하고 받아들이는 시간이 되었습니다. 예배를 통한 돌파였습니다. 그것이 가장 행복한 일이었습니다. 이 코로나로 힘든 시간에도 주님은 여전히 살아 계셔서 우리를 돌보셨고 예배하는 자들을 찾고 계셨습니다.

하나님의 마음을 오해하지 말라

신문을 보니 필리핀이 '아시아 내 코로나 감염자 수 1위'로 치고 올라 갔습니다. 한국도 2차 팬데믹이 왔다고 할 정도로 요즘 매일 확진자가 급증하고 있습니다. 이와 같이 지금 전 세계가 코로나 확산으로 많은 혼돈과 혼란 가운데 있습니다. 그래서 신자든 불신자든 사람들은 '마지막 때'라는 말을 많이 합니다. 모두 말세라고 합니다. 틀린 말은 아닙니다. 그러나 우리는 이 말세에 특히 건강한 인식이 있는지 살펴야 합니다. 그래서 저는 오늘 말세에 관한 이야기를 하려고 합니다. 또한 성경이 말세에 관해 어떻게 말씀하시는지 나누기를 원합니다.

록다운 기간 중 어느 날 우리 바기오 오메가교회의 형제들과 온라인 제자훈련 시간에 종말과 제자도를 중심으로 심도 있게 나누었습니다. 그런데 이야기를 나누는 중 그들의 표정이 점점 어두워졌습니다. 이유는 "지금까지도 힘들게 살았는데 코로나 때문에 종말(?)이라고?" 하는 표정이었습니다. 인정하기가 어렵다는 것입니다. 우리가 생각하는 것보다 필리핀 현지인의 삶은 정말 열악합니다. 그들 삶의 커튼을 열고 들어가면 그들은 정말 쉽지 않은 삶을 살아갑니다. 열심히 일해도 하루 겨우 먹고 살아가는 것이 그들 대부분의 현실입니다. 그래서 그들은 자신들이 살고 있는 이 지역과 나라를 언제 벗어날 수 있을지 생각하며 살아가고, 그들의 부모나 다른 가족 중 한 사람은 해외 근로자로 나가서 일가친척과 가족의 생계를 책임집니다. 그런 현실 속에 있어서인지 '제자도'를 나눌 때는 '종말'을 나눌 때보다 더 어두워졌습니다.

복음서에 보면 주님께서는 제자들을 가르치실 때 "모든 것을 다 버려두고 나를 따르라."라고 하셨습니다. 심지어는 아버지가 돌아가셨을 때도 "아버지의 장사를 지내는 것도 다른 이에게 맡기고 너는 나를 따르라."라고 하셨습니다. 그런 주제를 나누는데 이들의 표정이 더 심각해졌습니다. 그리고 그들은 속에 있는 진짜 마음을 고백하기 시작했습니다. 그들은 자신의 가족을 포기할 수 없다고 했습니다. "우리 인생에서 아직 빛도 보지 못했는데 그런 가정을 내버려두고 주님을 따르라고요?" 그때부터 그들의 진심이 드러나기 시작했고 그들의 마음은 더 불편해졌습니다. 사실 우리도 마음의 뚜껑을 열고 자세히 살펴보면 이들과 별반 다르지 않습니다. 우리 역시도 고민합니다. 예배 가운데 성령의 인도하심을 따라가다가 막상 내 앞에 있는 현실 앞에서는 주춤하게 됩니다. 저는 그 당시에 마가복음 강해를 마치고 다음 책으로 요한계시록을 하려고 준비하고 있는데 하나님께서 저에게 창세기를 보라는 감동을 주셨습니다.

그래서 우리 형제들과 창세기 말씀을 보면서 하나님을 주제로 나누기 시작했는데 놀라운 일이 일어났습니다. 창세기 1장부터 그동안 잘못 알고 있던 하나님에 대한 오해가 무너지기 시작했습니다. 하나님이 우리를 위해 혼돈과 어둡고 텅 빈 이곳에 말씀으로 질서 있게 세상을 창조하셨으며 우리 각 사람을 하나님의 형상대로 만드시고 스스로 만족하시며 심히 좋아하시는 하나님의 마음이 부어지는데 감당할 수가 없었습니다.

그동안 머리로만 알고 있던 하나님이 가슴으로 눈으로 체험되기 시작했습니다. 그리고 우리는 고백하며 선포했습니다. "질서의 하나님, 축복의 하나님, 공급의 하나님, 창조의 하나님이 우리 아버지이십니다. 할렐루야!" 우리는 이 고백을 통해 영이 다시금 새롭게 되며 성령으로 충만해졌습니다. 그리고 모든 것을 버려두고 제자로 살도록 부르신 예수님이 태초에 천지를 창조하신 하나님과 동일한 분이심을 더 선명하게 체험하자 주님의 제자로 살아간다는 것이 두려움이 아니라 오히려 행복한 안정감으로 심령에서 패러다임의 변화가 일어나기 시작했습니다. 우리는 고백했습니다. "이것이 복음이다. 복음!!"

지금이 주님을 만날 최고의 시간입니다

우리가 소위 복음을 얘기하면 예수님 십자가, 부활 정도로 이야기하는데 복음은 실로 광대 하며 주님을 따르는 제자도가 이 시대의 안전지대이며 정말 복된 소식, 복음이라는 것을 깨달았습니다. 때로는 하나님은 우리에게 부담스러운 말씀을 하십니다. 하지만 이를 잘 묵상해 봅시다. 우리는 대가를 지불해야 하지만 기본적으로 그분은 좋으신 우리 아버지이십니다. 절대 손해 보게 하지 않는 분이십니다. 너무 좋으신 분이십니다. 때에 따라 우리에게 돕는 은혜를 주십니다. "자기를 부인하고 자기 십자가를 지고 나를 좇으라." 말씀하실 때도 주님은 좋으신 우리 아버지이십니다. 때로는 부모를 버리고 생업을 버리고 나를 따르라 하시고, 심지어는 이 세상에 예수님 당신의 머리 둘 곳조차 없다 하시면서 안정감 없는 삶을 말씀하십니다. 이런 말씀만 들으면 솔직히 우리는 주님을 따르기 너무 힘듭니다. 그런데 창세기에 소개하는 창조의 하나님, 축복의 하나님, 공급의 하나님, 통치의 하나님, 언약의 하나님을 볼 때 그 하나님이 우리 아버지라는 사실은 우리가 어려움을 딛고 오히려 제자로 살아가도록 자부심을 불어 넣어 주시는 회복의 메시지입니다. 그러므로 자기 십자가를 지고 따라오라는 것은 부담이 아니라 즐거운 것입니다. 기쁜 소식이기 때문입니다.

혹시 주님을 믿고 따르는 일이 부담스럽습니까? 패러다임의 변화가 있길 축복합니다. 우리 하나님은 너무 좋으신 아버지이십니다. 우리 인생의 모든 것을 믿고 맡길 수 있는 분이십니다. 현재 코로나로 다들 힘들어하고 있습니다. 그리고 한 번도 가보지 않은 그런 낯선 길을 가고 있습니다. 하지만 지금이 바로 주님을 만날 만한 최고의 시간입니다. 하나님에 대한 오해가 벗겨지는 시간입니다. 하나님께서는 선하시고 태초부터 지금까지 그분의 눈동자는 한 번도 우리에게서 떠나신 적 없는 살아 계신 분으로 어제나 오늘이나 영원토록 동일한 분이십니다. 그래서 저는 이런 전제로 이 마지막 때 어려움을 극복하고 넉넉히 이기기 위해 '순전한 기름을 준비하라'라는 말씀을 나누려고 합니다.

종말의 메시지_징조

마태복음 25장에는 열 처녀, 달란트 그리고 양과 염소 비유 등 세 가지 비유가 나옵니다. 성경의 비유를 해석하기 위해서는 전후 문맥의 내용을 잘 이해해야 바른 해석을 할 수 있습니다. 25장의 이 세 가지 비유는 24장과 연결된 말씀으로 종말에 관한 예수님의 가르침입니다.

24장 1~2절에서 예수님이 제자들에게 성전 멸망에 관해 말씀하셨습니다. 그때 제자들이 묻습니다. 3절에 "어느 때에 이런 일이 있겠사오며 또 주의 임하심과 무슨 징조가 있겠습니까?"라고 질문을 하자 예수님은 4절부터 하나도 숨김없이 제자들에게 종말의 징조를 말씀하시면서 제자들을 가르치셨습니다. 여기서 주목할 것 중 하나는 예수께서 가르치신 대상은 무리가 아니고 제자들이라는 점입니다. 다시 말해 이 종말에 관한 가르침은 오늘을 살아가는 교회와 성도들에게 주시는 것입니다. 불신 영혼들에게 주시는 말씀이 아닙니다. 그러므로 믿는 자로서 우리는 이 말씀에 귀를 기울여 잘 배우고 숙지해야겠습니다.

첫째, 마지막 때 일어날 징조는 '사람의 미혹'입니다. 이 미혹은 '그리스도'에 관한 것입니다. 그리스도가 '여기 있다, 저기 있다' 할 것이며 심지어는 '내가 그리스도'라고 하는 '자칭 메시야'가 나타난다고 합니다. 이것은 많은 이단 종파가 나타날 것을 예고하는 것입니다.

둘째, '난리와 난리의 소문'입니다. 요즘 뉴스를 보면 실감할 수 있습니다. 예기치 못한 수많은 소문이 여기저기서 들려옵니다. 특별히 코로나바이러스의 장기화 현상에 따른 결과가 지금이 마지막 때라고 우리에게 알려주고 있습니다.

셋째, '민족이 민족을, 나라가 나라를 대적하며 곳곳에 기근과 지진이 있겠다'라고 말씀합니다. 코로나의 장기화로 경제가 많이 어렵다 보니 미국과 중국이 헤게모니 싸움을 하고 있고 그에 따라 미국과 중국을 의존하는 나라가 어려움을 당하고 있습니다.

넷째, '많은 사람이 예수님 이름 때문에 미움도 받고 죽임도 당한다'라고 말하며 '이 모든 것을 끝까지 견디는 자는 구원을 받겠다'라고 합니다. 요즘 코로나 감염자 급증의 주범이 교회라고 매도당하고 있습니다.

페이스북을 보면 어느 식당에서는 교인 출입을 삼간다는 경고 문구를 문 앞에 부착한 것이 올라 있습니다. 이상하게 교회가 세상 한복판에서 미움도 당하고 오해를 받기도 합니다. 보이지 않는 핍박이 교회를 조여 오고 있습니다.

마지막으로, '천국 복음이 땅끝까지 전파된다'라며 '인자가 다시 올 것'이라고 말씀하십니다.

우리 하나님은 선하시고 좋으신 분입니다. 그래서 오래전부터 오늘 날의 종말을 살아가는 성도와 교회에 당황하지 말라고 이 메시지를 주셨다고 믿습니다. 오히려 두려워 말고 준비하고 깨어 있어 기름을 준비하라고 말씀하십니다. 이것이 24장의 종말에 징조를 간략하게 정리한 말씀입니다.

종말의 메시지_열 처녀 비유

그리고 25장에서 열 처녀 비유로 계속해서 제자들을 가르치십니다. 이 열 처녀 비유는 24장 종말의 메시지를 백업하고 있는 비유의 말씀입니다.

1~2절에서 열 처녀가 있는데 다섯은 미련하고 다섯은 슬기롭습니다. 공통점은 그들은 모두 신랑을 기다리고 있고, 그 신랑을 기다리기 위해 등을 준비했습니다. 그 당시 이스라엘의 결혼에는 두 단계가 있는데, 먼저 약혼을 합니다. 약혼하면 신랑은 신부를 위해 거할 처소, 집을 준비합니다. 그리고 그 처소가 준비되면 신부를 데리러 가는데 그때가 바로 결혼의 완성입니다. 이런 과정을 보면 아마도 오늘 본문의 열 처녀는 모두

신랑을 기다리는 약혼 상태였던 것 같습니다. 그래서 신랑을 맞이하기 위해 등을 준비하고 기다렸습니다. 그런데 문제는 그들이 '등'만 아니라 '기름'도 준비해서 신랑이 올 때까지 불을 밝혀야 한다는 것입니다.

우리가 잘 알다시피 신부는 '예수 믿는 성도, 교회'를 의미하고 신랑은 '예수 그리스도'를 의미합니다. 그리고 등은 '예수를 신랑으로 고백하는 구원'을 의미합니다. 이 비유는 마지막 때를 살아가는 성도와 교회에 관한 이야기입니다. 그런데 이 이야기 속에 문제가 생겼습니다. 기다리던 신랑이 더디 오고 신랑을 맞이하기 위해 등을 켜고 기다려야 하는데 다섯 처녀는 충분한 기름이 준비되어 있었고 나머지 다섯은 기름이 충분하지 않았습니다. 분명한 사실은 기름이 충분해 등을 켜고 기다리면 신랑을 맞이해 결혼식에 들어갈 수 있고 그렇지 않으면 신랑을 맞이할 수 없습니다. 그렇다면 본문이 말하고 있는 기름은 무엇일까요? 이것을 알아야 신랑을 맞이하고 하나님 나라에 들어간다는 사실입니다.

충성된 삶으로 기름을 준비하라

성경에서 말하는 기름은 대부분 올리브기름입니다. 이 기름은 왕과 제사장 그리고 선지자를 위임할 때 쓰이고, 치유의 처방으로 그리고 식용 등 일반 생활 속에서 다양하게 사용됩니다. 그리고 성령님을 의미할 때도 기름으로 표현합니다. 이와 같이 올리브기름은 다양하게 쓰이고 해석되기에 열 처녀 비유에 기름은 무엇을 의미하는지 알아보는 것은 매우 중요합니다. 그냥 임의대로 해석하다 보면 정확한 메시지를 찾기가 어렵습니다. 24장에 보면 예수님은 종말의 메시지를 증거하시고 45절과 46

절에서 "충성되고 지혜 있는 종이 되어 주인에게 그 집 사람들을 맡아 때를 따라 양식을 나눠 줄 자가 누구냐 주인이 올 때에 그 종이 이렇게 하는 것을 보면 그 종이 복이 있으리로다"(마태복음 24:45~46)라고 말씀하십니다. 그리고 25장에서 열 처녀 비유에 이어 달란트 비유를 말씀하시면서 충성된 자는 주인이 왔을 때 달란트를 사용해서 오히려 달란트를 더 남기는 자라고 하십니다. 그리고 반면에 달란트를 묻어두고 사용하지 않는 자에게는 악하고 게으른 종이라고 말씀하고 있습니다.

여기서 공통된 핵심 메시지는 주인은 반드시 온다는 것입니다. 그리고 주인이 왔을 때 맡겨진 일의 충성도에 따라 그들의 운명이 결정된다는 것입니다. 열 처녀 비유도 같은 맥락의 메시지입니다. 신랑은 반드시 오는데 기름의 준비에 따라 운명이 결정된다는 것입니다. 그래서 이 전체의 메시지를 통해 열 처녀 비유에서 말하고 있는 기름은 '충성'이라고 말할 수 있습니다. 바로 충성이 기름입니다.

본문에서 예수님은 감람산에서 제자들에게 종말을 가르치시는데, 감람산을 정확히 얘기하면 올리브산입니다. 그 올리브산에는 우리가 잘 알고 있듯 예수님이 십자가 지시기 전 기도하시던 장소 '겟세마네'가 있습니다. 겟세마네는 '쥐어짜다, 으깨지다'라는 의미가 있습니다. 그 올리브산에서 지금 주님은 열 처녀 비유를 통해 제자들에게 말씀하고 계시는데 우리는 그 기름이 충성이라는 것을 전후 문맥을 통해 발견했습니다. 그렇다면 '충성'이라는 기름을 정의한다면 그것은 '마지막 날, 우리 자신이 으깨지는 어떤 상황과 환경에도 주의 말씀을 붙잡고 끝까지 견디고, 맡기신 일에 불평이나 원망을 하지 않고 끝까지 헌신하는 것이라고 할 수 있습니다. 그것이 바로 기름 준비하는 것, 즉 충성입니다.

타락은 '자리 이탈'

　요즘 코로나로 예배가 비대면으로 전환됨으로써 많은 사람이 어렵지 않게 신앙생활을 하려는 '편의주의'로 향하고 있음을 봅니다. 그에 따라 우리 믿음 생활이 형식화되고 종교적으로 굳어져 갑니다. 세속에 물들어 하나님이 부르신 교회와 자신의 자리에서 더는 충성하지 않으려고 합니다. 그래서 주님은 우리에게 경고하십니다. 슬기로운 처녀가 될 것인가? 어리석은 처녀가 될 것인가?

　타락은 다른 것이 아니라 자기 자리를 이탈하는 것입니다. 어떤 이유와 변명이 용납되지 않습니다. 하나님이 만드신 천사, 사람이 타락한 것도 피조물로서 자신의 자리를 이탈했기 때문입니다. 우리는 깨달아야 합니다. 하나님의 부르심은 소중하고 위대하며 우리는 그 자리에서 어떤 환경과 상황이 주어지든 이탈하지 말고 충성해야 한다는 것을 말입니다. 특별히 예배의 자리를 이탈하지 마시길 축복합니다. 오프라인이 열렸으면 오프라인 자리로 가서 예배드리고 오프라인이 허락되지 않으면 온라인에서도 오프라인에서와 동일한 마음으로 예배를 드려야 합니다. 우리는 지금 온라인 콘퍼런스에 참여하고 있습니다. 오프라인이 막혀 있기에 온라인으로 함께 모여 예배하고 기도하며 주님의 말씀을 받고 있습니다. 온 마음과 뜻을 다해 부르신 그 자리에서 이탈하지 않고 주님께 예배를 드리고 있습니다. 바로 이것이 기름을 준비하는 것입니다. 최선을 다해 예배하면서 주의 본질을 사수하시길 축복합니다.

　34차 킹덤 콘퍼런스에 우리 필리핀 성도들도 함께 참여했습니다. 필리핀은 인터넷 환경이 한국에 비해 많이 좋지 않고 대부분의 가정에는 와이파이가 연결되지 않습니다. 그래서 스마트폰 3G 혹은 4G로 콘퍼런스에 참여해야 하는데 거기에는 대가 지불이 필요했습니다. 보통 필리핀 서민 한 끼 식사 비용이 한국 돈으로 1,000~2,000원입니다. 그런데 줌 온라인 콘퍼런스에 참여하기 위해 데이터를 넣어야 하는데 하루에 약 5,000원 정도 필요합니다. 이때 이들은 선택해야 했습니다. 밥을 먹을 것인가 아니면 데이터를 충전해서 예배를 드릴 것인가? 우리는 이런 갈등과 싸움을 매일 하고 있습니다. 이번에도 역시 콘퍼런스 직전에 "목사님 아무래도 참여하기 어려울 것 같아요.", "부분적으로 참여해도 될까요?" 여러 명이 이런 이야기를 했습니다. 그리고 저는 이전과 동일하게 여전히 강하게 도전했습니다. 상황과 환경에 끌려갈 것인가 아니면 믿음으로 주님 앞에 결정한 것을 지키며 대가를 지불하고 삶이 으깨지더라도 싸우며 예배의 자리에서 충성할 것인가? 그런데 이번 34차에 등록한 우리 교회 청년 대부분이 온라인으로 접속해 예배드리는 것을 볼 수 있었습니다. 할렐루야! 이것이 바로 기름을 준비하는 것입니다. 상황과 환경에 끌려다니는 생존을 위해서가 아니라 부르신 자리에서 대가를 지불하며 충성하는 것이 바로 기름을 준비한 슬기로운 처녀의 모습입니다.

주님, 이스라엘은 언제 회복됩니까?

"그들이 모였을 때에 예수께 여쭈어 이르되 주께서 이스라엘 나라를 회복하심이 이때이니까 하니 이르시되 때와 시기는 아버지께서 자기의 권한에 두셨으니 너희가 알 바 아니요 오직 성령이 너희에게 임하시면 너희가 권능을 받고 예루살렘과 온 유대와 사마리아와 땅끝까지 이르러 내 증인이 되리라 하시니라."(사도행전 1:6~8)

이 말씀의 배경은 예수님이 승천하시기 바로 직전에 제자들이 예수님께 질문하고 주님께서 그 질문에 대답하신 내용입니다. 예수님은 부활하시고 승천하기 직전 40일 동안 제자들에게 하나님 나라의 일을 가르치셨습니다. 생각해 봅시다. 부활 후 지상에서 예수님의 남은 시간은 40일입니다. 이것저것 낭비할 시간이 없습니다. 그렇기 때문에 그 기간에 예수님은 제자들에게 진짜 주고 싶은 하나님의 나라의 요점만 주셨을 것입니다. 그럼에도 불구하고 제자들은 예수님이 승천하시기 바로 직전에 자신들이 진짜 하고 싶은 질문을 했습니다. "주님 이스라엘은 언제 회복될 수 있습니까?" 그 당시 이스라엘은 로마의 속국이었습니다. 그래서 제자들은 예수님께서 자신들의 왕이 되실 것을 기대했습니다. 억울함도 많았고 무시도 당했지만 언젠가 주님의 나라가 세워지면 힘들었던 모든 과거를 뒤로하고 자신들이 정치적으로 한 자리를 맡을 것이라는 그들의 야망과 소원함이 묻어 있는 간절한 질문이었습니다. 오늘날 우리의 이러한 질문일 것 같습니다 "주님 우리 열심히 신앙 생활하지 않았습니까? 제가 헌신하고 주를 따르고 있지 않습니까? 그런데 상황이 달라지지 않고 있는데 우리가 언제까지 이렇게 살아야 합니까?" 그들은 하나님 나라를 향한 관심보다는 자기 소원과 해결되지 않는 수많은 난제의 대답을 듣고 싶었던 것입니다.

우리 주님의 대답은 "때와 기한은 너희 알 바가 아니다. 하나님 아버지께 속한 것이다."였습니다. 즉 모든 문제의 주권은 하나님께 속해 있다는 것입니다. 그리고 주님은 사도행전 1장 8절에서 "오직 성령이 너희에게 임하시면 너희가 권능을 받고 예루살렘과 온 유대와 사마리아와 땅끝까지 이르러 내 증인이 되리라."라고 말씀하셨습니다. "주님 내 가정은 언제 회복됩니까?" 주님의 대답은 동일합니다. "오직 성령이 임하시면 권능 받고 땅끝 까지 증인이 되라." "코로나로 인한 문제들 언제 회복됩니까? 언제 끝납니까?" 이 질문에서 주님의 대답 역시 사도행전 1장 8절일 것입니다. 사랑하는 여러분, 앞으로 기근과 지진이 오고 환란이 올 것입니다. 더 극심한 어려움이 올 것입니다. 그때도 주님의 대답은 사도행전 1장 8절일 것입니다.

지금이 기름을 준비할 절호의 기회

우리 가정이 필리핀 선교사로 헌신한 데는 하나의 계기가 있었습니다. 2006년 우리 가정에 뜻밖의 일이 찾아왔습니다. 하나님께서 하나밖에 없는 제 사랑하는 동생의 젊은 생명을 필리핀에서 취하셨습니다. 그 사건은 저희 가정에 큰 충격과 슬픔이었고 말할 수 없는 아픔이었습니다. 저는 그때 하나님께 질문했습니다. "하나님, 왜 이런 일이 우리에게 일어났나요?" 그런데 주님께서는 대답보다는 오히려 제게 질문을 하셨습니다. "아들아, 내가 너를 이 땅으로 부른다면 와서 다음 세대를 섬길 수 있겠니?" 저는 잠시 후 대답했습니다. "네, 주님! 주님이 부르신다면 당연히 와서 섬겨야지요." 그리고 그 질문과 대답 이후 동생의 죽음에는 침묵하셨습니다. 그리고 그 일이 있은 지 10년 후 2016년 갑작스러운 아버지의 병환과 소천 소식을 통해 하나님께서 지금 필리핀으로 부르신다는 것을 깨달았습니다. 그래서 우리는 믿음으로 모든 것을 정리하고 필리핀에 들어갔고, 지금 현재 교회를 개척해서 다음 세대를 섬기고 있습니다. 바로 제 인생의 큰 아픔이며 아직도 풀리지 않는 동생의 죽음에 관한 질문에 주님의 대답은 사도행전 1장 8절이었습니다. 이것이 제 인생에서 기름을 준비하는 것이라 믿습니다.

지금이 하나님의 기름을 준비할 수 있는 절호의 기회입니다. 우리 각자의 삶 영역 안에 있는 관계나 재정의 어려움, 코로나 이후 미래의 불안함 그리고 인생의 수많은 딜레마가 있을 수 있습니다. 그런데 우리는 영적인 눈으로 그 모든 상황을 봐야 합니다. 그리고 바로 지금이 자기 자리에서 기름을 준비할 수 있는 주님이 주신 기회입니다. 그렇기 때문에 우리에게 맡겨진 자리에서 주님의 부르심에 충성하십시오. 이해타산을 따지지 마십시오. 계속 깨져야 합니다.

특별히 당부드리는 것은 여러분이 속한 몸된 교회를 이탈하지 마시고 충성하십시오. 교회와 여러분의 권위자들을 판단하지 마시길 축복합니다. 교회는 좋은 교회, 나쁜 교회가 없습니다. 그것은 우리의 기준입니다. 이단을 제외한 모든 교회는 하나님이 세우셨습니다. 그리고 교회는 하나님의 판단 아래 있다는 것입니다. 그러므로 우리가 있는 지금 상황과 환경 그리고 교회는 어느 특정한 사람과 환경에 따라 세워진 것이 아니라 바로 하나님의 크신 통치와 섭리로 우리에게 허락된 교회입니다. 우리는 인정해야 합니다. 하나님은 실수가 없으십니다. 하나님은 여러분이 섬기시는 그 교회에 여러분을 그냥 보내신 것이 아닙니다. 하나님 섭리를 따라 각각 달란트에 맞게 보내시고 세우셨다는 사실입니다. 그러므로 받은 달란트를 작은 판단으로 땅에 묻어 두지 마십시오. 그 달란트를 통해 열매를 내셔야 합니다.

요셉은 비록 형들의 판단에 따라 종으로 애굽에 팔려 가고 비참하고 억울하게 누명을 쓰고 옥에 갇혀 있었지만, 그는 어떤 상황이 주어지든 성실하고 열심히 자신의 달란트를 사용해서 그의 삶으로 하나님이 함께하심을 증명했습니다. 그리고 마침내 꿈 해석의 달란트를 통해 애굽의 총리로 세워졌고 그 이방 땅 애굽에 살아 계신 하나님을 나타냈습니다. 이것이 지금 이때를 살아가는 우리에게 기름을 준비하는 삶이 무엇인지를 말하고 있습니다. 우리에게 주신 약속과 비전, 달란트 이 모든 것이 쓰임 받기 위해서는 기름 부으심이 있어야 하는데, 그것은 광야 같은 고난의 삶 속에서 준비되는 것입니다.

우리 다시 오실 주님을 위해 기름을 준비합시다. 시간이 없습니다. 삶을 원망하고 불평만 하다가 시간을 다 놓쳐버릴 수 있습니다. 기름은 누가 대신 준비해 줄 수 없습니다. 우리 청년들은 주님께 홀로 서서 부르신 각자 자리에서 충성스럽게 열매를 내셔야 합니다. 정말 우리는 마지막 때를 살아가고 있습니다. 시간이 없습니다. 주님이 오실 날이 얼마 남지 않았습니다. 종말의 때 일어날 징조가 나타나며 계속 주의 재림의 알람을 울리고 있습니다.

깨어 있어라. 마지막으로 주님께서는 이 비유의 말씀을 끝으로 우리에게 말씀하십니다.

"그런즉 깨어 있으라 너희는 그날과 그때를 알지 못하느니라."(마태복음 25:13)

기회가 주어졌을 때 준비해야 합니다. 결정적인 순간이 오면 그 문은 열리지 않고 닫힐 것입니다. 기회가 지난 후 조금만 기다려 달라고 요청해도 소용이 없습니다. 주님은 약속은 결코 더디 이루어지지 않을 것입니다. 기회는 지금입니다. 슬기로운 처녀가 될 것인가? 아니면 어리석은 처녀가 될 것인가? 우리가 결정해야 하는데 졸며, 자고, 깨어 있지 못해서 기름을 준비하지 못하는 어리석음이 없도록 때를 분별하며 하나님이 부르신 자리를 지키며 충성해야 합니다. 우리의 시간과 건강과 열정은 제한되어 있습니다. 주님께서 주신 달란트를 불필요한 곳 여기저기에 낭비하면 안 됩니다. 이 청년의 때에 하나님이 주신 것들을 잘 사용해야 합니다. 그래서 충성스럽게 깨어서 신랑을 맞이할 기름을 준비하시길 축복합니다.

"너희는 스스로 조심하라 그렇지 않으면 방탕함과 술취함과 생활의 염려로 마음이 둔하여 지고 뜻밖에 그날이 덫과 같이 임하리라 이날은 온 지구상에 거하는 모든 사람에게 임하리라 이러므로 너희는 장차 올 이 모든 일을 능히 피하고 인자 앞에 서도록 항상 기도하며 깨어 있으라."(누가복음 21:34~36)

김영화
Maranatha Kim

김영화 선교사는 2007년부터 요르단 등 중동 모슬렘 국가에서 사역하고 있다. 교단에서 파송한 선교사가 한 명도 없던 자흘레 난민촌에서 시리아 난민들과 함께 생활하고 그들의 상처를 보듬어 주며, 담대하게 복음을 전하고 있다. 특히 IS의 만행으로 영과 육신이 상처받은 난민들의 회복 사역과 어린이 교육 사역에 매진하고 있으며, 그의 사역은 영화 <순종>에 소개되었다.

시대와 청년 그리스도인

"
우리는 시대가 어렵다고 모든 현실을 도피해 광인으로,
쾌락과 허무주의로 우리 삶을 허비하지 않아야 할 것입니다.
우리 중에 누구도 자신을 위해 사는 자가 없기 때문입니다.
살아도 주를 위해, 죽어도 주를 위해 살기를!
"

"디베료 황제가 통치한 지 열다섯 해 곧 본디오 빌라도가 유대의 총독으로, 헤롯이 갈릴리의 분봉 왕으로, 그 동생 빌립이 이두래와 드라고닛 지방의 분봉 왕으로, 루사니아가 아빌레네의 분봉 왕으로, 안나스와 가야바가 대제사장으로 있을 때에 하나님의 말씀이 빈 들에서 사가랴의 아들 요한에게 임한지라 요한이 요단 강 부근 각처에 와서 죄 사함을 받게 하는 회개의 세례를 전파하니 선지자 이사야의 책에 쓴 바 광야에서 외치는 자의 소리가 있어 이르되 너희는 주의 길을 준비하라 그의 오실 길을 곧게 하라 모든 골짜기가 메워지고 모든 산과 작은 산이 낮아지고 굽은 것이 곧아지고 험한 길이 평탄하여질 것이요 모든 육체가 하나님의 구원하심을 보리라 함과 같으니라."(누가복음 3:1~6)

―

중동 지역 선교사인 저는 본명 외에 선교사명이 따로 있습니다. '김 마라나타'입니다. '마라나타'의 뜻이 무언인지 아십니까? '아멘. 주 예수여, 오시옵소서.' 성경의 마지막을 마감하면서 주님께서 우리에게 주신 약속의 말씀입니다. "내가 속히 오리라. 내가 속히 오리라. 내가 속히 오리라." 신랑 되신 주님께서 계속해서 말씀하십니다. "내가 속히 오리라." 그렇다면 신부 된 교회의 고백은 무엇이어야 하겠습니까? "아멘. 주 예수여, 어서 오시옵소서. 마라나타!" 그래서 저의 선교사명이 '김 마라나타'입니다. 그러면 제 아내의 선교사명은 '아멘'입니다. '마라나타'의 짝은 '아멘'이기 때문입니다.

와, 이건 빛이야!

저는 모태신앙으로 태어났습니다. 그리고 저에게는 다운증후군 장애가 있는 동생이 있습니다. 그래서 제가 사춘기 시절에 신앙을 떠났습니다. '아, 이런 불공평하신 하나님!' 저는 하나님을 믿을 수 없었습니다. 혹시 살아 계신다고 하더라도 이러한 하나님을 믿고 싶지 않았습니다. 그리고 세상의 다른 진리를 찾아 아주 열심히 몸부림을 쳤습니다. 할 수 있는 모든 것을 했습니다.

그런데 세상 어디에도 다른 진리는 없었고 너무 공허했습니다. 청년의 시절에 매일같이 술을 마시고 또 마시고, 술로 그 공허함을 채우기 위해 몸부림을 쳤지만 채워지지 않았습니다. 인생의 소망 없는 벼랑 끝에 서 있었을 때 친구들과 함께한 술자리에서 예수님을 만났습니다. 한 친구가 그 자리에서 자기의 신앙고백을 했습니다. "나는 예수님을 믿는다. 그래서 술을 먹지 않아도 나는 너무 행복하다. 예수님 때문에!" 그 순간 어디에서도 해결되지 않았던 그 공허한 마음에 따뜻한 무언가가 채워지기 시작하는 것 같았습니다. 눈에 직접 보이는 것은 아니었지만 분명하게 다가왔습니다. '와, 이건 빛이다. 내가 이 빛을 잡지 못하면 소망이 없다.' 저는 이 빛을 잡기 위해서 그 친구를 따라 교회에 나갔습니다. 그리고 그날부터 목숨을 걸고 매일 기도했습니다. "하나님, 살아 계시면 저를 만나주십시오. 정말 주님을 만나야 제 인생에 소망이 있을 것 같습니다." 그렇게 기도했더니 정말 주님께서 저를 찾아오셔서 만나 주셨습니다. 그리고 그렇게 제 인생이 완전히 바뀌었습니다.

공허한 빈자리, 예수로 가득차다

우리 인생과 마음 가운데에는 세상의 돈, 성공, 명예, 인기, 인정받는 것, 성적인 것, 술, 게임 같은 것으로 채워져 있거나 아무리 몸부림쳐도 채워지지 않는 공허함과 외로움이 있습니다. 저는 어느 한 교회에서 유명한 여배우를 만났습니다. 아주 유명하고 아름다운 분이었습니다. 예배 후 함께 밥을 먹는 도중에 저에게 어떻게 예수님을 만나게 되었는지 물어보셨고, 저는 앞에서 적은 것과 똑같은 간증을 했습니다. 너무나도 '공허'할 때 자신도 예수님을 만났다. 그런데 갑자기 그분이 제 앞에서 펑펑 울기 시작했습니다. 너무 아름답고 유명하신 그분이 '공허'라는 그 한 단어에 펑펑 우셨습니다.

세상에서 유명해지거나 세상 사람들에게 크게 인정받아도 해결되지 않는 그 마음속의 공허함, 그 마음의 자리는 바로 하나님의 자리입니다. 흙으로 사람을 만드시고 입김으로 성령을 부어 주셔서 성령으로 말미암아 살아 있는 존재가 되고 하나님과 교제할 수 있는 존재가 된 우리 마음의 그 빈자리는 바로 하나님의 자리입니다. 속지 마십시오. 청년의 때에 그 마음속 공허함을 채울 것을 찾기 위해 세상 곳곳을 떠돌아다녀도 채울 수 있는 것은 오직 하나님뿐입니다. 저는 청년들이 바로 오늘 결단하시길 소망합니다. 다시 주님 앞에 돌아와서 청년의 때에 우리가 예수 그리스도를 만나서 그 마음속 공허함과 외로움을 완전히 해결할 수 있기를 바랍니다.

청년들이여 비전을 위해 목숨걸고 기도하라

저는 예수님을 만난 뒤 행복한 시간을 보냈습니다. 그런데 어느 순간 또 다른 공허함이 찾아왔고 신앙이 흔들렸습니다. 예수님을 너무나도 사랑하는데 도대체 세상에서 어떻게 살아가야 하는지, 그 비전과 꿈이 없으니 인생이 흔들리기 시작했습니다. 그래서 저는 인생을 놓고 이렇게 기도했습니다. "하나님, 제 인생의 꿈을 주십시오. 주님을 너무 사랑합니다. 사랑하는 주님을 향해 달려가고 싶은데 어떻게, 무엇을 향해 달려가야 할지 모르겠습니다. 저에게는 꿈과 비전이 없습니다." 사실 제가 그전부터 예수님께 매일 했던 기도가 있었습니다. "하나님, 제가 세상에서 열심히 섬기겠습니다. 하지만 목사, 선교사 이런 거 절대 안 하겠습니다." 그 당시의 제 마음에는 목사님, 선교사님들에게는 자유가 없고 얽매여서 사는 것 같고 불쌍해 보였습니다. 그래서 저는 그렇게 살고 싶지 않다고 기도했습니다.

그런데 필리핀에서 단기선교를 하면서 그곳에서 만난 선교사님의 모습은 매여 있지도, 전혀 불쌍하지도 않은 정말 멋있는 분이셨습니다. 세상 앞에서 당당하게 하나님이 주신 비전과 분명한 목표를 향해 후회 없이 달려가는 그 모습이 멋있었습니다. 사실 우리는 하나님 안에서 자유롭게 살고 싶다고 이야기를 하지만 세상 속에서 세상의 흐름과 형편에 끌려가고 있습니다. 그래서 저는 다시 기도했습니다. "하나님, 저도 저렇게 살고 싶습니다." 그리고 필리핀 단기선교 후 돌아와서 인생을 놓고 또다시 깊이 기도했습니다. "하나님, 제 인생의 비전을 주십시오!" 이렇게 목숨을 걸고 기도했더니 하나님께서는 창세기 12장 아브라함을 부르신 그 말씀으로 저를 부르셨고 그 말씀이 저를 바꾸었으며 기쁜 마음으로 선교사의 길을 걸으면서 헌신하게 되었습니다.

"여호와께서 아브람에게 이르시되 너는 너의 고향과 친척과 아버지의 집을 떠나 내가 네게 보여 줄 땅으로 가라 내가 너로 큰 민족을 이루고 네게 복을 주어 네 이름을 창대하게 하리니 너는 복이 될지라 너를 축복하는 자에게는 내가 복을 내리고 너를 저주하는 자에게는 내가 저주하리니 땅의 모든 족속이 너로 말미암아 복을 얻을 것이라 하신지라 이에 아브람이 여호와의 말씀을 따라갔고 롯도 그와 함께 갔으며 아브람이 하란을 떠날 때에 칠십오 세였더라 아브람이 그의 아내 사래와 조카 롯과 하란에서 모은 모든 소유와 얻은 사람들을 이끌고 가나안 땅으로 가려고 떠나서 마침내 가나안 땅에 들어갔더라 아브람이 그 땅을 지나 세겜 땅 모레 상수리나무에 이르니 그때에 가나안 사람이 그 땅에 거주하였더라 여호와께서 아브람에게 나타나 이르시되 내가 이 땅을 네 자손에게 주리라 하신지라 자기에게 나타나신 여호와께 그가 그 곳에서 제단을 쌓고⋯."(창세기 12:1-7)

청년의 때에 해야 할 중요한 일은 하나님의 비전을 발견하는 것입니다. 청년들이 하나님 말씀으로부터 오는 하나님의 비전을 발견할 수 있기를 소망합니다. 마음의 중심에 하나님의 말씀이 있어야 세상의 어떤 외부적인 환경과 상황, 변화에 흔들리지 않고 그 비전을 향해서 달려갈 힘을 잃지 않습니다. 외부적인 요인에 꿈과 비전의 근거를 두면 상황의 변화에 따라 우리는 흔들릴 수 있습니다. 그러나 그 꿈과 비전이 절대적 진리인 하나님의 말씀에 근거해 있으면 상황이 어떻게 변한다 해도 절대 흔들리지 않을 수 있습니다. 하나님의 비전을 향해 고난을 뚫고 유유히 나아갈 수 있는 그 힘과 능력은 오직 하나님의 말씀 안에 있습니다. 우리는 청년입니다. 청년은 단순히 육체의 나이를 이야기하는 것이 아닙니다. 청년은 하나님의 비전으로 꿈꾸며 지금 당장 가진 것이 없더라도 하나님의 비전과 하나님의 말씀을 붙잡고 넘어져도 일어나고 또 일어나서 주를 향해 달려가는 그런 사람이 주님의 청년입니다. 이 어둡고 어려운 시대를 누가 바꿀 수 있겠습니까? 주님의 꿈과 비전, 말씀을 품고 목숨 걸고 자신을 던지며 달려가는 청년들만이 이 어둠을 뚫고 주님의 역사를 이뤄가게 될 줄 믿습니다. 코로나를 비롯한 어떤 재난도 흔들 수 없는 하나님의 비전을 우리 인생 가운데 하나님께서 반드시 부어주실 줄 믿습니다.

레바논과 시리아를 위해 기도하십시오!

저는 중동에서 2001년 선교를 시작했고 지금 14년째 요르단, 이라크, 레바논에서 사역하고 있습니다. 이제는 제가 있는 레바논의 이야기를 하고 싶습니다. 수도가 베이루트인 레바논은 성경의 배경이 되는 나라입니다. 아시다시피 최근 레바논의 한 지역에서 폭발 사고가 일어났습니다. 질산암모늄을 방치해서 일어난 핵폭발 사고로 100여 명이 죽고 5,000여 명이 다쳤으며 30만 명의 이재민이 발생했습니다. 폭발 사고가 발생한 동네는 매우 가난한 지역인데, 그곳에 있던 난민이 얼마나 죽었는지 정확하게 파악조차 못 하고 있으며 얼마 있지 않으면 식량인 빵까지 부족할 것으로 예측합니다. 이 폭발 사고로 레바논은 국가 부도 직전 상황 같은 엄청난 위기에 놓였습니다. 물가가 폭등하고 레바논 곳곳에서 많은 시위가 강력하게 일어나고 있습니다. 폭발 전에도 시위는 있었지만 현재는 더더욱 많이 일어나고 있습니다.

레바논은 각 종파가 존재하는 종교 모자이크 사회입니다. 레바논의 핵심 키워드는 '파워 밸런스(Power Balance)', '힘의 균형'이 되었습니다. 그런데 1970년대 팔레스타인 난민이 레바논으로 유입되면서 30년 동안 내전이 일어났고 30년 동안 싸우고 나니 모두 지쳐서 종파 안배 주의를 통해 기독교는 대통령, 이슬람 수니파는 총리, 시아파는 국회의장 식으로 정부의 요직을 인구비율에 따라 나눴습니다. 그 결과 정부는 여러 개로 나뉘어 각 부처는 자신들의 성이 되었습니다. 나라를 위해 일하지 않고 자기들만의 구역 안에서 자기들의 배를 채우고 있습니다. 그래서 2001년 아랍의 봄이 시작되었을 때 레바논은 조용했습니다. 왜 너희는 아무 액션이 없느냐고 레바논 국민에게 물으면 그들은 우린 시위할 '나라'가 없다고 이야기했습니다. 그러나 이번 베이루트 폭발 사고 이후 정부의 무능을 비판하는 국민의 분노가 폭발하면서 곳곳에서 시위가 벌어지고 있습니다.

이 같은 상황 가운데 레바논의 시리아 난민도 살아갈 방법이 없어서 오히려 시리아로 역탈출하고 있습니다. 시리아로 가도 집도 없고 정부를 반대해 떠났다는 낙인으로 안전이 보장되지는 않지만 레바논에서도 마찬가지로 생존이 보장되지 않자 억지로 시리아로 돌아가는 것입니다. 시리아 난민은 갈 곳이 없습니다. 시리아로 돌아가기도 힘들고 유럽으로 가지도 못하고, 레바논에서 쫓겨나는 어려운 상황 가운데 있습니다. 레바논과 시리아를 위한 기도를 부탁드립니다. 그 땅에 그루터기와 같이 남아 있는 복음주의 교회가 이 고난 가운데 깨어 기도하며 함께 일어나서 복음을 전할 수 있도록, 이 고통을 통해 레바논 사람들이 하나님 앞에 나와 주님을 만나고 새로운 부흥이 레바논 땅에 시작될 수 있도록 기도해 주십시오.

시리아의 새싹 선교사

시리아는 현재 인구 2,200만 명 중 1,200만 명이 난민으로 떠돌고 있습니다. 그리고 난민 중 150만 명이 레바논에 들어와 있으며 그들의 아이 중 90% 이상이 학교에 가지 못하고 있습니다. 그래서 저희 부부는 그 땅에서 학교를 운영하고 있습니다. 한국도 100여 년 전 여자아이는 학교에 가지 못했습니다. 그 당시 스크랜턴 선교사가 와서 최초로 자신의 집에서 아이들을 데리고 학교를 시작했고, 언더우드 선교사도 보육원을 시작으로 경신학당이 되고 현재 연세대학교가 되었습니다.

우리는 목숨 걸고 시리아 청소년들을 훈련하고 있습니다. 3년 전 하나님께서 저에게 이렇게 말씀하셨습니다. "저 친구들을 선교사로 파송하라!" 그래서 그 아이들을 다시 시리아로, 그리고 열방으로 파송하는 비전으로 훈련하고 있습니다. 그런데 정말 감사하게도 이 친구들이 하나님 나라의 비전에 목숨 걸고 일어납니다. 이 땅의 소망을 붙잡고 싶어도 붙잡을 게 없는 이 친구들이 하나님 나라의 비전을 보고 나서 목숨 걸고 일어나고 있습니다. 자신들의 민족을 품고 복음을 전하기 위해 기도하고 있습니다. 그리고 선교사가 되고 싶다고 기도하고 있습니다. 시리아로 돌아가 복음을 전하겠다고 믿음으로 기도하고 있습니다. 저는 하나님께서 이 아이들의 기도를 통해서 시리아 땅에 지속되는 전쟁이 끝나게 해 주시고 복음을 전할 수 있는 문을 활짝 열어 주셔서 아이들을 그 땅으로 보내실 것을 믿습니다. 코로나로 선교하러 갈 수 없는 것이 아닙니다. 우리가 이 같은 때에 우리가 더욱 선교를 위해 훈련하고 기도하며 준비되기를 원합니다. "하나님, 지금 당장 나갈 수 없지만, 오히려 우리가 준비하고 기도하겠습니다. 준비하다가 우리가 언제든 나아갈 수 있는 길이 열리면 달려가겠습니다!" 하고 믿음으로 앞을 바라보고 기도하며 준비하기를 원합니다.

아랍 땅에 하나님의 역사가 일어나다

아랍 땅에 하나님의 역사가 일어나고 있습니다. 모슬렘이 하나님 앞으로 돌아오고 있습니다. 모슬렘 아이들이 교회로 모여들고 있습니다. 우리는 가정교회에서 예배를 4시간 동안 드립니다. 두 시간 찬양하고 두 시간 설교합니다. 이 네 시간을 예배하고도 그 땅의 영혼들이 예배를 끝내지 말고 더 드리자고 합니다. 자신의 마음이 지옥 같은데 예배를 드리고 있으면 천국에 있는 것 같다면서 제발 이 예배를 멈추지 말아 달라고 합니다. 이렇게 우리 가정교회가 굉장히 부흥하고 있습니다. 처음에는 작은 사무실에서 모이다가 이제는 조금 더 큰 장소로 옮겨서 모입니다. 그리고 우리 교회는 100% 모슬렘 배경의 친구들인데 이들이 계속해서 세례를 받고 있습니다. 이들은 지금 실제로 꿈과 환상으로 예수님을 만나고 있습니다.

두 친구의 이야기를 들려드리겠습니다. 먼저 세례를 받은 A자매가 있었고, 그 후 함께 교회를 나왔던 B자매가 있었습니다. 어느 토요일 밤 A자매의 꿈에 예수님께서 나타나셔서 "저 B자매에게 세례를 받으라고 이야기해라." 하고 말씀하셨다고 합니다. 그래서 A자매는 날이 밝자마자 B자매에게 달려가서 꿈 이야기를 했습니다. 그랬더니 B자매가 깜짝 놀라면서 말했습니다. "나도 꿈속에서 세례를 받으라고 예수님께서 이야기하셨다!" 둘이 흥분해서 그 길로 세례를 받겠다고 저에게 달려와서 세례를 받았습니다. B자매는 세례를 너무 받고 싶어 했습니다. 이슬람교 친구들이 세례를 받을 때는 몸을 벌벌 떱니다. 자신들이 예수님을 만나고 세례를 너무 받고 싶은데, 세례를 받은 것이 주변에 알려지면 즉시 죽을 수 있기 때문에 이 친구들은 목숨을 걸고 벌벌 떨면서 세례를 받습니다. 선교지에서는 이런 친구들에게 "예수님 믿으면 인생이 평안해지고 축복받고 잘 살 거야."라고 말하지 않습니다. "예수님 믿으면 네가 죽을 수도 있고 사랑하는 가족에게 핍박받고 사회에서 쫓겨날 수도 있어. 그래도 예수님 믿을래? 그래도 십자가 따를래?"라고 이야기합니다. 그리고 지금까지 단 한 명도 그 질문 앞에서 물러난 친구가 없었습니다. 두렵지만, 사시나무 떨리듯 굉장히 두렵지만 아무도 물러나지 않았습니다. "내가 예수님 만났습니다. 예수님 따르겠습니다."라며 목숨 걸고 세례를 받습니다.

선교를 통해 사도행전적 삶을 살라

7년 전 레바논에 갔을 때 우리에게는 아무도 없었습니다. 하나님께서는 그곳에 우리만 떨어뜨려 놓으셨습니다. "하나님, 150만 시리아 민족이 살게 해 주십시오. 그런데 저희는 능력이 없습니다. 한국 교회가 함께 일어나 기도해야 시리아가 살아납니다. 이 땅에 함께 섬길 수 있는 팀을 보내주세요." 하고 매일같이 외치며 기도했습니다. 그리고 7년이 지난 지금 한국, 중국, 홍콩, 싱가포르, 영국, 호주, 캐나다 등 전 세계에서 많은 단기 선교팀을 보내 주셨고 함께 난민을 섬기게 해 주셨습니다. 그리고 교회의 기도를 통해 모슬렘 난민 가운데 놀라운 부흥이 일어나고 있습니다. 성도들의 기도는 민족을 살립니다.

지금 이 순간에도 우리가 어렵다고 이야기하는 모슬렘 땅에는 하나님의 꿈과 환상, 성령의 능력으로 초대교회 같은 사도행전의 역사가 강력하게 일어나고 있습니다. 사도행전의 삶을 살려면 프런티어(Frontier)로 오십시오. 레바논으로 오십시오. 그 땅에 하나님의 놀라운 역사가 일어나고 있습니다. 추수할 것은 많은데 추수할 일꾼이 없습니다. 전도는 'One to One', 개인적입니다. 하지만 선교는 민족입니다. 선교사는 한 민족의 운명을 바꾸는 사람들입니다. 선교의 접근 단위는 민족입니다. 한 민족과 열방, 세계를 주님의 이름으로 경영하는 사람들이 바로 선교사이며, 선교는 가장 영광스러운 하나님의 부르심입니다.

기도는 하늘의 문을 열고 민족을 움직인다

우리가 요르단 C도시에 있을 때의 일입니다. C도시는 과거에는 오아시스의 도시로도 불렸는데 최근 약 10년 동안 비가 오지 않아서 땅이 완전히 말라버린 상태였습니다. 땅 위의 생명이 죽어가고 있어서 아무도 찾아오지 않는 어려운 상황이었습니다. 우리가 그 땅에 가서 그들을 섬기며 기도했습니다. 그리고 많은 단기 선교팀과 함께 땅을 밟으며 계속 기도했습니다. 예수님의 이름으로 기도하면 이 땅에 분명히 비를 주실 것이라고 사람들에게 선포했습니다. 일 년, 이 년, 삼 년이 지나도 계속 비는 오지 않았습니다. 그렇지만 우리는 포기하지 않고 이 땅에 비가

와서 회복된 모습을 벽화에 그려 놓고 그것으로 선포하며 기도했습니다. "하나님께서는 반드시 비를 주십니다. 그렇게 될 것입니다!"

삼 년이 지난 어느 날, 현지 친구에게서 전화가 왔습니다. "비가 왔다. 이건 노아의 홍수와 같다."라고 외쳤습니다. 하나님께서 하늘 문을 여시고 비를 쏟아부어 주셔서 사막 한가운데 바다처럼 물이 넘치게 하셨습니다. 현지 친구들도 고백하기를 "너희가 기도해서 하나님께서 홍수 같은 비를 주셨다. 너희가 기도했던 대로 하나님께서 예수 그리스도의 이름으로 이 땅에 비를 주시고 우리를 살려 주셨다!"라고 했습니다. 그리고 그 도시에 작은 교회가 세워졌습니다. 우리는 그 도시를 떠났지만 지금은 그 땅에 교회가 든든하게 서서 스스로 복음을 전하며 도시를 섬기는 강력한 교회가 되었습니다. 하나님께서 교회에 주신 권세, 우리 그리스도에게 주신 권세는 우리가 생각하는 것보다 큽니다. 우리가 감당할 수 없고 상상할 수 없는 수준의 권세를 주시기 때문에 때로는 우리가 믿지 못하는 것입니다. 교회의 기도는 하늘 문을 엽니다. 민족을 움직입니다. 선교는 선교사와 교회의 동역과 기도를 통해 민족을 움직이는 위대한 사역입니다.

이 시대에 필요한 세례요한

세례요한은 하나님의 말씀이 사라졌던 어두운 시대에 나타나서 주님이 오시는 길을 예비했던 위대한 선지자였습니다. 어쩌면 그 시대와 지금의 이 시대가 참 비슷한 것 같습니다. 어디로 가야 할지 알지 못하는 어둠의 시대에 세례요한은 광야로 나갔습니다. 그리고 광야에서 주님이 오시는 길을 예비했습니다. 그렇다면 이 마지막 때와 같은 시기에 주님의 다시 오시는 길을 우리도 예비해야 할 것입니다. 세례요한이 자신의 삶을 통해 우리에게 그 길을 보여 주고 있다고 믿습니다.

누가복음 3장 1절에 보면 그 당시 상황을 잘 알 수 있습니다. 총독이나 황제, 왕처럼 강력한 세상 권세가 힘을 발하고 있던 시대적인 상황이었습니다. 그리고 2절에 보면 "안나스와 가야바가 대제사장으로 있을 때"라고 기록하고 있습니다. 대제사장은 본래 한 명인데, 2절 말씀에서는 두 명이 언급됩니다. 종교적으로 혼탁한 시대 가운데 대제사장 자리를 두고 서로 사고팔았던 시대라는 의미입니다. 타락한 종교 권력이 세속적 힘을 발휘하고 있던 시기입니다. 정치, 종교 권력이 강력한 힘으로 일하고 있던 시대 가운데 성경은 역설적으로 "하나님의 말씀이 빈 들에서 사가랴의 아들 요한에게 임했다."라고 말씀하십니다. 하나님의 말씀이 세상의 중심이 아닌 빈 들에 있었던 세례요한에게 임한 것입니다. 그리고 세례요한은 광야에서 외치는 자의 소리로 하나님의 말씀을 선포했습니다. 우리가 지금 보면 "세례요한은 대단하고 멋지다!"라고 이야기하지만, 만일 그 시대 가운데 누군가가 그를 봤다면 미쳤다고 할 수도 있었을 겁니다. 한 남자가 광야 한가운데 서서 하나님의 말씀을 선포하며 "회개하라. 천국이 가까워 왔다!"라며 외치는 모습을 그 시대에 우리가 봤다면 말입니다. 세례요한은 요즘 말로 표현하면 완전 금수저 출신입니다. 제사장 가문에서 태어났기 때문에 가만히 있어도 인생의 안정과 평안, 성공이 보장되었습니다. 하지만 세례요한은 모든 것을 내려놓고 광야로 나아갔고 그 광야에서 하나님을 섬겼습니다. 이러한 세례요한에게 하나님의 말씀이 임하셨던 것입니다.

오늘날 우리의 삶과 우리의 마음과 한국 교회의 형편이 광야와 같다면 그곳에 하나님의 말씀이 임하게 될 줄 믿습니다. 광야와 같은 우리 마음 가운데 하나님의 말씀이 임하게 될 줄 믿습니다. 이 시대를 뛰어넘을 수 있는 하나님의 말씀이 우리 가운데 부어지게 될 줄 믿습니다. 우리가 하나님의 말씀을 붙잡으며 그 말씀에 인생을 던지고 세례요한과 같이 광야에서 선포하며 나아갈 때, 이 말씀을 통해 세상이 바뀌고 어둠이 뚫어지며 주님의 역사가 한국 교회와 열방 가운데 이루어질 줄 믿습니다. 세례요한이 광야에서 하나님의 말씀을 선포할 때 사람들이 후에는 종교지도자들까지도 그 말씀을 듣기 위해 광야로 나왔습니다. 이것이 말씀의 능력입니다. 광야에서 세상을 바꾼 것입니다. 세상을 바꾸려면 광야에서, 프런티어(Frontier)에서, 열방에서, 변방에서, 각자 처소에서 하나님의 말씀을 선포할 때 이 말씀을 통해 세상이 바뀌게 될 줄 믿습니다.

이 땅에서 '아싸', 하나님 나라에서 '인싸'

하나님의 말씀은 능력입니다. 두려워하지 마십시오. 세례요한이 하나님의 말씀을 선포했고 회개와 변화의 역사가 일어났습니다. 이렇게만 본다면 세례요한의 사역은 분명히 성공한 것입니다. 그런데 세례요한은 감옥에 갇혀 결국 감옥에서 죽었습니다. 요르단에 가면 세례요한의 순교지인 마케루스가 있습니다. 헤롯왕의 여름 궁전이었습니다. 광야 한가운데 아주 작은 성 그곳에 있는 두세 평도 안 되는 지하 감옥은 너무나 초라한 곳입니다. 저는 힘들 때마다 그곳에 가서 세례요한을 묵상했습니다. 어떻게 그 위대한 세례요한은 이 광야 가운데 너무나 작디작은 지하 감옥에서 그 한 여자아이의 소원을 위해 초라하게 죽어갈 수 있었을까. 많은 사람이 세례요한의 말씀을 듣기 위해 광야로 나왔는데, 그러면 그곳에서 오히려 권세를 이루고 힘을 얻어 더 대단한 일을 할 수 있지 않았을까, 생각해 봅니다. 그러나 세례요한은 성공과 영광을 구하지 않고 하나님의 말씀 곧 진리 외에는 타협하지 않기로 결단합니다. 그리고 결국 말씀 때문에 순교합니다. 하나님은 그러한 세례요한을 "이 땅에서 가장 큰 자, 위대한 자"라고 말씀하고 있습니다. 우리가 말하는 위대함과 성경이 말하는 위대함은 많이 다릅니다. 이 땅의 세속적인 위대함과 하나님 나라의 위대함은 완전히 다른 것입니다. 순교 직전 세례요한의 마음이 어땠을까? 허무한 죽음 앞에 주저했을까? 저는 세례요한이 조금의 주저함도 없이 기쁨으로 그 길을 갔을 것이라고 믿습니다. 왜냐하면 세례요한은 이 세상에서의 모든 영광을 배설물처럼 여기고 이미 이 땅에서 천국 즉, 하나님 나라의 삶을 살고 있었기 때문입니다.

마지막 때 이 세상에 미련 두지 마십시오. 세상 영광에 소망 두지 마십시오. 세상 영광에 소망을 두면 반드시 넘어집니다. 과거에는 그저 열심히 잘하면 됐지만 마지막 때에는 말씀에 목숨을 걸지 않으면 예수님을 따를 수 없습니다. 사역자뿐만 아니라 모든 그리스도인과 교회가 하나님의 말씀에, 주님 섬기는 데, 주님 예배하는 데 목숨을 걸지 않으면 주님을 따를 수 없는 시대가 되었습니다.

세상에서 '인싸(인사이더, Insider)'가 되길 원하십니까? 인싸 되기를 포기하십시오. 이 땅에서 '아싸(아웃사이더, Outsider)'되고 영원한 하나님의 나라에서 인싸가 되기를 소망합니다. 세례요한은 이 땅에서 하나님께 의지해 이미 천국의 삶을 살았기 때문에 기쁨으로 그 길을 갔습니다. 가끔 하나님의 나라를 죽은 뒤에 가는 것으로 단편적으로 이해하시는 분들이 있습니다. 아닙니다. 하나님의 나라는 오늘 우리 안에 임하시는 것입니다. 오늘 이 땅에서 천국의 삶을 살고 있지 못한다면 우리의 구원을 점검해 보아야 합니다. 하나님의 나라는 성령으로 이미 우리 안에 임했기 때문입니다. 예수 그리스도를 통해 이 땅에서부터 하나님 나라의 삶이 시작되었기 때문입니다.

혼돈적 시간을 넘어 초월적 시간으로

소로킨(Sorokin)이라는 학자는 '시관'을 언급했습니다. 시관은 시간에 관한 세계관입니다. 조르주 귀르비치(George Gur Vitch)라는 학자는 시간을 여러 가지로 분류했습니다. 직선적인 시관이 있고 윤회적 시관이 있으며 폭발적 시관이 있고 교차적 시관이 있다고 했습니다. 우리 한국 교회는 폭발적인 시간을 지나고 교차적 시간도 지나서 이제는 혼돈적 시간 속으로 들어가고 있습니다. 폭발적인 시간 속에서는 열심히 하고 잘하면 됐습니다. 그러면 부흥이 있었습니다. 지금 중동과 시리아 난민 가운데에는 하나님의 역사가 일어나는 폭발적 시간입니다. 할렐루야! 그러나 교차적 시간과 혼돈적 시간 속에서는 잘하는 것보다 충성해야 합니다. 충성하지 않으면 혼돈적 시간을 견딜 수 없기 때문입니다.

많은 그리스도인이 기독교적 시관을 직선적으로 이해하고 있습니다. 과거에서 현재 그리고 미래로 흘러간다고 생각합니다. 그래서 우리는 여전히 과거의 아픔 때문에 현재를 힘들어 합니다. 그리고 현재 상황이 어려워 미래를 바라보지 못하고 좌절하고 낙심합니다. 그러나 우리 주님은 시작도 끝도 없으신 영원부터 영원까지 계시는 분이십니다. 그분의 나라에서는 천년이 하루 같고 하루가 천년 같습니다. 초월적 시관입니다. 예수님을 믿는 순간 영원의 시간에 들어와 이 땅에서 이미 영원의 삶이 시작됩니다. 과거의 어려움이 이해되지 않지만 어느 순간 하나님의 섭리가 명확해지는 카이로스의 순간이 오면 도저히 이해할 수 없었던 과거 아픔과 어려움의 순간이 감사가 됩니다.

시리아의 형제자매들이 늘 하는 간증이 있습니다. 처음에는 왜 시리아에 전쟁이 일어났는지 도저히 이해할 수 없어 분노하는 마음이 컸다고 합니다. 그러나 오히려 예수님을 만나고 하나님 나라의 소망을 갖게 되면서 이런 상황이 감사하다고 고백합니다. 만약 전쟁이 없었다면 자신은 평생 예수님이 누구인지도 모르고 영원한 죽음에 이르렀을 텐데 전쟁을 통해 예수님을 만나게 되어 너무 감사하다고 고백합니다. 사도 바울도 그런 경험이 많습니다. 아시아로 가는 걸 막으신 성령님의 역사를 통해 유럽에 복음의 문이 열리고 유럽의 운명이 바뀌게 됩니다. 또 로마로 가고자 늘 애썼지만 주님께서 허락지 않으셨습니다. 사역도 막히고 이해할 수 없었지만 사도 바울은 물러서지 아니하고 오히려 창조적인 방법을 통해 한 번도 가 보지 못한 로마 교회에 편지로 복음을 자세하게 설명하게 됩니다. 그 결과 오늘날 우리와 세계 교회가 주옥같은 로마서를 통해 복음의 진수를 경험하게 되었습니다.

하나님의 생각은 우리와 다릅니다. 그러나 항상 그분이 옳으십니다. 그분은 로마교회뿐만 아니라 이후 전 세계 교회를 위해 바울의 로마의 방문을 막으신 것입니다. 이것을 우리는 주님의 경륜이라고 표현합니다.

지금 코로나 사태를 이해할 수 없지만 미래의 어느 순간 완전하신 주님의 뜻을 이해하고 감탄하게 될 것입니다.

그리스도인의 시관은 미래와 현재가 초월적으로 살아 움직입니다. 그래서 오늘 눈앞에 어려움을 바라보고 낙심하는 것이 아니라 믿음의 눈을 들어 영원한 하나님의 나라를 바라보며 지금의 고난을 초월하며 나가게 되는 힘을 얻게 되는 것입니다.

Do not conform!

이제 마지막으로 이 시대에 관한 이야기를 나누고 마무리하겠습니다. 먼저 우리가 함께 로마서의 말씀을 보겠습니다.

"그러므로 형제들아 내가 하나님의 모든 자비하심으로 너희를 권하노니 너희 몸을 하나님이 기뻐하시는 거룩한 산 제물로 드리라 이는 너희가 드릴 영적 예배니라 너희는 이 세대를 본받지 말고 오직 마음을 새롭게 함으로 변화를 받아 하나님의 선하시고 기뻐하시고 온전하신 뜻이 무엇인지 분별하도록 하라."(로마서 12:1~2)

우리는 이 시대를 주목할 필요가 있습니다. 사실 시대에 관한 이야기를 하는 것이 조금은 조심스럽습니다. 왜냐하면 시대와 현상에만 집중하다 보면 본질적인 하나님의 말씀을 놓칠 수 있기 때문입니다. 그런데도 시대를 주목해야 하는 이유는 이 말씀에 있습니다. "세대(시대)를 본받지 마라. Do not conform!" 여기서 'con'은 'with'를 의미합니다. 우리 안에 세상의 폼(form)을 가지지 말라고 말씀하십니다. 그 세상의 폼이 존재하는 곳이 마음(mind), 즉 생각에 있기 때문에 하나님의 말씀으로 우리 안에 있는 폼과 생각을 새롭게 하는 것이 중요합니다. 마음과 생각을 새롭게 하고 오히려 주님의 뜻을 분별하여 우리의 삶을 살아 있는 제사로 드리는 것이 참 예배입니다.

"우리의 싸우는 무기는 육신에 속한 것이 아니요 오직 어떤 견고한 진도 무너뜨리는 하나님의 능력이라 모든 이론을 무너뜨리며 하나님 아는 것을 대적하여 높아진 것을 다 무너뜨리고 모든 생각을 사로잡아 그리스도에게 복종하게 하니…."(고린도후서 10:4~5)

고린도후서 말씀에는 좀 더 명확하게 말씀하고 계십니다. 영적 전쟁의 핵심은 견고한 진을 파하는 것인데 그 견고한 진이 모든 이론 즉, 어떤 사상과 이론에 관한 것이라고 말하고 있습니다. 또한 그 이론은 하나님을 대적한다는 것입니다. 하나님을 대적해 하나님, 즉 말씀보다 위에 군림하려 하는 것에 대적하는 싸움이라는 것입니다. 그런데 이것은 우리의 생각 즉, 마음 가운데 자리 잡고 있기 때문에 그 생각을 그리스도의 말씀 아래 복종하는 것이 우리가 싸워야 할 영적 싸움의 본질이라고 말씀하십니다.

우리의 영적 싸움, 영적 전쟁의 본질은 세상의 이론과 사상, 철학, 풍조에 대응하는 싸움입니다. 우리가 사는 이 시대를 근대사회 혹은 현대사회라고 합니다. 우리를 붙잡고 있는 근대사회의 사상과 철학을 살펴보면 이들의 배경이 어떤 것인지 알 수 있습니다. 이데올로기는 철학자의 이데아(idea)에 로직(logic)이 합쳐져 논리화된 것입니다. 이것이 사상이 되고 철학이 된 것입니다. 이데올로기를 그들의 이상향으로 삼아 운동과 교육을 통해 세상에 전파하며 그들의 비전을 이루어 가고자 하는 것입니다. 사실 우리는 그 교육을 받고 자랐기 때문에 여전히 우리 안에도 세상의 폼과 사상, 철학이 남아 있고 그리스도인이 된 후에도 여전히 그 철학과 사상의 영향 아래 있기도 합니다.

우리가 말하는 이른바 근대사회의 출발점은 르네상스 시기라고 할 수 있습니다. 르네상스는 재생, 재부활, 재부흥의 키워드로 이야기할 수 있는데 초대교회를 포함한 기독교화한 유럽의 중세 종교사회를 역행해 그리스, 로마 시대로 돌아가자는 것입니다. 고대 그리스, 로마 문명의 재인식과 재수용을 통해 인간 중심의 정신으로 되돌아가자는 것으로, 빛은 하나님의 말씀이 아니라 인본주의, 인간 이성에서 온다는 것입니다. 근대 철학의 아버지 데카르트는 이렇게 이야기했습니다. "진리의 근거는 신이 아니라 인간의 합리적인 이성이다. 가장 확실한 것을 의심하고 해부하라." 여기서 가장 확실한 것이 의미하는 것은 하나님의 말씀, 진리입니다. 프랑스혁명 이후 세계가 자유와 평등이라는 두 개의 비전으로 나뉘어 싸우고 있습니다. 한국 교회도 나뉘어 있고 전 세계가 이 세상의 비전으로 세상을 바꾸기 위해 몸부림치고 있습니다.

트랜스모더니즘시대

근대사회의 또 다른 핵심은 모더니즘입니다. 모더니즘은 과학으로 증명되지 않으면 진리가 아니고 위대한 과학으로 유토피아를 건설할 수 있다는 것입니다. 이 유토피아를 향해서 전 세계가 달려왔습니다. 그런데 세상은 기술과 과학으로 발전했는데 정작 인간은 행복해지지 않고 점점 더 공허해져 갑니다. 발전된 세상 속에서 인간의 마음은 공허해지고 외로워지며 인간성은 파괴되고 부익부 빈익빈으로 어마어마한 소외감을 느껴 결국 행복하지 않다는 것을 느끼게 되었습니다. 그러면 인간들이 이를 회개하고 하나님 앞에 돌아가야 하는데 타락한 인간들은 그렇게 하지 않았습니다. 오히려 포스트모더니즘을 외치며 절대 진리를 부정해 버립니다.

이런 포스트모더니즘은 제1차 세계대전 이후 아널드 토인비라는 역사학자가 『역사의 연구』라는 책에서 언급하며 사용되기 시작한 것으로 포스트모더니즘의 키워드는 해체입니다. 절대 진리는 없으니까 기존의 도덕, 전통, 제도 등을 거부하고 파괴하자는 것입니다. 쉽게 말하면 혼자 미치면 미치광이가 되지만 전체가 같이 미치면 아무도 손가락질하지 않기 때문에 함께 극단적, 대중적 광란으로 가자는 것입니다. 니체가 주장했던 니힐리즘(허무주의)에 기반을 둡니다. 그래서 니체를 포스트모더니즘의 선구자라고 이야기합니다. 영원을 거부하고 지금 이 땅의 삶을 쾌락하라는 니체의 외침을 따라 YOLO(You Only Live Once, 인생은 오직 한 번뿐)를 외치며 내일 없는 극단적인 쾌락 가운데 수많은 청년이 삶을 던지고 있는 것입니다. 그러나 우리 그리스도인은 한 번뿐인 인생이기에 오히려 가장 아름답고 멋진 삶으로 주님을 위해 후회 없이 청년의 때를 드리기를 원합니다.

지금은 포스트모더니즘을 넘어 트랜스모더니즘 시대입니다. 니체는 『인간적인 너무나 인간적인(Menschliches, Allzumenschliches)』이란 책에서 가치전도(Transvaluation of Values)를 언급했습니다. 가치를 뒤집어 버린다는 것입니다. 전에 있던 모든 도덕적인, 특히 기독교적인 가치를 부정하고 기독교적인 가치 안에서 금지되었거나 저주받았던 모든 것을 긍정하라고 외쳤던 니체의 외침이 이 시대, 전 세계 가운데 힘을 발휘하고 있습니다. 비주류의 주류화, B급의 혁명, 전통의 현대화 같은 시대적 키워드 등이 그 가치를 잘 설명하고 있습니다.

우리가 주목하는 것은 이 같은 흐름 속에 비진리가 진리가 되고 불법이 법이 되어 하나님께서 만드신 세계와 진리를 뒤집어버리려는 흐름입니다. 트랜스밸류에이션(Transvaluation, 다른 기준으로 가치를 재평가하는 것), 트랜스젠더(Transgender, 의학기술을 이용해 신체적인 성을 바꾸는 것) 그리고 트랜스휴머니즘(Transhumanism, 과학기술을 이용해 인간의 신체적이고 정신적인 능력을 개선할 수 있다고 믿는 신념, 운동)과 같은 것들입니다. 하나님이 창조하신 인간조차도 인간 복제 기술을 통해 질병을 치료하고 영원한 인간을 만들 수 있다고 외칩니다. 신은 죽었다, 이제는 우리가 초인, 즉 신이 되어야 한다던 니체의 외침을 따라 호모데우스(신이 된 인간)를 외치며 달려가고 있는 것입니다.

그러나 로마서 1장 말씀에 주님께서 이미 명확히 말씀하고 계십니다.

"하나님의 진노가 불의로 진리를 막는 사람들의 모든 경건하지 않음과 불의에 대하여 하늘로부터 나타나나니 이는 하나님을 알 만한 것이 그들 속에 보임이라 하나님께서 이를 그들에게 보이셨느니라 창세로부터 그의 보이지 아니하는 것들 곧 그의 영원하신 능력과 신성이 그가 만드신 만물에 분명히 보여 알려졌나니 그러므로 그들이 핑계하지 못할지니라."(로마서 1:18~20)

변하지 않는 것을 붙들라

이 시대는 불의로 진리로 막는 자들이 넘치는 시대, 불법(anomi)이 법과 진리가 되는 시대입니다. 자기들만 불법을 저지를 뿐만 아니라 그 것을 행하는 자도 옳다고 하며 하나님의 법에 극단적으로 도전하는 시대 입니다. 이 시대 위에 남아 있는 것은 하나님의 진노 즉, 심판이라고 말 씀하십니다. 마지막이 가까워져 오는 것입니다.

이런 시대 가운데 우리 그리스도인 청년들은 어떻게 살아야 하겠습니까? 과거 초대교회가 받았던 핍박은 핍박을 받을수록 교회는 사람들의 마음을 얻고 부흥했지만 마지막 시대의 핍박은 어쩌면 또 다른 형태의 더 어려운 핍박이 될 수도 있을 것입니다. 불법이 법이 되어 이야기합니다. "너희 크리스천이 어떻게 법을 지키지 않느냐."라며 교회를 미개하고 저속한 집단으로 취급하기도 할 것입니다. 불법이 법이 되어 교회를 핍박하면서 세상 속에서 갈등이 일어납니다. 교회 안에서도 이 문제로 갈등의 골이 깊어져 나뉘고 있습니다. 이렇게 세상의 법과 하나님의 법 이 충돌할 때 우리는 어떻게 해야 합니까? 하나님의 말씀에 목숨을 걸지 않으면 이 혼란스러운 시대를 감당할 수 없습니다. 기준이 무너진 시대 에는 오히려 하나님 말씀의 기준이 더 분명히 세워져야 합니다. 절대적 진리의 기준인 말씀이 없으면 다 무너집니다. 하나님은 말씀하시고 말씀 을 성취하시는 분이십니다. 말씀을 붙잡고 그 말씀에 운명을 겁시다.

성경은 마지막 시대에 일어날 일을 친절하고 자세하게 설명합니다. 마태복음 24장에 보면 마지막 시대 난리와 전쟁과 기근(누가복음에는 전염병까지)이 전 세계에 일어날 것을 말씀하십니다. 그러나 이것이 재난의 시작이고 끝이 아니라고 말씀하십니다. 14절에 이 천국 복음이 모든 민족에게 증거되기 위해 온 세상에 전파되리니 그제야 끝이 오리라고 말씀하시며 끝의 근거를 분명히 하십니다. 결국에는 복음의 역사가 완성되어야 주님이 오신다는 것입니다. 그래서 우리는 복음의 역사에 주목하기 원합니다. 지상명령인 천국 복음은 고난이 있지만 오히려 마지막 시대에는 전쟁을 뚫고, 고난을 뚫고, 전염병을 뚫고 복음이 땅끝까지 증거된다고 말하고 있습니다. 그래서 우리는 복음의 역사를 멈출 수 없습니다. 고난 가운데 오히려 교회는 천국 소망 붙잡고 전쟁 가운데, 지진 가운데, 전염병 가운데 들어가 고통받는 영혼들을 온몸으로 섬기며 복음을 전하는 일에 전념해야 할 것입니다. 현상을 붙들면 흔들립니다. 그러나 말씀을 붙들면 어떠한 상황 가운데에서도 요동하지 않습니다. 두렵지 않습니다. 혼란스러울수록 본질로 돌아가고 우리의 부르심을 견고히 하며 나갑시다.

한국 교회가 어렵다고 비판하지 마십시오. 그러한 비판만으로는 한국 교회가 바뀌지 않습니다. 한국 교회에 필요한 것은 위기 가운데 자신을 던져 민족의 위기를 뚫고 나가는 진짜 리더십입니다. 하나님께서도 죄로 인해 죽을 수밖에 없던 인류의 위기 앞에 우리를 비난하거나 정죄하지 않으셨습니다. 말씀이신 그분이 육신이 되어 오셨습니다. 성육신하심으로 그리고 십자가에서 자신을 내어주심으로 죄로 죽을 수밖에 없었던 인류의 위기를 뚫어내시고 우리를 구원하셨습니다. 피로 사신 주님의 교회입니다. 하나님이신 그분도 십자가로만 이 세상을 구원하기로 하셨다면, 우리에게도 다른 방법이 없습니다. 한국 교회가 어렵다면 말씀 붙잡고 우리의 인생을 거룩한 산 제물로 시대와 민족 가운데 던집시다. 기도

가운데 던집시다. 말씀 가운데 던집시다. 섬김 가운데 던집시다. 그러면 한국 교회가 바뀔 것입니다. 그것이 진짜 리더입니다. 세상의 위기를 뚫어내고 주의 백성들이 하나님을 향해 전진하게 하는 그 사람이 진짜 리더입니다.

예수의 심장을 가진 청년들이여, 도전하라!

타락한 중세 종교시대 가운데 두 가지 흐름이 있었습니다. 내부적 각성과 외부적 혁명입니다. 한편에서는 잘 아시는 것처럼 각성을 통한 종교개혁이 일어났습니다. 그러나 또 한편에서는 르네상스 이후, 특별히 프랑스혁명 이후 여러 사상에 따라 혁명과 운동이 일어납니다. 목사의 아들이었던 니체를 통해서도 나름의 새로운 세속적 각성이 시작됩니다. '신은 죽었다. 우리가 죽였다. 어찌할까?' 하고 고뇌하던 니체는 결국 다른 신이 필요한 것이 아니라 "우리가 초인 즉, 신이 되자."라고 외쳤습니다. 니체는 이 새로운 혁명을 위한 구체적인 방법까지도 제시합니다. 광장으로 나아가 신은 죽었다고 외치라는 것입니다. 종교 중심의 사회였던 당시 유럽에서 그것은 아마 광인이 되지 않으면 할 수 없었던 외침이었을 겁니다. 그리고 니체 자신도 세상을 바꾸기 위해 평생을 고민하며 집필에 자신을 던집니다. 그리고 진짜 광인이 되었습니다. 광인이 홀로 광장에서 외쳤던 그 외침은 오늘날 수많은 추종자가 다시 외치며 신을 죽이는 그들의 혁명과 비전의 완성을 향해 달려가고 있습니다.

세상 사람들도 자신들이 믿는 사상으로 세상을 바꾸고자 달려가고 있습니다. 자신들의 철학과 이론으로 유토피아를 건설할 수 있다는 허무한 꿈을 향해 저들도 주저 없이 도전합니다. 모슬렘 청년들도 알라의 명령을 따라 그들만의 이슬람 국가 건설을 위해 지독하게 헌신하며 도전합니다. 그렇다면 하나님 나라의 완전한 비전과 말씀을 가진 그리스도인들이야말로 더욱 하나님의 비전과 말씀에 뛰어들어야 하지 않겠습니까? 이슬람 같은 폭력과 불법이 아니라 선한 싸움을 싸우며 경주를 완성해야 하지 않겠습니까? 광야에서 외치는 자의 소리가 되어 주님의 오실 길을 예비해야 하지 않겠습니까? 우리는 시대가 어렵다고 모든 현실에서 도피해 광인으로, 쾌락과 허무주의로 우리 삶을 허비하지 않아야 할 것입니다. 또한 소시민이 되어 자신의 인생만을 위해 사는 그리스도인은 더더욱 될 수 없습니다. 우리 중에 누구도 자신을 위해 사는 자가 없기 때문입니다. 살아도 주를 위해, 죽어도 주를 위해 살기를!

우리는 청년입니다. 우리는 말씀을 가진 그리스도인입니다. 이 시대가 어렵다고 불평하지 않고 말씀 붙잡고 시대를 돌파하며 주의 역사 이뤄 내는 리더로 일어납시다. 한국 교회도 어렵지만 한국 교회의 선교 상황도 어렵습니다. 제가 현장에서 선교를 시작한 지 거의 15년이 되었는데 아직도 나이로만 보면 거의 막내입니다. 제 이후에 젊은 선교사가 잘 나오지 않고 있습니다. 선교사 절벽 현상을 맞고 있습니다. 한국 교회의 2016년 기준 선교사 증가율이 거의 제로 상태입니다. 10년 안에 한국교회 주요 교단의 선교사님 중 70~90%의 선교사님들이 은퇴하신다는 통계가 있습니다. 이 말은 10년 안에 새로운 청년 선교사가 일어나지 않으면 한국 교회의 선교는 우리 세대에서 멈추게 된다는 것입니다. 그래서 우리는 현장에서 매일 한국 교회를 위해 기도합니다. "민족의 가슴마다 피 묻은 그리스도를 심어 주의 청년들이 예수의 거룩한 옷을 입고 한 손에 복음, 한 손에 사명 붙들고 온 땅 구석구석 나아가게 해 주십시오. 한국 교회의 수많은 청년이 다시 일어나게 해 주십시오. 한국 교회가 무너지면 한국 선교가 무너집니다." 이렇게 애끓는 마음으로 한국 교회를 위해 기도합니다. 한국 교회의 선교 유업을 우리 청년들이 이어가야 합니다. 우리는 절대로 여기에서 멈출 수 없습니다.

청년들은 한국 교회를 비난하지 말기를 바랍니다. 우리 아버지, 어머니, 선배 사역자들은 한국 교회의 위기 가운데 말씀으로, 기도로 자신을 던져 한국 교회를 일으키신 분들입니다. 그분들은 그 어두웠던 시대에 자신들의 인생을 던지고 말씀 가운데 목숨 걸고 한국 교회를 일으킨 분들입니다. 혹시 아쉽고 부족한 부분이 있다면 그 부분은 우리의 몫입니다. 이제 우리의 차례입니다. 우리가 그 부족한 부분을 온몸으로 감당하고 우리를 던져서 한국 교회를 온전케 회복하길 원합니다. 우리의 말이 아니라 삶으로, 본(example)으로 한국 교회를 새롭게 할 것입니다. 한국 청년들, 말씀 붙잡고 일어나십시오. 두려워하지 마십시오. 우리가 이제 그 바통을 이어받길 원합니다. 우리가 이 마지막 시대에 주님의 역사를 감당하길 원합니다.

또한 한국 교회의 어머니 아버지 세대에게도 요청합니다. 이 위기 가운데 다시 한 번 일어나 주십시오. 다시 한 번 기도해 주십시오. 특별히 다음 세대를 위해 기도해 주십시오. 우리도 어렵지만 다음 세대, 우리 자녀들이 살아가야 할 시대는 훨씬 더 어렵습니다. 지금부터 다음 세대를 말씀으로 준비하지 않으면 우리 자녀 세대는 다 무너집니다.

한국 교회의 모든 에너지와 자원을 다음 세대에 쏟아부어야 한국 교회가 일어날 수 있습니다. 우리 청년들은 절대 어리지 않습니다. 그리고 절대 부족하지 않습니다. 우리 청년들 신뢰해 주시고 그들에게 맡겨 주십시오. 청년과 다음 세대가 다시 일어날 수 있도록 모든 에너지와 자원을 집중해 주십시오.

KWMA(한국세계선교협의회)에 '차세대 사역단'이라는 새로운 부서가 생겼습니다. TARGET2030 비전으로 기도하고 있습니다. 2030년까지가 한국 교회의 마지막 기회라는 심정으로 뛰자는 것입니다. 시니어 선교사도 다 일어나셔야 합니다. 그러나 또 한편으로는 20대, 30대 젊은 선교사를 세우고 훈련해 집중적으로 파송해야 한국 교회가 지상명령을 향해 계속 달릴 수 있습니다. 믿음의 선배들을 통해 한국 교회에 10만 선교사 비전을 주셨고 우리 한국 교회가 그것에 서원했습니다. 그러나 어느 순간 잊어버린 비전이 되었습니다. 서원했으나 한국 교회가 그것을 잊어버렸습니다. 모든 명령 위에 제일가는 지상명령을 제쳐 놓고, 아니 예수님의 마지막 유언을 제쳐 놓고 다른 것들을 붙잡고 있었는지 모르겠습니다. 우리가 그 비전을 다시 계승하기를 원합니다. 서원이 지켜지기를 원합니다. 5만 청년 선교사가 일어나기를 소망합니다. 땅끝에서 우리 주님의 오실 길을 예비하기를 소망합니다. 그 중심에 우리 청년들이 있기를 소망합니다. 마라나타! 아멘. 주 예수여, 어서 오시옵소서!

청년과 다음 세대를 위한 기도

우리 하나님은 크고 위대하신 분이십니다. 지금도 살아 계시고 역사하시는 분이십니다. 이 마지막 시대에 우리 한국 교회가, 세계 교회가 너무나 어렵습니다. 그러나 광야 같은 이곳에 하나님께서 말씀으로 임해 주시리라 믿습니다. 또한 우리가 돌이키길 원합니다. 다시 주님 앞에 나아가길 원합니다. 우리 이 세상에 소망 두지 않기를 원합니다. 세상 영광 바라보지 않기를 원합니다. 세례요한 같은 영성을 부어 주시기를 원합니다. 우리 청년들이 일어나게 해 주십시오. 마지막 시대를 감당하는 거룩한 청년들이 한국 교회 가운데 일어나게 해 주십시오. 우리가 온전히 돌이키기를 원합니다. 다시스, 세상의 중심을 향해 가던 배에서 뛰어내리는 것이 참된 회개입니다. 하나님, 우리가 세상 영광 내려놓고 마지막 시대 벼랑 끝에 서기를 원합니다. 말씀으로 임해 주십시오. 말씀 붙잡고 이 시대 일어나게 해 주십시오. 외치는 자의 소리로 선포하며 주님이 오시는 길 예비하는 주님의 거룩한 사역자로 일어나게 해 주십시오. 광야의 외치는 자의 소리가 되게 해 주십시오. 민족의 운명을 바꾸는 거룩한 선교사가 한국 교회 가운데 다시 폭발적으로 일어나게 해 주십시오. 저희의 인생을 사용해 주십시오. 아멘.

데이비드 차

David Cha

데이비드 차 선교사는 KAM선교회의 대표이며, 라이트하우스라는 이름으로 전 세계적인 기도의 불을 밝히는 온라인 연합 기도처소를 세우고 있다. 특별히 시대 분별과 마지막 때를 대비한 메시지로 잠자는 많은 성도를 깨우고 있으며, 탁월한 전략가로 주목받고 있다.

부흥의 파도를 타라

" 이 마지막 시대 파도를 타는 능력은
용서를 시작으로 성령의 열매를 맺어 가는 것입니다.
그렇게 할 때 주님께서 놀라운 부흥의 파도를 타게 할 줄 믿습니다. "

"주의 권능의 날에 주의 백성이 거룩한 옷을 입고 즐거이 헌신하니 새벽이슬 같은 주의 청년들이 주께 나오는도다."(시편 110:3)

───────

부흥의 파도를 타길 원하신다면, 그 부흥의 파도를 타려면 먼저 우리가 어떻게 해야 할지를 중심으로 말씀을 나누려고 합니다. 우리는 제4차 산업혁명 시대를 누리고 있습니다. 줌(ZOOM)으로 전 세계가 동시간대에 메시지를 듣고 함께 하나님이 주시는 은혜를 누리게 됐습니다. 제4차 산업혁명 시대, 인공지능(AI)이 이미 우리의 모든 능력을 대체하는 시대가 도래했습니다. 잘 아시는 것처럼 슈퍼컴퓨터가 세상의 좋은 직업과 우리의 사고력을 대체해 가고 있습니다.

그리고 정부는 지속적으로 우리가 할 수 있는 것들을 국가가 해 주겠다고 우리에게 달콤하게 제시합니다. "모든 것을 우리가 대체해 주겠다." 처음에는 이 말이 무척 달콤하게 느껴집니다. 그런데 정부가 할 수 없는 것이 있습니다. 정부가 줄 수 없는 것이 있습니다. 국가 재정으로 해결할 수 없는 것이 있습니다. 국가는 사랑을 줄 수 없습니다. 국가 재정이 우리에게 사랑을 전달할 수 없습니다. 국가 예산으로 사랑을 줄 수 없습니다. 코로나 시대에, AI가 도입된 이 시대에 우리 기독교인이 가질 수 있는 가장 강력한 경쟁력은 바로 예수 그리스도의 사랑의 능력입니다. 엄마의 사랑을, 아빠의 사랑을 컴퓨터가 대체할 수 없고 큰 정부가 대체할 수 없습니다.

우리가 사랑의 가장 핵심적인 능력인 복음을 전하고 열방의 파도를 타야 합니다. 그런데 지금 우리의 발이 묶여 있어서 파도를 탈 수 없습니다. 나가야 하는데, 뛰고 싶은데 발목이 붙잡혀 있어서 나갈 수 없습니다.

용서하지 않을 때 생기는 문제

한번 생각해 봅시다. 살다 보면 용서하지 않은 사람 본 적 있죠, 용서하지 않은 사람? 지금 내 안에 용서하지 않은 사람이 있는가 한번 잘 생각해 보십시오. 우리가 용서하지 않잖아요? 그러면 부르심을 이룰 수가 없습니다. 마지막 때 부르심에 따라 살기를 원하시죠? 정말 부흥의 파도를 타고 강력한 하나님의 신부로, 강력한 하나님의 전사로 이 부흥의 주역이 되길 원하시죠? 그럼 아멘만으로는 안 됩니다.

우리가 왜 용서를 해야 하는지 그리고 용서의 능력이 얼마나 어마어마한지를 주제로 함께 나누기를 원합니다. 먼저 죄 사함과 용서에는 반드시 대가를 지불해야 합니다. 그래서 용서가 쉽지가 않습니다. 눈을 딱 감고 내가 제일 미운 사람이 내 마음에 있는가를 곰곰이 생각해 보십시오. 어떤 사람은 엄마일 수도 있고, 어떤 사람은 아빠일 수도 있고, 어떤 사람은 친구일 수도 있고, 어떤 사람은 TV에 나오는 누군가일 수도 있습니다. 자신에게 가장 큰 상처를 준 사람이 가장 용서할 수 없는 사람입니다. 그래서 우리가 그냥 잊어버리고 살 수 있습니다. 생각하고 싶지 않은 것입니다. 그걸 끄집어내면 너무 고통스러워 그냥 묻어두고 사는 것입니다. 그런데 용서하지 않잖아요? 그러면 자신이 독을 마시고 저 사람이 죽기를 기다리는 것과 같은 상태입니다. 용서하지 않으면 자신이 독극물을 먹고 미워하는 저 사람이 죽기를 기다리는 것과 똑같은 상태입니다. 그 미운 사람은 아주 잘 살고 있습니다. 혈액에 아주 극소량의 바이러스만 침투해도 우리 몸은 반응합니다. 우리 몸에 아주 작은 독극물만 들어와도 반응합니다. 그런데 용서하지 못한 사람은 그 마음 어딘가에 영적 독약이 들어간 것입니다. 우리의 영혼에 매우 작은, 이 용서하지 못하는 독극물이 들어오면 우리의 영혼은 하나님의 의도와 다르게 우리는 부르심을 향해 나아갈 수 없게 발목을 잡히고 마는 것입니다. 이 마지막 때 파도를 타기 위해 반드시 점검해야 할 것은 바로 용서의 능력을 경험하는 것입니다.

예수님께서는 우리에게 용서하라고 명령하셨습니다. '네가 용서하고 싶으면 용서하고, 싫으면 용서 안 해도 돼.' 또는 '너의 마음에 용서할 마음이 생기거든 용서하고 그렇지 않으면 용서 안 해도 돼.' 그러지 않으셨습니다. 용서하라고 말씀하셨습니다. 용서하지 않을 때 어떤 일이 일어나는지 살펴보겠습니다.

창세기 3장에서 죄가 들어오기 전 아담과 하와의 관계는 정말 좋았습니다. 죄가 들어오기 전에는 아담이 하와를 향해서 "이는 나의 뼈 중의 뼈요, 살 중의 살이요"라고 합니다. 이게 옛날 표현이라 별로 와닿지 않습니다. 요즘으로 바꾸면 아주 닭살 돋는 표현입니다. 나의 완전한 '소울메이트'라고 말하는 것입니다. 정말 예쁜 여자친구, 아내라고 말하는 것입니다. 그런데 선악과를 먹고 나서 바로 죄가 들어옵니다. 그리고 하나님이 오셔서 너 왜 선악과 따 먹었느냐고 물어보시는데 아담의 태도를 보십시오. 조금 전까지는 "나의 완전한 배우자입니다. 너무 사랑스러운 내 아내입니다."라고 고백하던 아담에게 죄가 들어오자 바로 "저 여자 때문입니다!"라고 합니다. 지금 아담이 남의 탓을 하기 시작하는 것입니다. "아, 주님! 바로 저 사람 때문이에요." 주님, 대한민국이 어려운 것은 바로 저 사람 때문입니다! 죄가 들어온 이후로 계속 우리의 죄성이 남의 탓을 하도록 반응합니다. 그러나 성경은 그렇게 말하지 않습니다. 우리 눈에 있는 들보부터 빼라고 말씀하십니다.

나라가 매우 뒤숭숭하고 어렵습니다. 연일 이렇게 이 나라가 어려웠던 적이 있을까 하는 생각이 들 만큼 너무나도 분열되어 있고 서로 극도로 미워합니다. 자고 나면 미워할 대상을 한 주도 빠지지 않고 언론이 계속 던져줍니다. 그리고 우리는 그 사람을 붙들고 점심시간이 되면 계속 씹어댑니다. "어휴, 저 인간만 없으면 이 나라가 좋아질 텐데." 하지만 이것은 속고 있는 것입니다. 미움의 결과는 살인입니다. 이 나라를 움직이고 있는 영적 실체가 보이십니까?

예수님께서는 미워하는 마음이 살인이라고 하셨습니다. 그 미움의 동기가 뭐든지 간에 상관없이 주님은 미워할 만한 이유가 있으면 면제해 주겠다고 말씀하시지 않으셨습니다. 히틀러 시대와 지금이 똑같습니다. 히틀러가 등장합니다. 공정한 사회를 만들겠다, 정의로운 사회를 만들겠다, 그러기 위해서 "나에게 권력을 달라. 나에게 적폐를 청산할 수 있는 초법적인 권한을 달라!" 그리고는 한명, 한명 제거해 나갑니다. 그렇게 오랜 시간 제거하고 나자 국민 여론이 "히틀러 네가 적폐다. 네가 내려와야 한다." 이렇게 움직입니다. 히틀러는 내려오지 않았습니다. 더 큰 미움의 대상을 만들었습니다. "영국이 우리의 적폐다. 저 프랑스가 우리의 적폐다. 외국의 다른 나라가 우리의 적폐다. 저들을 죽여야 한다." 그러자 온 국민이 그 여론의 선동질에 미움의 대상이 바뀌고 눈이 뒤집혀서 총칼을 들고 나갑니다. 결론은 유럽 인구가 다 죽습니다. 작은 미움 하나가 확산되자 어떻게 되는지 보이십니까?

지금 대한민국이 어떤 에너지로 움직이고 있습니까? 대한민국의 중심 스피릿은 무엇입니까? 미움입니다. 언론은 지속적으로 미워할 대상을 던져줍니다. 그러나 진짜 마지막 때 교회가 해야 할 역할은 미움의 분노 에너지를 꺼뜨리는 것입니다. 용서로 미움을 꺼뜨릴 수 있습니다. 원수는 계속 서로 미워하라고 얘기합니다. '유대인과 이방인끼리 싸우고 죽여라.' '교회끼리 서로 싸우고 죽여라.' '정치인끼리 서로 싸우고 죽여라.' 그리고 우리는 상처가 있으니까 '그래, 나는 뭐 힘이 없는 줄 알아?' 하고 육신적으로 반응하는 겁니다.

누구도 자신의 힘으로 용서할 수 없습니다. 그러나 예수 그리스도의 보혈의 능력을 경험하고 순종하기를 결단하면 자신은 죽지만 용서하라는 말에는 순종할 수 있습니다. 그 용서함으로 미움과 분노의 에너지가 사라지고 하나님이 일하실 수 있는 역사가 일어납니다. 우리 힘으로 나라를 살릴 수 있다고 성경은 말하지 않습니다. 성경 어느 구절이든 살펴보십시오. 우리의 힘으로는 나라를 살릴 수 없습니다. '너희가 고치고 회개하면 내가 나라를 고칠 것이다.' 나라를 살리고 죽이는 것은 주님의 주권입니다. 우리가 해야 할 일은 순종입니다. 우리가 회개하면 우리가 믿음으로 반응하면 주님께서 일하십니다.

우리가 용서하지 못하면 관계가 깨집니다. 그래서 아내와 관계가 깨집니다. 부모와 관계가 깨집니다. 할머니와 관계가 깨집니다. 학교 선생님과 관계가 깨집니다. 목사님과 관계가 깨집니다. 교회 동료들과 관계가 다 깨집니다. 죄가 들어왔기 때문에 깨지는 것입니다. 그리고 다 자기 형편에서만 얘기하는 것입니다. '이래서 내가 상처받았다. 저래서 내가 상처받았다.' 그런데 용서하지 못하면 얼마나 불행한지 모릅니다.

미국 캘리포니아에 디즈니랜드가 있습니다. 어렸을 때 미국 여행할 기회가 있으면 거기를 다 가보고 싶어 합니다. 디즈니랜드에 간다면 초등학생 아이 마음이 굉장히 신나지 않겠습니까? 상상 속에서 꿈꾸던 해피 플레이스이기 때문입니다. '미워하는 사람이 있다.' '정말 죽이고 싶은 사람이 있다.' 그런 마음으로 놀이공원에 가면 거기가 해피 플레이스는커녕 전혀 기쁘지 않을 것입니다. 우리가 펜트하우스에 산다고 가정해 봅시다. 강남에 통유리가 있고 한강뷰가 좋은 몇 십억 원짜리 집에서 산다고 가정해 봅시다. 그러나 거기서 서로 죽도록 미워하는 부부가 상대를 향해 접시 날리기를 합니다. 남편이 아내에게 접시 날리고 남편은 받아서 다시 날리고 그러면 행복하겠습니까? 지옥입니다. 성경은 그런 펜트하우스에서 사는 것보다 지하방에서라도 서로 사랑하며 살아가는 것이 더 좋다고 말씀하고 있습니다. 그런데 마귀는 우리를 속이고 결국에는 죽이는 자입니다. 용서하지 못하고 미워하게 만들고 분노하게 만드는 겁니다.

용서하지 못하면 우울증과 정신병에 걸립니다. 잠도 못 자고 판단하고 비판합니다. 정신과 의사는 정신병원에 입원해 있는 환자 가운데 미워하는 대상을 용서하면 50%가 즉시 치료된다고 합니다. 어떤 경우는 자기 자신을 용서하지 못해서 미쳐버리기도 한답니다. 주님이 우리를 용서하셨습니다. 그리고 우리에게 요구합니다. "너희도 용서해라." 용서하지 못했을 때는 육체적인 고통이 따릅니다. 고혈압, 당뇨, 두통 같은 것들은 용서하지 않아서 발생하는 경우도 있습니다.

용서는 옵션이 아니라 명령이다

제가 아는 어떤 목사님의 간증입니다. 이 목사님이 한국에 오셔서 집회를 했는데 한 대학교수 부인이 왔습니다. 한국에서 교수 부인으로 살면 괜찮은 거 아니겠습니까. 그러나 이분은 극심한 우울증에 시달리며 10년째 밥을 안 했답니다. 상태가 얼마나 심각했던지 바지 입고 방에서 거실까지 나오는 데 1시간이 걸릴 정도였고 10년째 잠을 못 잤습니다. 새벽 4~5시까지 불면증에 시달리다가 해뜨기 직전에 잠깐 눈을 붙였다가 남편이 아이들 챙겨 보내고 출근하면 그제야 무거운 몸을 이끌고 뭐라도 먹어야 하니까 거실까지 기어 나오는데, 1시간이 걸린다는 것입니다. 겉으로 보면 아무런 이상이 없었습니다. 정신과에 가 봐도 해결이 안 되고 내적치유 세미나에 가 봐도 해결이 안 됐습니다. 그런데 그분이 그 목사님께 복음을 듣고 용서의 메시지를 들었습니다. 그리고 마음에서 주님 앞에 용서하기로 결단하고 순종했습니다.

놀라운 사실은 다음날 집회에 그분이 아침에 안 나왔습니다. 잠을 너무 깊이 들어 10년 만에 꿀잠을 잤다는 것입니다. 그리고 나중에 집회에 와서 이렇게 얘기하는 것입니다. "목사님, 제가 10년 만에 단잠을 잤습니다." 그분은 10년 동안 잠을 못 잤습니다. 그동안 누가 자지 말라고 한 것도 아닌데 묶여 있었기 때문에 잠을 못 잔 것입니다. 그래서 목사님이 물어보셨답니다. "무엇을 용서하셨어요? 무엇을 내려놓으셨어요? 무엇을 결단하셨어요?" "사실 저는 어렸을 때 너무 가난하게 컸어요. 그래서 다짐했습니다. 우리 아빠는 너무 무능력하니까 나는 어른이 되면 꼭 능력 있는 남자를 만나서 가난에서 벗어나야지." 그렇게 내적인 결단을 하고 열심히 공부해서 미국으로 유학을 갔습니다. 오직 능력 있는 남자 찾

는 것이 그의 소원이었습니다. 자기 아빠같이 무능력한 사람과 살면서
재정적으로 고통당하고 싶지 않다고 생각한 것입니다. 그리고 결국 능력
있는 형제와 결혼했습니다. 그리고 열심히 뒷바라지해서 '이제 남편만
교수로 임용되면 나는 편하게 살 거야.' 하는 기대감 하나로 자기를 억누
르면서 평생 그 유학생활을 헌신하며 살았던 것입니다. 그러다가 남편이
박사학위를 받고 나서 귀국해 대학교 교수로 임용이 결정됐는데 1997년
외환위기가 터진 것입니다. 그래서 남편의 교수 임용이 무기한 연기됐습
니다. 그때부터 경제적인 어려움이 시작됐습니다. 그동안은 유학 생활이
힘들어도 참을 수 있었습니다. 남편이 박사학위 받고 한국의 대학에서
교수로 임용만 되면 우리가 행복하게 잘먹고 잘살 거라 생각했기 때문입
니다. 그런데 그 희망이 깨지고 나니 그날부터 미국에서 파트타임을 하
는 것도, 뒷바라지하는 것도, 모든 의욕이 사라지기 시작한 것입니다.

또 이분은 자꾸 빈 종이에 자기 돈을 계산하는 습관이 있었습니다돈
에 매여 있는 것입니다. 그걸 적는다고 단돈 10원도 늘어나지 않는데 계
속 체크하면서 불안해하는 것입니다. 그리고 아이들에게 돈을 안 씁니
다. 돈에 매여 버린 것입니다. 그래서 10년 동안 잠을 못 잔 것입니다.
그분은 어느 순간부터 남편 뒤통수가 몹시 미워지기 시작했답니다. 그
남편을 통해서 태어난 자녀 또한 자기 자식인데도 너무 미웠답니다. 이
렇듯 완전한 무기력증에 힘겹게 살아온 것입니다. 그런데 말씀 앞에서
용서하기로 결단한 것입니다. 복음의 빛 가운데로 나온 것입니다. 자유
롭게 살기로 결단한 것입니다. 자기 동굴 속에 꽁꽁 처박혀 있다가 '아,
내가 이렇게 살아서는 안 되는구나. 용서는 하나님의 명령이구나'라고
깨달은 것입니다.

용서는 옵션이 아닙니다. 우리에게는 선택권이 없습니다. 믿음은 순

종입니다. 예수님이 우리에게 용서하라고 말씀하셨습니다. 그리고 그 교수 부인이 그 믿음에 반응하기로 하면서부터 자유롭게 되었습니다. 6개월 후 목사님은 그분을 다시 만났답니다. 완전히 날씬해졌고 무기력증에서 완전히 벗어났습니다. 그리고 남편이 집회 현장에 같이 왔답니다. 아내를 바꿔버린 그 복음의 메시지를 남편도 듣기를 원했다고 했습니다. 만일 아내가 완전히 무기력증에 빠진 채 남편에게 교회 가자고 하면 아마도 "너나 가" 하지 않겠습니까. 아내의 삶이 완전히 바뀌면 남편은 교회 가자고 안 해도 갈 겁니다. 바로 복음에는 생명이 있기 때문입니다.

이곳에 꽃이 있다고 가정해 보십시오. 조화는 아무리 아름다워도 그저 조화입니다. 그러나 한 송이의 생화가 있다면 향기가 납니다. 복음의 능력은 겨자씨 같은 믿음이라고 하더라도 진짜 순종하게 되면 생명력을 발휘하게 되는 것입니다.

몸을 낮추고 파도에 맡겨라

우리가 용서하지 못하는 것은 하나님을 믿지 않는 불신앙이 있기 때문입니다. 하나님은 좋은 분이십니다. 그러나 우리가 살다 보면 이해 안 가는 일이 많습니다. "하나님이 살아 계신데 왜 코로나를 허락하신 거야?" "하나님이 살아 계신데 전 세계 교회가 예배드리지 못하도록 허락하신 거야? 하나님 진짜 살아 계신 것 맞아? 아니 하나님이 살아 계신데 지구에 이렇게 안타까운 일이 왜 이렇게 많은 거야?" 제가 어렸다면 이렇게 생각을 했을 것 같습니다. 그러니 잘못된 우리 중심의 판단으로 하나님 앞에 자기 인생을 못 보는 것입니다.

파도를 타려면 몸을 완전히 낮춰야 합니다. 파도에 몸을 맡겨야 합니다. 그러나 우리는 자신의 환경을 보고, 자신의 실력을 보는 것입니다. 그러면 부흥의 파도는 못 타는 것입니다. 오늘 우리가 주님 앞에 주권을 드리기를 소망합니다.

요셉을 한번 생각해 보겠습니다. 미국 가면 우리 한인 커뮤니티에서 제일 흔한 이름이 데이비드(David, 다윗), 조지프(Joseph, 요셉), 대니얼(Daniel, 다니엘)입니다. 부모들은 자기 자식이 총리가 되기를 원하고 잘되기를 원합니다. 총리가 좋습니다. 그런데 요셉의 삶이 얼마나 험난했습니까. 10대를 정말 허무하게 보냈습니다. 요셉은 꿈을 두 번 꿨습니다. 그리고 그 꿈을 믿고 형들과 아버지에게 말합니다. 그 꿈 이야기 때문에 형들이 요셉을 버립니다. 만약 요셉을 데려다 놓고 내적치유 세미나를 한다면 몇 년이 걸려야 해결되겠습니까? 다른 사람도 아니고 형들이 자기를 버렸습니다. 다른 것도 아니고 노예로 팔아버렸습니다. 우리가 중국의 물고기 잡는 노예 배에 우리 형들이 자신을 팔았다고 생각해 봅시다. 거기 팔려가서 10년 동안 죽을 만큼 일하다 겨우 탈출했다면 육지에 발 디디자마자 무엇부터 하겠습니까? 눈 뒤집혀서 복수하러 가지 않겠습니까?

요셉은 그것보다 더 비참하게 살았습니다. 그렇지만 열심히 노력해서 노예 상태에서 인정받고 보디발의 집에서 자리를 잡았습니다. 그런데 보디발의 아내가 유혹한 것입니다. 그러나 요셉이 믿음으로 하나님을 경외했기 때문에 죄를 짓지 않았습니다. 그러면 하나님이 상이라도 주셔야 하는데 결과는 감옥행이었습니다. 그런 상황에서 하나님을 신뢰하기는 어렵습니다. 남 얘기니까 우리가 편하게 듣는 것이지 우리의 실제 환경이 그렇다고 생각해 본다면 이해가 되지 않고 납득하기도 어렵습니다.

우리는 믿음으로 반응해야 합니다. 이 사회에서 정말 노력해서, 정말 고생하면서 자리를 잡았다고 가정합시다. 그런데 결정적인 순간에 정말 남들은 다 사기치고 거짓말하고, 적당하게 하는데 자신은 믿음으로 반응했더니 회사에서 잘리고 백수가 됐습니다. 정직하게 했더니 계약 체결이 안 돼서 회사가 부도났습니다. 믿음에 반응했는데 우리가 생각했던 축복이 아니라 너무 좋지 않은 최악의 상황, 감옥으로 가게 되는 것입니다. 이게 요셉이었습니다.

하나님이 무엇 때문에 이런 일들을 한 인생 가운데 허락하셔야만 했을까 생각해 봅니다. 요셉은 나중에 애굽의 총리가 됩니다. 그리고 형들이 요셉 앞에 서게 되었습니다. 한번 감정 이입해서 생각해 봅시다. 자신이 지금 요셉이 되어 그렇게 고생하고 감옥살이하다가 나와서 총리가 되었습니다. 자신을 팔아먹은 자신의 형들이 눈앞에 있습니다. 심장박동수가 얼마나 되겠습니까? 죽이고 싶어서…. '저들을 어떻게 죽이지?' 그런 생각을 하지 않겠습니까? 그러나 요셉은 형들 앞에서 그와 달리 행동합니다.

"그가 한 사람을 앞서 보내셨음이여 요셉이 종으로 팔렸도다. 그의 발은 차꼬를 차고 그의 몸은 쇠사슬에 매였으니 곧 여호와의 말씀이 응할 때까지라 그의 말씀이 그를 단련하였도다."(시편 105:17~19)

요셉의 발과 손목은 여호와의 말씀이 떨어질 때까지 쇠사슬에 묶여 있었습니다. 하나님이 그를 단련시키는 것입니다. 부르심에 따라가려면 용서해야 한다는 것을 배워야 하기 때문입니다. 자신이 십자가에서 죽어야 용서할 수 있습니다. 맨 정신으로는 용서 못 합니다. 형들과 보디발의 아내를 어떻게 용서하겠습니까? 형들은 그렇다 치더라도 보디발은 인사청문회라도 해야 하지 않겠습니까? 그러나 요셉은 그렇게 하지 않았습니다.

"요셉이 그들에게 이르되 두려워하지 마소서 내가 하나님을 대신하리이까 당신들은 나를 해하려 하였으나 하나님은 그것을 선으로 바꾸사 오늘과 같이 많은 백성의 생명을 구원하게 하시려 하셨나니…."(창세기 50:19~20)

아주 무서운 말씀입니다. 원수 갚는 것은 하나님께 있다는 것입니다. 요셉은 이미 원수 갚는 것이 하나님께 있다고 감옥에서 말씀으로 연단을 받은 것입니다. 용서했을 때 요셉을 향한, 한 개인을 향한 부르심이 풀어진다는 것입니다. 우리는 용서하라고 하면 "내가 왜! 내가 뭐가 아쉬워서! 내가 왜 그 인간을 용서해? 누구 좋으라고 용서해?"라고 말합니다. 속지 마십시오. 우리가 용서하든 안 하든 그 인간은, 우리에게 아픔을 준 그 사람은 잘 살고 있습니다. 그러나 우리는 독약을 마시고 있는 것입니다. 그 인간 죽기를 기다리면서 스스로 죽고 있는 것입니다. 요셉은 엄청난 은총(favor)과 특별한 사랑을 받으면서 자랐습니다. 그런데 하나님이 고통과 고난 가운데서 '나는 하나님을 대신할 수 없구나. 내 인생은 하나님의 주권 가운데 달려 있구나.' 하는 것을 배우게 됐습니다.

하나님께 회개를, 이웃에게 용서를

요셉만이 아니라 다윗도 마찬가집니다. 하나님은 다윗을 왕으로 기름 부어 주셨습니다. 그는 자기의 부르심이 뭔지 알고 있었습니다. 하나님의 부르심은 아둘람에 가서 죽도록 고생하고 있을 때였습니다. 저는 아둘람을 열 번 넘게 가 봤습니다. 아둘람 굴은 너무 작아서 무장한 군인도 갑옷 다 벗고 기어들어갈 수 곳인데 사울이 그곳에 군인 1,000명 데려 왔다 해도 들어올 때는 한 명만 기어 들어갔을 것입니다. 그런데 아둘람 굴 안에 다윗이 숨어 있었을 때 사울이 들어왔으니 절호의 찬스 아니겠습니까? 그냥 죽여버리고 나서 목을 들고 나오며 "야, 이제 내가 왕이야!"라고 할 수도 있었습니다. 그러나 다윗은 그렇게 하지 않았습니다. 하나님의 절대 권한 가운데 순복하는 삶을 살기로 결단했을 때 주님은 그를 부르심의 자리로 데려가셨습니다. 용서는 'for'과 'give'가 합쳐진 단어입니다. 용서는 자신을 위해서 하는 것입니다. "야, 내려놓아라. 내가 너를 축복할게. 내가 너를 불렀으니 보내기를 원해."

마귀는 오히려 우리의 상처를 벌려 분노의 감정, 미움의 감정을 심어 놓은 다음에 우리를 묶어버리는 겁니다. 부르심으로 못 가도록 막는 것입니다. 부흥의 파도를 타길 원한다면 용서해야 합니다. 그게 마지막 때 열방으로 나아갈 수 있는 비밀입니다.

우리는 먼저 얼마나 큰 죄를 먼저 용서받았는지 깨달아야 합니다. 우리는 가진 걸 줄 수 있습니다. 돈이 있어야 돈을 줄 수 있습니다. 사랑을 받아야 사랑을 줄 수 있습니다. 그리고 우리가 인지하지도 못했을 때 엄청난 용서를 받았습니다. 성경에 비유가 나옵니다. 요즘 말로 치면 한 100억 원의 빚을 탕감받았습니다. "야, 너무너무 감사합니다. 내 부채를

다 없애줘서 감사합니다." 하고 법원에서 나오는데 바로 앞에 신년회 때 10만 원 떼먹은 친구가 보입니다. 가서 뒤통수를 탁 때리며 "야. 어째 여기서 만나냐. 너, 나 기억하지? 10년 전에 내 피 같은 돈 10만 원 떼먹은 거 어떡할래." "야, 나 지금 너무 상황이 안 좋다." "그거는 네 사정이고 일단 경찰서 가서 조서부터 써. 그리고 10만 원 갚을 때까지 거기서 나오지 마." 이렇듯 하나님은 우리를 용서해 주셨는데 우리는 용서하지 않고 사는 것입니다. 용서 안하면 하나님이 보실 때 어떤 태도인지 아시겠지요. 그래서 주님이 주기도문을 통해서 우리에게 용서하라고 하시는 것입니다. 하나님은 우리에게 하나님과 관계를 회복하고 이웃과 화평하라고 했잖습니까. 하나님과 화평하려면 회개해야 합니다. 이웃과 편하게 지내려면 용서해야 합니다. 둘 다 십자가에 죽어야 할 수 있는 일입니다. 주님은 우리에게 엄청난 기적을 경험할 수 있는 용서라는 선물을 주셨습니다.

그런데 사탄은 우리를 다 빼앗고 죽이게 하려고 하는 것입니다. 용서는 의지나 결단만으로는 못 합니다. 그러다가 화병 납니다. 용서는 이해가 아닙니다. '아 내가 혹시 용서했다가 걔가 안 받아들이면 어떡해?'가 아닙니다. 환경이 아닙니다. 용서는 설득이 아닙니다. 용서는 이해가 아닙니다. 용서는 믿음의 반응입니다. 믿음의 순종입니다. 그때 복수는 주님께 돌리는 것입니다. 보복은 주님이 하십니다.

하나님이 대한민국의 주권자다

오늘날 대한민국에 얼마나 큰 미움이 있는지 보십시오. 저는 하나님께서 6년간 나라를 위해 기도하라고 하셔서 기도했습니다. 그런데 기도 안 할 때는 나라가 그냥 멀쩡한 것 같았는데, 나라를 위해서 기도하고 나서부터는 나라가 망하기 시작합니다. '기도를 잘못 했나? 아니 기도 안 할 때는 괜찮더니 기도할수록 더 나빠져.' 지금이 최악입니다. 그런데 이번에 40일 라이트 하우스 기도회를 하면서 성령님께서 이런 마음을 주셨습니다. '주님, 아무리 기도해도 나라가 안 살아나지 않습니까. 도대체 기도는 왜 해야 합니까? 기도하면 무슨 진도나 열매가 있어야 할 것 아닙니까.' 그런데 성령님께서 다시 깨닫게 해 주셨습니다. '야, 너 나라 살리고 싶니? 그러면 쇼하지 말고, 이벤트 같은 거 하지 말고, 그냥 너나 내 앞에서 똑바로 해라.' 그러시더라고요. 이게 바로 네 안의 들보부터 빼라 하시는 말씀입니다. 남 얘기 하지 말고 너나 잘하라고 하시는 것입니다. 그런데 저는 맨날 기도하러 가면 '아니, 주님. 저 인간 좀 어떻게 해 주십시오. 나라가 어떻게 이 모양입니까? 어떻게 해결 좀 해 주십시오! 어떻게 처리 좀 해 주십시오!' 하고 계속 미워할 대상을 주님께 올리는 것입니다. 그런데 주님은 그게 아니었습니다. '야, 너나 잘해. 나라는 내가 고친다.' 나라는 주님의 주권 가운데 있습니다. 우리가 열심히 노력해서 나라가 살아나면 그 영광을 우리에게 돌릴 것입니다. 우리 때문에 나라가 살아났다고…. 그러나 우리의 힘으로는 안 됩니다. 대한민국 주권은 주님의 손안에 있습니다.

용서의 능력

하나님은 우리에게 지금 용서해야 할 만한 시대적 과업을 주셨습니다. 이게 이 민족의 부르심입니다. 앞으로 이 시대는 초갈등사회가 될 것입니다. 사람들이 자기를 사랑하고 서로를 미워하고 극심한 분노의 시대를 살아가면서 이 갈등은 아무도 풀 수 없게 됩니다. 이 흐름으로 가면 결국 국가 통제가 점점 더 심해집니다. 디지털 레닌주의가 시작된다는 말입니다. 훨씬 더 새로운 형태의 큰 국가가 우리에게 다가올 것입니다. 이것을 이길 수 있는 유일한 길은 용서함으로 서로 사랑하는 것입니다.

용서는 한 개인의 부르심이 회복되는 것입니다. 용서는 그냥 몸이 치유되는 정도가 아닙니다. 우울증에서 벗어나는 정도가 아닙니다. 진짜 깊이 있게 주님의 말씀에 의지해서 용서하면 우리 인생의 부르심이 시작됩니다. 그래서 마귀는 우리가 절대 용서를 하지 못하게 막는 것입니다. 다른 건 다 해도 용서는 못 하게 만듭니다. 아빠를 미워하게 만듭니다. 부부끼리 서로 싸우게 만듭니다. 동서와 서로 싸우게 만듭니다. 가까운 관계 안에서 서로 미워하게 만듭니다. '우리 교회에 도대체 왜 저런 사람이 있을까.' 교회 안에서 보기 싫은 인간 뒤통수만 보이게 만듭니다. 그 사람만 보면 은혜가 떨어집니다. 심지어 어떤 분들은 담임목사님과 관계가 깨져 있습니다. 목사님을 볼 때마다 은혜가 떨어지는데 어떻게 교회에 가겠습니까. 마귀가 철저하게 속이는 것입니다. 자신의 눈이 바뀌어야 회복됩니다. 남을 바꾸려고 하지 말고 자신이 바뀌어야 합니다.

용서하면 이런 일이 일어납니다. 제가 결혼하고 나서 아내와 7년째 같이 살고 있는데 나와 살아줘서 고맙다는 뜻으로 결혼기념일마다 실목걸이를 선물했습니다. 7년 동안 아이도 넷이나 낳아 육아하느라 실목걸이 하고 다닐 여유가 없었습니다. 어느 날 집회 끝나고 12시 넘어서 집에 도착했는데 저에게 서랍에 넣어 놨다가 엉켜버린 실목걸이를 풀어 달라고 건네주었습니다. 밤 12시 반에, 그것도 집회 마치고 왔는데…. 그래서 제가 샤워하고 나서 "어, 그래. 내가 풀어보지." 하고 마주 앉았습니다. 아내는 방에서 주무시고, 저는 거실에 앉아서 핀셋으로 푸는 데 한 30분이 지났습니다. 그러자 용서가 안 됩니다. 뒷목이 막 당기고 너무 괴로웠습니다. 그래서 안방 앞에까지 갔다가 가정의 평화를 위해서 다시 돌아서고, 그러다가 '그래. 내가 죽자!' 그러고 또 한 시간째 핀셋으로 목걸이 줄을 풀어 봅니다. 그런데 잘 안 풀립니다. 그만 화가 나서 던져놓고 잤습니다. 그러고서 아침부터 풀려고 엉켜 있는 목걸이를 보자마자 혈압이 막 오릅니다. '도대체 나보고 어떡하라는 거야?' 그래서 금은방에 갔습니다. 저는 풀어줄 줄 알았는데 풀어 줄 생각을 하지 않습니다. 갑자기 불을 지피더니 작은 용광로를 만들고는 거기에 목걸이를 녹여버리는 것입니다. 그래서 저는 당황할 수밖에 없었습니다. '아니 풀어줄 줄 알았는데 녹여버리다니….' 그런데 그때 저에게 하나님의 마음이 풀어지는 것입니다. '아, 풀 수 없는 거구나, 이거. 풀 수 없구나.'

지금 대한민국의 문제도 엉켜버린 실목걸이와 같습니다. 초갈등사회라도 못 풉니다. 용서로 녹여야 합니다. 용광로에 들어가서 기도와 말씀으로 녹여야 합니다. 마음의 상처가 나에게 상처 준 사람이 내 앞에서 무릎 꿇는다고 풀어지지 않습니다. 기도의 자리로 가서 녹여야 합니다. 그러면 결박이 풀어지는 것입니다.

한 개인이 용서하면 그 인생을 붙잡고 있던 귀신의 결박이 풀어집니다. 그러면 관계가 회복됩니다. 부르심으로 나아가게 됩니다. 한 국가가 용서하면 국가적인 사명이 풀어집니다. 국가적 부르심이 시작됩니다. 지금 마귀는 그게 두려운 것입니다. 주님 오실 날이 다가오는 이때 대한민국 교회가 혹시나 이런 킹덤 콘퍼런스를 통해 집단으로 용서해 버리면 줌으로 들어온 사람 모두 마귀가 채워 놓은 수갑이 집단으로 다 풀어지는 것입니다. 그러면 골방마다 하나님의 빛과 성령이 폭발합니다. '나를 부르심이 이거였구나! 내가 이렇게 용서하고 나아갈 수 있구나!' 그리고 모두 꿀잠 자는 것입니다. 그리고 내일은 새로운 피조물이 되는 것입니다. 귀신은 이게 두려워서 우리에게 자꾸 미움의 대상을 던져줍니다. 속지 마십시오. 미워함으로는 나라가 안 바뀝니다. 용서함으로만 나라가 바뀝니다.

미움의 에너지와 용서의 에너지

세상을 움직이는 2가지 에너지가 있습니다. 하나는 지금 대한민국을 잡고 있는 미움의 에너지입니다. 날마다 미움을 키워서 극도로 미워하게 만듭니다. 미워하고 있는 사람 눈을 보십시오. 뒤집혀 있습니다. 그걸로 나라가 절대 안 바뀝니다. 용서할 때 바뀝니다. 또 오해하지 마십시오. 죄와 악을 용서하라는 것이 아닙니다. 죄는 미워해야 합니다! 악은 분별해야 합니다! 그러나 그 악 때문에 미움으로는 우리의 중심이 변화되지 않습니다. 용서함으로 진리 가운데 분별하면 하나님의 부르심을 향해 나아갈 수 있다는 것입니다.

이 세상 공중권세가 마귀이므로 세상은 분노의 에너지로 움직입니다. 자꾸 미움의 대상을 줍니다. 우리가 한 3년 동안 누구를 미워했나 점검해 봅시다. 기업인을 미워했습니다. 죽었습니다. 연예인을 미워했습니다. 죽었습니다. 정치인을 미워했습니다. 죽었습니다. 이제 온 사회가 죽일 인간을 찾습니다. 그런데 그 끝은 사망입니다. 마귀가 이 분노를 점점 커지게 해서 대한민국 전체를 죽이려고 하는 것입니다. '더 미워해! 더 싸워!' 어느 순간 게이지가 꽉 차면 총과 칼을 들고 서로 죽이게 될 것입니다. 이유 없는 다음 세대만 죽어갑니다.

그것을 끌 수 있는, 방향을 완전히 바꿀 수 있는 유일한 키가 하나 있는데 그것이 용서입니다. 예수님의 십자가 보혈로 마음을 깨끗하게 치워버리는 것입니다. 그리고 주님 앞에서 자유롭게 되었노라고 고백하는 것입니다. 복수하는 것과 이 나라의 주권은 주님께 있습니다. 마귀는 이렇게 부르심을 향해 나아가는 킹덤 용사들이 나오는 것을 지금 두려워하고 있습니다.

우리의 능력은 분노가 아니라 용서에서 온다

제가 옛날에 왜 그랬는지 모르겠지만 일본을 많이 미워했습니다. 다른 나라 축구는 잘 안 보는데 한일전은 눈을 부릅뜨고 봤습니다. 다른 나라와 경기할 때는 우리 국가대표가 실수를 좀 해도 괜찮지만 한일전에서 우리나라 수비수가 자살골을 넣어서 16강 못 가게 되면 그날로 그 선수는 옷을 벗어야 합니다. 국적 바꾸고 일본으로 가든지 아니면 인천공항으로 들어서는 순간 분노한 국민에게 테러당하지 않겠습니까.

제가 그랬습니다. 제가 거듭나고 첫 번째 선교 간 나라가 일본이었습니다. 배 타고 가는데 입이 툭 튀어나왔습니다. '주님, 일본은 그냥 서서히 가라앉아서 없어졌으면 좋겠는데 제가 왜 일본으로 선교 가야 합니까? 다른 나라 가라면 아멘, 할렐루야 하겠는데 왜 첫 번째 나라가 일본입니까.' 독도가 우리 땅입니까? 그거 다 비진리입니다. 독도는 하나님의 땅입니다. 토지는 하나님의 것이라고 성경에 나와 있습니다. 제가 일본에 막 갔을 때 일본인을 향한 하나님의 마음이 부어지는 것입니다. 그래서 제가 이유 없이 울었습니다. 너무 상식적이지만 '하나님이 일본도 사랑하시는구나'를 처음 느꼈습니다. 그러고 보니 일본의 인구 1억 2,000명 가운데 교회가 별로 없습니다. 제가 만난 일본인 목사님이 50명 모이는 담임 목회가 꿈이라고 했습니다. 일본의 크리스천 비율이 0.5%입니다. 그 무슨 말이냐 하면 우리가 그들을 용서하지 않고 그들에게 복음을 전하지 않으면 현재 시간부로 주님이 오시면 일본인 중 99.5%가 지옥으로 간다는 말입니다.

그 책임을 제일 가까운 세계 선교사 파송 1위 국가인 대한민국에 묻지 않겠습니까? 제가 하나님의 마음을 알고 일본인에게 사랑을 나누고 제 진심을 전해서 그들과 화평케 되어 우리나라로 복귀하면, 언론에서 귀신같이 알고 일본을 미워할 내용을 톱기사로 올립니다. 국민의 감정은 일본을 자꾸 미워하게 됩니다. 속지 맙시다. 국가적으로 용서하면 국가적인 부르심이 해결됩니다. 대한민국이 일본에 "야, 무릎 꿇어." 한다면 이게 성경적인 방식입니까? 용서하라는 예수님의 말씀이 한국인에게는 해당하지 않은 말씀일까요?

원수를 사랑한다는 것은 십자가를 통과한 사람에게 해당하는 것입니다. 자기 힘으로 사랑하는 척하다가는 화병이 납니다. 그래서 용서는 믿음입니다. 순종하는 것입니다. 그냥 결단하는 것입니다. 주님 앞에 반응하는 것입니다. 그러면 주님이 일하십니다. 제가 일본을 용서하고 나자 얼마나 큰 하늘의 유업이 주어지고, 얼마나 큰 일본인의 영적 사랑을 경험하게 되었던지요.

또 우리는 중국을 너무 미워합니다. 공산주의와 사회주의는 밀어내야 합니다. 그렇지만 중국 사람을 미워하면 안 됩니다. 우리가 십자가 안에서 품어야 합니다. 그러면 분노를 삭이는 보혈의 역사가 이루어지는 것입니다. 대한민국이 복음 통일이 되었을 때 일본과 중국 지하교회와 선교적 동맹을 맺고 열방에 선교하기 시작하는 역사가 일어날까 봐 모든 귀신을 총집합시켜 대한민국에 다 보낸 것 같습니다. 얼마나 미워하게 만드는지, 우리는 속지 말아야 합니다. 용서하면 부르심이 풀립니다.

우리가 엄마, 아빠, 할머니, 부부간 용서하려고 마음먹어 보면 용서하지 못하는 걸림돌이 얼마나 많은지 모릅니다. 사랑해서 결혼했지만 아이를 키우다 보면 자녀교육 가치관 충돌로 부부가 싸우게 됩니다. '우리 아이는 몇 살 때 영어를 가르쳐야 하나, 수학을 가르쳐야 하나.' 이런 것 때문에 싸우게 됩니다. 사실 별거 아닙니다. 그러고선 서로 등 돌리고 잡니다. 교회 다니니까 이혼은 안 하지만 그냥 미워하고 사는 것입니다. 마귀에게 속아서입니다. 또 서로를 바꾸려고 합니다. 치약 짜는 것 가지고도 싸웁니다. 사실 위에서 짜든 아래서 짜든 뭐가 문제이겠습니까. 서로 사랑하면 배려하게 되는데 양말 벗어 놓는 거 보고 별거 아닌데도 싸우게 되고, 이불을 3단으로 접어 2단으로 접어 이런 걸로 싸웁니다.

우리가 예수 그리스도의 마음을 품게 되면 이해하게 되고, 긍휼하게 되고, 남을 더 낫게 여기게 되고, 다 사랑하게 됩니다. 어떤 분에게 "용서하십시오." 했더니 그분이 용서를 못 하겠다고 했습니다. 다 용서하겠는데 그 인간만은 용서를 못 하겠다고 했습니다. '그래도 용서해야 합니다. 예수님이 당신을 용서하지 않았습니까.' 그 후 그분이 믿음으로 반응하는데 얼굴이 해같이 빛이 났습니다. 그리고 하는 말이 "사실은 그 사람이 불쌍한 사람이라고, 돈 벌려고 새벽같이 나갔다 늦게 돌아와서 3초 만에 잠이 듭니다. 그런데 저는 대화하고 싶고…." 그렇게 남편과 갈등하게 됐는데 서로 사랑하고 용서하게 되면서 한마음이 된 것입니다.

이 마지막 때에 가정의 사랑을 국가가 뺏어가려 합니다. 요즘 아이를 낳으면 나라에서 돈을 줍니다. 처음에는 좋습니다. 그러나 나중에 국가가 가정의 문을 열고 개입하게 됩니다. 아이들에게 드는 양육비를 커피숍에 가서 쓰는 건 아닌지 확인하려 하지 않겠습니까? 지금 유치원 문도 국가가 열고 들어옵니다. 무엇이 정말 중요한지 잘 생각하십시오. 어떻게 정신을 차리고 살아야 할지 잘 생각하십시오. 믿음을 가진 자만이 국가적 부르심을 일으킬 수 있도록 하나님이 만들어 놓으셨습니다. 하나님을 제대로 경험한 자들만이 국가적 부르심의 자리를 세워 갈 수 있습니다.

최근 서울·경기권은 사회적 거리두기 방역수칙을 2단계로 격상시켜서 50인 이상 식당, 예식장, 교회는 다 문을 닫아야 했습니다. 9월, 10월이 되면 금융위기까지 올 수 있다고 합니다. 대기업이 부도날 수도 있다고 합니다. 지금도 교회가 어마어마하게 힘든데, 올겨울까지 우리가 마스크를 쓰고 살아야 한다고 합니다. 하나님이 왜 이런 상황을 허락하셨겠습니까. 하나님은 손해 볼 분이 아니십니다.

제가 선교사 포럼에 갔는데 어떤 선교사님이 중동 사진 2장을 보여 주셨는데 사우디아라비아에 사람이 가득 차서 1년에 수백 명씩 압사당하는 메카 사진이었습니다. 우리는 신령과 진정으로 온라인으로 예배를 드릴 수 있습니다. 그런데 그 사람들은 율법주의자이기 때문에 메카에 못 가면 지옥 간다고 믿습니다. 밟혀 죽어도 거기서 죽어야 자기들이 말하는 유토피아에 가는 것이므로 메카로 가는 것입니다. 그런 메카가 1,000년 만에 멈췄습니다. 이게 바로 '이제 종교의 시대는 끝났어.'를 말하는 것입니다. 기독교는 종교가 아닙니다. 기독교는 생명입니다. 하나님께서 종교를 한방에 끝내신 겁니다. 그리고 생명을 회복시키고 계신 것입니다.

온라인으로 예배해도 성령이 일하시는 것을 느끼고 계십니까? 더 놀라운 사실은 서울에서 온라인으로 예배할 때 "예수의 이름으로 치유될지어다!" 하고 선포했는데 갑상샘 질환이 낫고, 디스크가 나았습니다. 주님은 온라인 세계에서도 일하십니다. 비대면이라서 불편하십니까? 온라인으로 우리는 다 교제하고 있습니다. 지금 이 줌에 대가를 지불하고 화면 앞에 나와 있는 분들은 진짜 생명력이 있는 복음을 원해서 오신 것 아닙니까? 그러기 위해서 해야 할 일이 있습니다. 믿음에 반응하십시오. 용서하십시오!

용서 못 할 자

저에게는 제일 용서 못 하는 사람이 한 명 있었습니다. 바로 저 자신이었습니다. 남들은 다 용서하겠는데 저를 용서 못 하는 것입니다. 얼마나 오랫동안 아픔과 비통함 가운데 있었는지, 정말 용서가 안 됐습니다. 제가 왜 그러고 살았는지. 제가 교회를 다니면서도 어떻게 그렇게 범죄하며 살았을까, 용서할 수 없었습니다. 청년의 때에 하나님을 믿는다고 교회에 한 발 넣고 있었음에도 어떻게 그렇게 방탕함과, 음란함과, 거짓말로 살았을까. 그게 저 자신을 용서할 수 없는 것이었습니다. 너무 고통스러웠었습니다. 그런데 어느 날 기도하고 있는데 주님의 음성이 들렸습니다. "아들아, 내가 너를 용서했어. 내가 너를 용서하려고 십자가를 졌

잖아. 내가 모든 물과 피를 쏟았잖아. 내가 수치를 당했잖아. 그러니 너는 고통을 겪지 마. 자책 가운데 묶여 있지 마." 제가 얼마나 펑펑 울었는지 모릅니다. 주님이 용서하셨다고 하셨습니다. 주님이 우리를 용서하셨습니다. 그 마음을 받는데 얼마나 울었는지 모릅니다. 관념적이었던 십자가가 제 안에 살아서 역사하는 십자가가 되었습니다. 어떤 이유로도 천국 갈 수 없는 우리에게 이 얼마나 기쁜 소식입니까. 40년 종교 생활해도 1%도 선한 게 안 나옵니다. 그런데 주님이 그런 우리에게 "그래서 내가 십자가 달리지 않았느냐. 내가 대가를 지불했잖아. 내가 너 때문에 십자가 달렸잖아. 그러니 아들아. 넌 이제 자유야."라고 하십니다.

저는 과거에 예배를 드려도 자유롭지 않았습니다. 장로교 출신의 분위기에 계속 주변을 의식하고 소리 내어 기도할 수도 없었습니다. 묶여 있으니까 그랬던 것입니다. 우리가 이마트에 갔는데 구매 영수증이 있으면 긴장할 필요가 없습니다. 그게 십자가입니다. 예수님이 "나 너 구매 완료했다. 넌 내 거야." 그러니까 우리는 "I AM FREE!"를 외치게 되는 것입니다. 우리가 그리스도 안에서 자유롭게 예배하는 것입니다. 제한 없이 주님을 사랑하는 것입니다. 그 사랑에 감격해서 주님은 우리에게 요구하시는 것입니다. "너도 용서해라. 너의 주변에 너를 힘들게 한 자를 풀어 줘라. 그러면 내가 통치할게. 내가 다스릴게."

제가 또 용서하지 못했던 것이 하나 있었습니다. 운전하는 데 새치기하는 차입니다. 저는 용인에 삽니다. 우리 사무실이 강남에 있는데 아침마다 경부고속도로를 타야 합니다. 그러면 교차로에서 끼어드는 차가 꼭 있습니다. 제가 아침에 아이를 대안학교에 보내려고 뒷좌석에 태우고 출근하는데 새치기만 하면 갑자기 분노가 치밀어 오릅니다. 그러면 우리 아들이 긴장합니다. 말은 안 해도 벌써 공기가 싸해지는 것을 아는 것입니다. 한 20분 동안 아이가 얼어붙어 있습니다. 어떤 날은 두 대가 연속으로 끼어들면 너무 화가 납니다. 혹시 창문 내렸다가 성도라도 만나면 안 되니까 창문은 안 내려도 경적을 막 울려댑니다. 용서하라 했는데 이 끼어드는 차는 용서하지 못하겠습니다. 주님 오실 때까지 새치기는 계속 있을 텐데 말입니다. 그때 성령님이 힌트를 주셨습니다. "아들아, 새치기하는 차 있지? 너한테 안수기도 받고 싶다고 들이미는 거라고 생각하고 축복기도 해 줘." 믿음은 순종입니다.

다음 날 운전하려고 나가는데 막 설렜습니다. 새치기하는 차가 기다려졌습니다. 순종해야 하니까 그랬습니다. 막 끼어드는 카니발 한 대를 향해 날렸습니다. "God bless you!" 그 순간 우리 아들과 저는 웃음을 터뜨렸습니다. 화평케 되는 역사가 있었습니다. 그다음부터 새치기하는 차 때문에 화가 나지 않습니다. 10번 끼어들면 'God bless you'를 10번 하는 것입니다. 그다음부터 아침이 축복기도를 하는 시간으로 바뀌었습니다. 환경은 바뀌기 어렵습니다. 환경은 하나님의 것입니다. 그런데 저의 마음이 바뀌니까 하나님이 에덴을 만드셨습니다.

그 문을 네가 달아라!

저는 또 선교사니까 수입이 일정하지 않습니다. 첫째 아이가 태어났을 때 아들 이름으로 10만 원짜리 적금을 넣었습니다. 그리고 몇 년 지났습니다. 어느 날 기도원에 집회 갔는데 돈이 없어서 건축하다가 중단된 기도원이었습니다. 사례비 받기가 어려울 것 같아서 제가 사례비 안 받고 3일간 봉사했으면 잘한 것 아닙니까? 그리고 집에 돌아왔는데 성령님이 마음을 주시는 것입니다. "아들아, 저 기도원 문짝 안 달린 거 봤지?" 제가 굳이 안 들으려고 했습니다. "뭘 보긴 봤는데, 왜요?" "그거 네가 좀 달아라." "싫어요. 주님, 제가 그걸 왜 답니까?" 믿음은 순종해야 하지 않습니까. 목사님께 전화했습니다. "주님, 들으셨지요? 저 300만 원 없습니다." 그러고 운전하고 갔습니다. 그런데 성령님이 또 마음을 주십니다. "아들아, 너 돈 있잖아." 주님은 우리의 재정을 우리보다 더 잘 알고 계십니다. 우리의 머리털도 세시는데 통장 잔액 안 세시겠습니까. "주님, 없습니다." "있어." "없습니다." "있어." "어디 있습니까." "네 아들 이름으로 넣어 놓은 적금 있잖아." 주님, 너무하신 거 아니냐고, 나만 드리면 됐지, 아들 것까지 뺏어 가시냐고 투덜거렸습니다. "그런데 300만 원은 안 될걸요? 300만 원 넘으면 주님 뜻인 줄 알고 보낼게요." 통장 잔액을 찍어 보았더니 하필이면 300만 원 하고도 몇 천 원이었습니다. 이제 빼도 박도 못하는 것입니다. 그래서 아내에게 전화했습니다. "여보, 헌금해야겠는데. 어떡하지?" 우리 아내는 그냥 하라고 했습니다. '당신이 나보다 믿음이 좋아.' 현금으로 빼서 목사님께 갖다 드렸습니다. 막 기쁠 줄 알았는데 5%만 기쁘고 95%는 씁쓸했습니다. 그런데 주님이 또 마음을 주십니다. "아들아. 네 아들 내가 책임질게. 네 아들 내가 책임질게." 제가 그날 바로 차를 세워놓고 엉엉 울었습니다. 300만 원이 제 아들을 책임지겠습니까 하나님이 우리 아이를 책임지시지요.

저는 그날부터 돈의 묶임에서 자유롭게 됐습니다. 그 후 세 딸을 더 주셨는데 그때 한 명당 10만 원씩 적금 넣었으면 지금 40만 원씩을, 얼마나 무거운 그 짐을 나 홀로 지고 견디다 못해 쓰러질 것 아닙니까. 그때 주님이 자유롭게 하셨습니다. 주님이 책임지신다는데 하는 믿음에 너무나 기뻤습니다.

여러분 안에 용서하지 못하는 사람이 있습니까? 자기 자신을 용서하지 못하는 분이 있습니까? 이제 풀어 주십시오. 예수님이 우리를 용서하셨습니다. 지금 용서하지 못한 사람 이름을 적어 놓으시고 개인적인 골방에 들어가셔서 주님 앞에 용서로 순종하십시오. 그러면 주님이 우리를 치유케 하실 것입니다. 그리고 우리를 자유롭게 할 것입니다. 우리의 관계를 회복시키실 것입니다. 우리의 삶을 풍성하게 만들 것입니다. 그리고 주님이 그곳 가운데 에덴을 회복시키실 것입니다.

인생에서 스스로 해 보려고 힘겹게 노력하지 마십시오. 노력해도 안 되는 시대입니다. 우리가 슈퍼컴퓨터를 이기는 길은 없습니다. 그러나 컴퓨터는 용서를 못합니다. 예수님을 믿는 사람에게 임하는 성령의 역사이기 때문에 용서 알고리즘은 컴퓨터가 쓸 수 없습니다. 공감능력, 배려, 사랑, 희생, 절제, 온유 같은 성령의 열매는 절대 슈퍼컴퓨터가 우리를 따라 잡지 못합니다. 이 마지막 시대 파도를 타는 능력은 용서를 시작으로 성령의 열매를 맺어 가는 것입니다. 그렇게 할 때 주님께서 놀라운 부흥의 파도를 타게 할 줄 믿습니다.

부흥의 파도를 타라

모세가 홍해에서 지팡이를 내미니까 파도가 갈라지는 사진이 있습니다. 주님께서 저를 11년 전에 콜링하셔서 열심히 사역하고 다니다가 결혼하고 이제 '시즌 2'를 주셨습니다. '유학을 해야 하나, 신학 공부를 해야 하나.' 그런 생각을 하던 차에 비전을 하나 주셨습니다. "아들아, 기도해라." 기도야 맨날 합니다. "그게 아니라 너 여기서 기도해." 그게 강남의 지하 2층 우리 기도실입니다. 제 기질은 외국 돌아다니는 것이지 지하에 처박혀 있는 게 아닙니다. 인천공항에서 맛있는 것 먹고 외국 가는 게 좋습니다. 그런데 돌아다니지 말고 지하에 있으라는 것입니다. 그래서 지난 7년 동안 지하에 있었습니다. 저의 30대를 거의 지하에서 보냈습니다.

그런데 얼마나 놀라운지 모릅니다. 그 지하에 있을 때 주님이 이런 비전을 주셨습니다. "너 여기서 기도하면 내가 전 세계의 바알에게 무릎 꿇지 않는 7,000명을 붙여 줄 거야." 말이 됩니까? 무슨 개미 떼입니까? 지하 67평에 7,000명이 어떻게 들어옵니까. 그러나 주님이 말씀하시는 것입니다. "내가 7,000명을 붙인다. 그리고 30만 동역자도 붙일 거야. 그리고 대한민국을 재건할 거니까, 복음통일이 될 거니까 너는 선교하는 대한민국, 통일된 대한민국을 준비해라." 이 마음을 7년 전에 주셨습니다. "주님, 말도 안 됩니다. 말도 안 돼요." '그렇지 주님은 말도 안 되는 것만 시키시지.' 주님 말씀의 특징이 갈 바를 알지 못하고 떠나야 한다는 것입니다. 디테일하게 말씀해 주시면 얼마나 좋습니까. 그때 7,000명을 모을 때 유튜브라는 것만 알려주셨어도 제가 얼마나 잘 준비했겠습니까. 유튜브를 통해서 7,000명을 모은다 하시면 "아하!" 했을 텐데, 그런 말씀이 없으셨습니다. 그냥 그날부터 열심히 준비했습니다.

'언제 7,000명이 모이나….' 한 6개월 기도했더니 7,000명은커녕 우리 선교회에 머리 묶은 남자 점쟁이 9명이 찾아왔습니다. 왜 오셨느냐고 했더니 점괘가 안 잡힌다며 우리더러 모여서 기도하지 말라고 했습니다. 점쟁이가 권리금 5,000만 원 줄 테니 여기 말고 딴 데 가서 기도하라고 하자 지금까지는 지하실에 별 마음이 없었는데 그때부터 여기가 더 소중하게 느껴지는 것입니다. 지하에 무슨 권리금입니까. 권리금이 없는데 괜히 그런 것입니다. 그런 거 있잖습니까. 남이 좋다고 그러면 괜히 좋아 보이는 것 말입니다. '야, 기도하니까 귀신이 먼저 아네. 여기가 뭔가 중요한 곳이구나. 뭔가 모르지만 우리의 기도가 좀 효력이 있나 보다.' 하고 그때부터 제가 이를 꽉 깨물고 기도했습니다. 막 기도하는데 사람이 모여 듭니다. 거기가 꽉 차면 150명인데 어느 날부터 220명이 왔습니다. 그래서 지하 2층 밖까지 박스 깔고 다 앉았습니다.

우리가 있는 건물이 강남역 부근에 있는데 좀 심란합니다. 1층은 와인바, 지하 1층은 소주 바로 모두 술집입니다. 기도회하는데 심란합니다. 소주바, 와인바 앞에서 박스 깔아놓고 우리 집사님, 권사님들이 주여 삼창을 하자 경찰이 출동했습니다. "여기 뭐하는 데냐? 아니 왜 기도를 길바닥에서 하느냐?" "안에 공간이 없다." 그래서 스태프와 회의를 했습니다. '경찰이 자꾸 오는데 부담된다. 주변에 덕이 안 되니 어떻게 할까? 첫째, 공간을 넓히자. 그런데 돈이 없어서 안 돼. 둘째, 오지 않게 하자.' 그래서 '유튜브라는 걸 틀고 가능하면 강남에 안 오게 해 드리자.'로 결론을 내렸습니다.

그게 6년 전에 시작한 유튜브 기도회였습니다. 머리가 좋아서 코로나 시대가 올 줄 알고 한 것이 아닙니다. 유튜브로 누가 보겠습니까. 그래도 때가 되면 7,000명 모으신다고 하셨으니까 기도했습니다. 올해 2020년 초 뭔가 심상치 않았습니다. 새해가 된 느낌이 뭔가 다른 것입니다. 그리고 1월에 우리가 훈련시킨 청년들과 이스라엘에 갔는데 무척 힘들었습니다. 현지에서 어려움을 다 감당하고 있는데 성령님이 주신 말씀이 "아들아, 생존이 아니라 부르심이다."라는 것이었습니다.

코로나 치사율 1%, 용서하지 않으면 치사율 100%

　지금은 생존력을 키우는 시대입니다. 마스크는 죽기 싫어서 쓰는 것이 아닙니다. 코로나 치사율은 1%입니다. 그런데 용서 안 하고 복음으로 거듭나지 않으면 치사율이 100%입니다. 100% 지옥 갑니다. 이 시대 앞에 생존의 방향으로 가시겠습니까, 부르심의 방향으로 가시겠습니까? 당연히 부르심의 방향입니다. 부르심의 방향으로 가려면 용서해야 갈 수 있습니다. 쇠사슬이 끊어져야 합니다.

　그래서 올해 쭉 달려가는데 3월에 전 세계적인 팬데믹이 왔습니다. '주님, 어떡하면 좋습니까? 올해 가을집회도, 여름수련회도 일 년 일정 다 취소됐는데 어떡할까요.' 제 인간적인 생각으론 '그래, 사역 10년 했으니까 올해 안식년 주시나 보다. 1년 동안 몸 관리나 하고, 책이나 써야겠다. 일 년 쉬지 뭐.' 이런 것이었는데 "아들아, 지금 기도할 때야. 부흥의 파도를 타야 해. 파도를 탈 준비를 해야 해." 그래서 직감적으로 알았습니다. '아, 지금 주님이 일하시는 때구나.' 이걸 제 영이 깨닫고 매일 온라인 기도를 했습니다. 3월, 4월, 5월까지 했더니 마지막 날 동시접속자 수가 딱 7,000명이었습니다. 온라인 주일 예배 동시접속 7,000명이 쉽지는 않습니다. '진짜 하나님이 하시는구나.'

　그리고 나서 좀 쉬었다가 40일 기도회를 하라고 하시는데 이번에는 기도책자를 만들어서 다 뿌리라고 하시는 것입니다. 우리가 다 제작해서 뿌렸는데 저는 10,000명이 올 줄 알고 10,000부를 신청했습니다. 10,000부 보내려고 해도 선교 단체에서 큰 비용이 나가는데 3일 만에 또 10,000부를 신청한 것입니다. 갑자기 3일 지나고 돈 내라고 할 수도 없고 우리는 지금 돈도 없는데, 성령님은 그냥 다 보내라고 하셨습니다.

그랬더니 2만 5,000부가 나갔습니다. 그러고 나서 기도회를 시작했는데 58개국에서 1만 3,000명이 동시접속을 했습니다.

앞으로 우리가 파도를 탈 때 더 어려워질 수도 있지만 이것을 허락하시는 분이 하나님이십니다. 생명이 살아있는 자는 일어나게 되어 있습니다. 우리 안에 복음이 진짜 살아 있다면 어두울 때 빛을 발하게 되어 있습니다. 용서의 능력이 경험이 됩니다. 얼굴이 해같이 빛나게 되어 있습니다. 우리 안에 복음의 생수가 있기에 세상은 모여들게 되어 있습니다. 그러므로 이 시대에 무엇으로 부흥의 파도를 타야 하겠습니까. 생존이 아닌 부르심을 향해 나아갈 수 있기를 소망합니다.

부흥과 통일

요즘 제 인생 처음으로 이 단어를 갈망하고 있습니다. 부흥이 올 것 같습니다. 정말 부흥이 올 것 같습니다. 이 부흥은 이제 휴전선을 무너뜨리는 부흥이라고 믿습니다. 대한민국 청년들의 역량이 얼마나 대단한가 하면 9급 공무원만 되려고 해도 300 대 1의 경쟁률을 뚫어야 합니다. 비하하는 게 아니고 그렇게 300 대 1을 뚫고 들어간 청년이 저에게 고민거리를 메일로 보냈습니다. '선교사님, 제가 노량진에서 3년간 주먹밥 먹고 열심히 노력해서 임용됐는데, 연수받고 동사무소로 배치받았습니다. 그런데 30년 후의 제 모습이 제 뒤의 계장님이라고 생각하니 약간 동공에 지진이 옵니다. 이렇게 주님을 맞이하면 어떡하지요.' 공무원이 부르심이면 가야 합니다. 그런데 거기가 안전하다고 생각해서 간다면 죽는 것입니다. 지금 우리는 마지막 때에 하나님의 부흥의 부르심을 향해서 나왔습니다. 누가 갈 수 있습니까? 도전하는 자들, 예수님 붙잡고 서핑하려고 뛰어드는 자들입니다.

스펙으로만, 노력으로만 사는 사람은 한계가 있습니다. 자기 스펙만큼이 자신의 한계입니다. 노력하지 말란 이야기가 아닙니다. 그런데 예수님이 주인이십니다. 그러면 내게 능력 주시는 자 안에서 다 할 수 있습니다. 스펙이 없으면 주님이 나의 능력이니까. 복음 통일된 대한민국 재건을 스펙으로 할 수 있는 사람, 예수님을 주인으로 모신 사람은 북한 2,500만 주민을 복음화할 수 있습니다. 통일 대한민국을 경영할 수 있습니다. 세계 선교를 마무리 지을 수 있습니다. 전 세계가 말합니다. '1인당 국민소득이 3만 달러를 넘었으니까 이제 한국의 교회는 끝났다.' 아니요! 거짓말입니다. 예수 그리스도가 주인이면 뚫고 올라갑니다. 전 세계 한류열풍이 불고 있잖습니까. 왜 하나님이 그걸 허락하시겠습니까. 이스라엘 가면, 한국인과 사진 찍자고 그럽니다. 한류열풍 때문입니다. 하나님께서 이렇게 한국인의 호감도를 높이시는 것은 선교하라고 그런 것입니다. 우리가 잘 몰라서 그렇지만 우리 청년들이 열방에 나가면 세계 1%의 인재입니다. '무슨 1%입니까, 수능 5등급인데.' 한국에서 5등급이지 외국 나가면 1등급입니다. 한국인만큼 적응력이 뛰어난 사람도 없습니다. 전 세계 집회를 다녀 보면 나라마다 한국인이 있는데 모두 자리 잡고 있습니다. 전 세계 PC방 주인은 다 한국인입니다. 김밥집 주인도 모두 한국인입니다. 눈 감고도 김밥을 맙니다. 이처럼 한국인이 뛰어난데 왜 하나님께서는 이 대한민국이라는 작은 감옥 같은 곳에서 우리를 연단하고 계실까요?

북한 문이 열리면 전기차 타고 동남아시아로 선교하는 길이 열립니다. 부흥의 때를 준비하십시오. 창조적 부흥의 때를 준비하십시오. 저는 요새 눈 감으면 통일이라는 소리가 뒤에서 들립니다. 정치적으로 보면 '야, 대한민국 심란한데 무슨 통일이야.' 통일은 우리 힘으로 하는 것이 아닙니다. 통일이 되면 저는 교회 안 세우고 교회 옆에 빵집, 옷집, 학원, 과일 집 등을 만들기 위해 요즘 회사 만들기를 하고 있습니다. 통일이 되면 월요일부터 토요일까지는 우리가 복음 전하고 주일날은 지역 교회 보내면 되지 않겠습니까. 그래서 강남에서 부지런히 회사 만들기를 하고 있습니다. 창업이 예배입니다. 진짜 창조적인 사람은 패션으로 예배하고, 음악으로 예배하고, 음식 만드는 걸로 예배하고, 우리가 밟는 모든 걸로 예배하는 것입니다.

오늘 이곳에 그런 믿음의 주역들이 나오길 원합니다. 부흥의 파도를 타려면 묶임이 풀어져야 한다고 했는데 대한민국에 큰 아픔이 너무 많습니다. 개인의 아픔이 풀어지면, 용서하면 개인의 부르심이 회복됩니다. 국가적인 아픔이 풀어지면 국가적인 부르심이 풀어집니다. 이것을 푸는 방법은 기도의 용광로 온도를 높여서 녹이는 겁니다. 주님은 길을 만드는 분이십니다. 오늘 이 시대에 일하고 계십니다. 코로나로 모든 것이 멈춘 것 같은 이 시대에 주님은 새 일을 행하고 계십니다. 그런 마음으로 우리의 삶을 돌아볼 때 '주님, 용서해야 할 사람이 있다면 깨닫게 해 주시고 용서함으로 풀어지게 해 주십시오. 주님 완전히 자유롭게 되도록 해 주시옵소서. 그래서 우리의 심령에, 신령과 진정으로, 내 영혼이 'I AM FREE!'라고 외칠 수 있는 예배가 회복되길 원합니다. 주님, 어떠한 것에도 제가 묶이지 않길 원합니다.'라고 기도하며 나아가십시오.

황성은

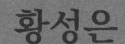
David Hwang

황성은 목사는 2007년 비전스테이션 미니스트리를 설립했으며, 2013년 오메가교회를 개척해 마지막 때에 다시 오실 주님의 길을 예비하는 선두주자를 일으키고 훈련하는 일에 헌신하고 있다. 전 세계 1,000개의 대학교 캠퍼스에 강력한 군대와 같은 교회를 개척하는 비전을 품고 헌신하고 있으며 2021년에는 대구 경북대 앞에 5번째 오메가교회 개척을 앞두고 있다.

벼랑 끝에 서는 믿음

" 지금 우리는 벼랑 끝에 서 있습니다.
그럼에도 불구하고 우리가 주목해야 할 것은 우리의 부르심입니다.
우리의 부르심은 생존이 아니라 부흥입니다.
서바이벌(Survival)이 아니라 리바이벌(Revival)입니다. "

"여호와의 종 모세가 죽은 후에 여호와께서 모세의 수종자 눈의 아들 여호수아에게 말씀하여 이르시되 내 종 모세가 죽었으니 이제 너는 이 모든 백성과 더불어 일어나 이 요단을 건너 내가 그들 곧 이스라엘 자손에게 주는 그 땅으로 가라 내가 모세에게 말한 바와 같이 너희 발바닥으로 밟는 곳은 모두 내가 너희에게 주었노니 곧 광야와 이 레바논에서부터 큰 강 곧 유브라데 강까지 헷 족속의 온 땅과 또 해 지는 쪽 대해까지 너희의 영토가 되리라 네 평생에 너를 능히 대적할 자가 없으리니 내가 모세와 함께 있었던 것 같이 너와 함께 있을 것임이니라 내가 너를 떠나지 아니하며 버리지 아니하리니 강하고 담대하라 너는 내가 그들의 조상에게 맹세하여 그들에게 주리라 한 땅을 이 백성에게 차지하게 하리라 오직 강하고 극히 담대하여 나의 종 모세가 네게 명령한 그 율법을 다 지켜 행하고 우로나 좌로나 치우치지 말라 그리하면 어디로 가든지 형통하리니 이 율법책을 네 입에서 떠나지 말게 하며 주야로 그것을 묵상하여 그 안에 기록된 대로 다 지켜 행하라 그리하면 네 길이 평탄하게 될 것이며 네가 형통하리라 내가 네게 명령한 것이 아니냐 강하고 담대하라 두려워하지 말며 놀라지 말라 네가 어디로 가든지 네 하나님 여호와가 너와 함께 하느니라 하시니라."(여호수아 1:1~9)

해리 트루먼의 기도 요청

우리는 지금 한 번도 경험하지 못한 시간을 경험하고 있습니다. 마스크를 쓰고 예배를 드릴 것이라고는 상상조차 해 본 적이 없습니다. 저는 이번 콘퍼런스 기간 중 예정되어 있던 집회 두 군데를 다녀왔는데 그중

한 곳은 청년과 다음 세대를 위해 기도하는 단체였습니다. 참여자 300명 전원이 어떤 이물질도 들어오지 못하도록 마스크와 캡을 쓰고 예배를 드리고 있었습니다. 예배 인도자를 비롯해 무대에 서는 모든 예배자가 마스크를 쓰고 노래하고 율동하는 그 모습이 정말 감동으로 다가왔습니다. 이 기도 집회는 원래 서울의 광림수도원이라는 곳에서 개최하기로 했다가 방역지침 때문에 경기도로 옮겨지고 또 마지막으로 서해안까지 옮겨진 집회였습니다. 저는 그곳에 계신 70세의 장년분께 여쭤보았습니다. "이곳에 왜 오셨습니까?" 그분이 대답하셨습니다. "다음 세대와 청년들을 살리고 싶어서 함께 기도하러 왔습니다." 또 해외에서 오신 선교사님은 국가가 너무 어렵고 위중하므로 기도하러 오셨다고 말씀하셨습니다. 이 집회와 아무런 연고가 없는데도 불구하고 캡과 마스크를 쓰고 이곳 산속까지 달려오신 것이었습니다.

우리는 지금 한 번도 경험하지 못한 시간을 보내고 있습니다. 2020년 송구영신 예배 때만해도 그 누구도 우리에게 닥칠 일을 예상치 못했습니다. 이제 온라인으로 예배를 드리는 새로운 시대가 열렸습니다. 새로운 시작은 항상 두 가지 상반된 감정을 동반합니다. 설렘도 있지만 두려운 마음이 더욱 강하게 우리를 짓누릅니다.

미국 32대 대통령이며 네 번 연속 대통령에 당선된 프랭클린 루스벨트 대통령은 모든 미국 국민에게 존경받는 인물입니다. 그는 1999년에 월스트리트저널과 NBC방송이 공동으로 주최한 설문에서 20세기 최고의 대통령으로 선정되기도 했으며 현재까지도 가장 인기 있는 대통령으로 손꼽힙니다. 그런 그가 1945년 9월 16일 제2차 세계대전이 끝나갈 무렵 갑자기 사망합니다. 모든 국민이 실의에 빠졌습니다. 큰 두려움과 슬픔이 전 미국을 뒤덮었습니다. 한순간에 위대한 지도자를 잃었습니다. 이런 시국에 부통령이었던 해리 트루먼이 루스벨트 대통령의 뒤를 이어 대통령직을 맡게 되었습니다. 대통령을 보좌하던 부통령이 이제는 나라를 이끌게 된 것입니다. 해리 트루먼은 기자회견을 통해 국민에게 단 한 가지 부탁을 합니다. "하늘의 달과 행성들과 모든 별이 나에게 떨어지는 것 같습니다. 당신이 만약 일생에 한 번 기도하게 된다면 바로 지금입니다. 지금 나를 위해 기도해 주십시오." 위대한 전임자의 뒤를 잇는다는 것은 그 자체로 스트레스입니다. 엄청난 압박감과 부담감에 시달리게 되는 것입니다.

다섯 가지 명령과 두 가지 약속

그런데 비슷한 이야기가 성경에도 등장합니다. 바로 모세와 여호수아 이야기입니다. 모세는 모두가 존경했던 지도자였습니다. 모세는 하나님과 친밀하게 지냈으므로 지팡이 하나 들고 약 200만 명의 이스라엘 백성들을 출애굽시켰던 위대한 영도자였습니다. 또한 40년의 광야생활을 멋지게 통과하게 했던 사람이 바로 모세입니다. 그러나 가나안 땅으로 들어가기 직전에 하나님께서 모세를 거두어 가시고 새로운 리더로 여호수아를 지목하십니다. 이때 여호수아의 마음은 어떠했을 것 같습니까? 성경은 이렇게 기록하고 있습니다.

"여호와의 종 모세가 죽은 후에 여호와께서 모세의 수종자 눈의 아들 여호수아에게 말씀하여 이르시되 내 종 모세가 죽었으니 이제 너는 이 모든 백성과 더

불어 일어나 이 요단을 건너 내가 그들 곧 이스라엘 자손에게 주는 그 땅으로 가라."(여호수아 1:1~2)

우리 하나님께서는 아무렇지도 않은 듯이 모세의 사망 사건을 기술하십니다. 그 당시 모세의 죽음은 모든 이스라엘 백성을 큰 두려움과 슬픔에 빠트리는 충격적인 사건임에도 불구하고 주님은 모세의 사망을 1절 말씀에 아주 간단히 끝내버리십니다. 무슨 말입니까? 하나님의 비전은 사람이 죽은 다음에도 계속 전수되어야 한다는 것입니다. 리더는 참 중요한 사람입니다. 리더의 생각과 기도 그리고 방향성과 영성에 따라서 팀의 방향이 정해지기 때문입니다.

그런데 하나님은 너무 쉽게 위대한 리더였던 모세의 죽음을 다음 챕터로 넘기시듯 넘겨 버리십니다. 하나님의 비전이 전수되기 위해서 새로운 사람을 준비시키시는 것입니다. 오늘 말씀에서는 여호수아가 모세의 뒤를 이어 하나님의 비전을 받습니다. 여호수아는 모세가 시내산에 올라가서 십계명을 받을 때도 모세를 수행했던 사람입니다. 그리고 아말렉과 전쟁에서 모세가 손을 들고 기도하고 있을 때 여호수아는 모세의 중보기도와 아론과 훌의 기도를 힘입어 전쟁터에서 치열하게 싸웠습니다. 또 열두 명의 정탐꾼 중 한 사람으로 다른 정탐꾼이 두려워하면서 부정적인 이야기를 할 때 믿음의 언어로 선포한 사람이 여호수아였습니다.

하나님의 사람으로 쓰임 받고 싶다면 우리의 입술이 거룩해야 합니다. 우리의 입술은 믿음의 언어를 사용해야 합니다. 언제나 성실해야 합니다. 싸울 수 있어야 합니다. 특별히 여호수아를 모세의 시종이라고 이야기합니다. 이는 모세 옆에서 모든 소소한 일을 도맡아 했다는 것입니다. 모세가 온전히 사역에 집중할 수 있도록 보필하면서 여호수아는 한 시도 빠짐없이 모세의 곁을 지켰습니다. 하나님께서는 이처럼 한결같은 사람을 쓰십니다. 한결같은 사람을 준비하십니다. 하나님은 여호수아를 준비하시고 계셨습니다. 그러나 여호수아는 걱정과 근심으로 가득했을 것입니다. 한순간에 위대한 지도자를 잃은 이스라엘 백성들에게 여호수아는 아직 리더십을 검증받지 않은 신참 리더에 불과했습니다. 모두가 의심의 눈초리로 여호수아를 바라봤을 것입니다.

또한 여호수아는 한 번도 군사훈련을 받아본 적 없는 이스라엘 백성들을 이끌고 전쟁에 능한 가나안 족속들과 전쟁을 치러야만 했습니다. 몇 백 년 동안 이집트에서 종살이했던 사람들을 이끌고 어떻게 거인 족속을 상대할 수 있겠습니까? 엄청난 압박감과 부담감이 여호수아를 짓눌렀을 것입니다. 이때 하나님께서는 여호수아에게 다섯 가지 명령과 두 가지 약속을 하십니다. 저는 특별히 이 코로나 시즌에 벼랑 끝에 서는 믿음으로 살아가고 있는 청년들과 다음 세대에게 하나님의 다섯 가지 명령과 두 가지 약속을 선포하고자 합니다.

하나님의 다섯 가지 명령

첫 번째 명령은 약속의 땅을 향해 백성들과 함께 나아가라고 말씀하십니다.

제가 좋아하는 말 중에 한 사람의 열 걸음보다 열 사람의 한 걸음이 더 중요하다는 격언이 있습니다. 혼자 잘났다고 달려 나가는 것이 아니라 조금 부족해도 열 사람이 어깨동무하고 호흡을 맞추면서 한 걸음을 떼는 것을 하나님께서 더욱 기뻐하신다는 것입니다.

"내 종 모세가 죽었으니 이제 <u>너는 이 모든 백성과 더불어 일어나</u> 이 요단을 건너 내가 그들 곧 이스라엘 자손에게 주는 그 땅으로 가라."(여호수아 1:2)

다시 말하면 연합을 의미합니다. 당신이 리더라고 해서 혼자 계시받고 자기 마음대로 달려가는 것이 아니라 백성들이 동의할 때까지 기다리고 그들의 마음을 살피고 함께 비전을 나누라는 것입니다. 왜 가나안 땅으로 가야 하는지, 왜 전쟁을 치러야 하는지, 왜 우리가 이 어려운 과정을 통과해야 하는지 마음을 나누고 뜻을 나눠서 백성들과 함께 부르심을 성취해 나가는 것입니다. 성숙하지 못하면 할 수 없습니다. 그렇기에 성숙은 대단히 중요합니다. 독단적이면 할 수 없습니다. 공동체의 중요성을 인식하시기를 예수님의 이름으로 축복합니다.

우리는 반드시 교회와 함께해야 합니다. 그리고 우리가 속한 셀과 함께해야 합니다. 인생은 혼자가 아닙니다. 함께하는 것입니다. 예수님과 함께하고, 성령님과 함께하고, 교회와 함께하고, 셀과 함께하고, 목사님과 함께하고, 사역팀과 함께하는 것입니다. 인생은 혼자 사는 거라는 사탄의 속삭임에 속지 마십시오! 낙심되고 절망스러울 때 마음을 나누고 함께 울 수 있는 동역자가 있어야 합니다. 이것이 공동체입니다. 혹시 이 책을 읽으시는 분 가운데 교회를 정하지 못하신 분이 있으십니까? 가나안 성도가 있으십니까? 교회에 상처를 받고 이런저런 일 때문에 마음이 어려워서 교회에 나가는 것을 꺼리는 분들이 계십니까? 예수 그리스도 안에서 한형제 된 마음으로 부탁드립니다. 이 땅에 정말 좋은 교회가 참 많이 있습니다. 작지만 깨끗하고 정결한 교회도 많이 있습니다. 그런 교회를 꼭 만나시길 축복합니다. 그리고 한 번 교회를 정했으면 끝까지 충성하십시오. 그리고 새벽에 나가서 무릎 꿇고 기도하십시오. 섬기는 교회와 함께하는 마음으로 예수님을 섬기십시오. 그럴 때 우리의 신앙은 견고해질 것이며 더욱 성장하게 될 것입니다.

하나님의 두 번째 명령은 강하고 담대하라는 것입니다.

"강하고 담대하라 너는 내가 그들의 조상에게 맹세하여 그들에게 주리라 한 땅을 이 백성에게 차지하게 하리라."(여호수아 1:6)

이 말씀은 권면과 권유가 아닌 명령입니다. 리더가 가장 먼저 넘어야 할 산은 두려움의 산입니다. 리더는 가장 큰 압박을 받습니다. 부담감이 막중합니다. 조그마한 사역을 하더라도 팀을 이뤄 함께 달려야 합니다. 팀 안에는 다양한 사람이 있을 수 있습니다. 나와 잘 맞는 사람도 있지만 그렇지 않은 사람도 있을 것입니다. 또한 외부에서 다양한 시선으로 우리를 바라볼 것입니다.

킹덤 온라인 콘퍼런스도 마찬가지입니다. 많은 사람이 각양각색의 시각으로 킹덤 온라인 콘퍼런스를 바라봅니다. 새로 도전하는 플랫폼이기 때문에 많은 사람이 관심 있게 지켜보았고 준비하는 우리 또한 두려운 마음이 들었던 것도 사실입니다.

그러나 리더에게 가장 중요한 일은 심령 가운데 마음의 중심과 하나님께서 주신 메시지를 붙잡고 끝까지 나아가는 것입니다. 굳센 믿음이 있어야 합니다. 하나님께서 주신 약속을 신뢰하는 확신에 찬 믿음이 있어야 합니다. 그럴 때 우리는 돌파할 수 있습니다. 때로는 열매가 없을 때가 있습니다. 실패할 때가 있습니다. 스스로가 무가치하게 느껴질 때가 있습니다. 리더의 결정이 공동체의 운명을 좌우하기 때문에 리더의 잘못된 선택은 공동체를 사지에 몰기도 합니다. 그렇기에 리더의 선택은 정말 중요합니다. 그 어마어마한 압박감과 두려움을 어떻게 감당할 수 있겠습니까? 때로는 그 두려움을 감당할 수 없기 때문에 많은 리더가 스스로 목숨을 끊기도 하고 자포자기하기도 합니다. 그리고 상당수의 리더가 무당이나 점치는 사람들에게 의존하기도 합니다.

당신이 리더가 되기 위해서는 반드시 강하고 담대해야 합니다. 강하고 담대한 영이 있어야 합니다.

"아이가 자라며 심령이 강하여지며 이스라엘에게 나타나는 날까지 빈 들에 있으니라."(누가복음 1:80)

영도 강한 영이 있고 약한 영이 있습니다. 목사님 중에도 영이 강한 사람이 있고 약한 사람이 있습니다. 장로님 중에도 영이 강한 사람이 있고 약한 사람이 있다는 것입니다. 예수를 믿고 구원받은 당신의 영은 어떻습니까? 우리의 영도 시간이 지나면서 강해져야 합니다. 세례요한은 자라면서 영이 강해졌다고 기록합니다. 그 강한 영으로 다시 오실 주님의 길을 예비하게 되었습니다.

"그가 또 엘리야의 심령과 능력으로 주 앞에 먼저 와서 아버지의 마음을 자식에게, 거스르는 자를 의인의 슬기에 돌아오게 하고 주를 위하여 세운 백성을 준비하리라."(누가복음 1:17)

엘리야의 심령과 능력은 갈멜산에서 850명의 이방 선지자를 상대했던 담대함과 하나님 한 분만을 의지했던 절대적인 믿음이라고 할 수 있습니다. 이것이 바로 강한 영입니다. 다시 오실 주님의 길을 예비하고 싶습니까? 한 번뿐인 인생이 하나님의 손에 붙들려서 종횡무진 쓰임받고 싶습니까? 그렇다면 반드시 강하고 담대해야 합니다. 영이 강해야 한다는 것이 이런 의미입니다.

세 번째 하나님의 명령은 율법을 밤낮으로 읽고 지켜 행하는 것입니다.

"이 율법책을 네 입에서 떠나지 말게 하며 <u>주야로 그것을 묵상하여 그 안에 기록된 대로 다 지켜 행하라</u> 그리하면 네 길이 평탄하게 될 것이며 네가 형통하리라."(여호수아 1:8)

리더는 반드시 말씀을 붙드는 사람이어야 합니다. 저는 이 캠프 사역과 같은 외부 사역을 20대 후반에 시작해 거의 18년 정도 해 오고 있습니다. 그렇기 때문에 어떤 말을 하면 청중을 웃기고 울리는지 어느 정도는 감이 있습니다. 그렇지만 저는 어떤 집회나 캠프를 가든지 하나님의 말씀만을 전하기를 원합니다. 농담하러 가는 것이 아니기 때문입니다. 지난 5년 동안은 주님께서 저에게 교회에 관한 메시지를 주셔서 가는 곳마다 교회를 외치게 하셨습니다. 교회는 음부의 권세를 깨트리는 곳이며 희망이 있는 곳임을, 낙심과 절망의 상황 가운데 있다 할지라도 주님의 말씀을 붙들고 교회를 사랑하기를 부르짖었습니다. 어림잡아 100번 이상 설교했습니다. 그러나 요즘 들어서는 하나님의 말씀에 관해 설교하라는 마음을 계속 주십니다. "너는 가는 곳마다 하나님의 말씀의 중요성을 외쳐라. 말씀이 소중한 것임을 성도들로 하여금 깨치게 하라." 저는 이 말씀을 붙들고 가는 곳마다 하나님 말씀의 중요성을 전파합니다.

이스라엘에서는 성경책에 꿀을 발라 놓고 아이들에게 이를 핥게 합니다. 꿀송이보다 말씀이 달다는 것을 가르쳐 주는 것입니다. 말씀의 소중함과 중요함을 가르쳐 주는 것입니다. 히브리어로 말씀을 묵상한다는 것은 생각하고 묵상함으로 차고 넘쳐서 자연스럽게 입 밖으로 흘러나오는 상태를 의미합니다. 콕 찌르면 말씀이 튀어나온다는 것입니다. 저는 선포하고 축복합니다. 모든 청년과 다음 세대 그리고 아비 세대 가운데 말씀의 삶이 시작되기를 축복합니다. 아무리 힘들어도, 포기하고 싶어도 말씀을 붙들면 승리할 수 있습니다. 이것이 말씀의 능력입니다.

교회 안에 성경을 대하는 두 부류의 사람들이 있습니다. 첫째는 가능하면 성경을 믿지 않기 위해 연구하는 사람들입니다. 이들은 성경을 믿음의 눈으로 보지 못합니다. 성경을 이성적으로 이해하려고 하고 논리적으로 해석하려고 합니다. 성경의 난제만 연구해서 자신의 만족과 사람들의 인정을 받기 위해 논문을 씁니다.

반면에 하나님의 말씀이 참되다는 것을 증명하기 위해 연구하는 사람들이 있습니다. 이들은 모든 말씀이 살아 계신 하나님의 말씀이고 이 말씀들이 어떻게 우리의 삶에 성취되는지를 증명하기 위해 연구하는 사람들입니다. 하나님의 말씀을 대하는 우리의 마음은 어떻습니까? 우리가 어떻게 우리의 지성으로 말씀을 쪼갤 수 있겠습니까? 오히려 말씀이 우리의 심령을 깨뜨려야 합니다. 왜냐하면 하나님은 언제나 진리이고 정답이기 때문입니다. 이것이 진실된 하나님의 사람들이 성경을 대하는 태도라 할 수 있습니다.

　교회도 마찬가지입니다. 말씀을 말씀대로 믿고 따르는 교회가 있는 반면에 말씀을 쪼개고 분석하고 환경과 상황에 따라서 말씀을 편집하는 사람들이 있습니다. 말씀을 말씀대로 믿지 못하는 것은 안타까운 일입니다. 다시 한 번 축복합니다. 살아 계신 하나님의 말씀을 붙드십시오. 말씀은 길이고 생명이며 진리입니다. 하나님의 말씀은 우리 인생의 유일한 빛이 될 것입니다.

　영원히 변하지 않는 세 가지가 있습니다. 첫째는 **하나님**은 영원히 변하지 않으십니다. 히브리서 13장 8절에 "예수 그리스도는 어제나 오늘이나 영원토록 동일하시니라."라는 말씀이 나옵니다. 예수님과 하나님은 한 분입니다. 이 세상이 모두 변해도 하나님은 영원히 변하지 않으시는 분입니다. 둘째, **하나님 말씀**은 영원히 변하지 않습니다. 마태복음 24장 35절에 "천지는 없어질지언정 내 말은 없어지지 아니하리라."라는 말씀이 나옵니다. 영원히 변하지 않는 하나님의 말씀을 붙드십시오. 문화에 따라서, 상황에 따라서 변하지 않는 것이 말씀입니다. 말씀은 진리이기 때문입니다. 셋째는 영원히 변치 않는 것은 **하나님의 뜻을 행하는 자**입니다. 요한일서 2장 17절에 "이 세상도, 그 정욕도 지나가되 오직 하나님의 뜻을 행하는 자는 영원히 거하느니라."라는 말씀이 나옵니다. 하나님의 말씀을 붙들고 주님 나라를 향해 달려가는 자들은 영원히 살 것입니다. 영생을 얻을 것입니다. 영원한 삶 가운데 들어가게 될 것입니다.

　정리하면 영원히 변하지 않는 세 가지는 하나님과 하나님 말씀과 이를 붙들고 하나님의 뜻을 행하는 자입니다. 그렇습니다. 하나님은 단지 우리를 사용하고 싶어 하실 뿐입니다. 우리가 변하지 않는 하나님을 믿고 하나님의 말씀을 붙들어 하나님의 뜻을 이해하고 순종해서 하늘의 해와 같이 영원히 아름답게 빛나는 인생이 되시기를 바랍니다.

새로운 신참 리더인 여호수아에게 주시는 네 번째 명령은 좌우로 치우치지 말라는 것입니다.

"오직 강하고 극히 담대하여 나의 종 모세가 네게 명령한 그 율법을 다 지켜 행하고 <u>우로나 좌로나 치우치지 말라</u> 그리하면 어디로 가든지 형통하리니…."(여호수아 1:7)

나무는 가만히 있고 싶은데 바람은 계속 나무를 흔들어 댄다는 말이 있습니다. 리더가 되면 많은 사람이 그 주변으로 모입니다. 전문가 집단, 미디어, 기자들을 비롯한 언론이 모이게 되며 리더 주위의 참모들이 제각각 자신의 의견을 내기도 합니다. 리더의 머리는 점점 복잡해지고 때로는 이런저런 말에 흔들리게 됩니다. 그때 리더는 참고는 하지만 그 제안과 의견이 우리의 부르심과 방향성에 얼마나 부합하는지 그리고 그것이 지금 우리 시즌에 맞는 일인가를 판단하고 결정해야 합니다. 리더는 많은 아이디어와 조언을 경청하고 참고해야 하지만 하나님께서 공동체에 주신 비전이 결코 흔들리지 않도록 중심을 잡고 나아가야 합니다.

그렇다면 우리는 어떻게 뚝심을 가지고 좌로나 우로나 흔들리지 아니하고 나아갈 수 있습니까? 역시 말씀입니다. 말씀을 통해서 가능합니다. 리더에게 말씀은 생명입니다.

저는 평상시 말씀을 연구한 것으로 설교하기를 좋아합니다. 설교하기 위해서 말씀을 보는 것이 아니라 평소에 말씀을 묵상한 것을 토대로 설교하는 것입니다. 2020년 8월에 있었던 전국 대학교수선교대회에서 설교하는 도중에 우리 교회가 진행 중인 사역과 관련한 이야기를 잠시 나눴었습니다.

"오메가교회는 개척한 후 캠퍼스교회 4곳을 개척했고, 다음 세대와 청년들의 영성 회복을 위한 킹덤 콘퍼런스, 목회자와 선교사 자녀들을 위한 PK&MK 콘퍼런스 그리고 소년원캠프 사역 같은 외부 사역을 주관하고 있습니다. 또한 함께 뛰는 사역자 7명과 신학생 인턴 10명이 우리 교회 사역자가 되기 위해 훈련받고 있습니다. 또 마리아라는 제도가 있어 열심 있는 청년들이 일 년 동안 캠퍼스 선교사가 되기 위해 삶을 드리고 캠퍼스 전도에 뛰어들며 평신도 간사들이 세워져서 청년과 다음 세대를 살리기 위해 함께 헌신하고 있습니다. 그뿐 아니라 하나님 나라의 완성을 위한 선교를 나가기 위해 예비 선교사 40명이 교회 자체 프로그램 안에서 훈련받고 있습니다."

이 이야기를 듣자 많은 교수님과 선교단체 관계자가 어떻게 이런 일들이 가능하냐며 놀라워하며 물었습니다. 그리고 저는 그 질문의 답으로 우리 교회의 일과를 말씀드렸습니다.

"우리는 오전 6시부터 8시까지 새벽예배를 진행합니다. 그리고 저는 8시부터 9시 30분까지 청년들과 함께 나눌 말씀을 묵상하고 연구합니다. 그리고 스태프와 청년들은 오전 9시부터 11시까지 매일 하루에 한 장씩 말씀을 나눕니다. 코로나가 터지기 전에는 오전 11시부터 오후 1시까지 전도했습니다. 대부분의 사역자와 인턴 그리고 마리아를 포함한 열심 있는 청년 30~40명의 스케줄이 이와 같습니다. 즉, 우리는 오전 6시 새벽기도가 시작되면서부터 장장 7시간 동안 기도와 말씀 그리고 전도에 헌신합니다. 오메가교회 사역의 엔진은 본질 사수입니다. 이것이 바로 모든 사역을 가능케 하는 엔진입니다. 청년 사역을 생각하면 화려한 찬양과 뜨거운 기도 그리고 사역에서 헌신만 강조하는 것으로 생각하기 쉽습니다. 그러나 그 무엇보다 더욱 중요한 것은 말씀입니다. 말씀을 통전적으로 보도록 하는 것입니다. 자기 생각과 상황에 말씀을 맞추는 것이 아니라, 하나님의 말씀의 광맥에 자신의 인생을 맞추는 훈련을 해야 합니다. 저는 말씀이 심령 깊숙한 곳에 심어진 영혼들은 결코 흔들림이 없다고 믿습니다. 말씀은 영이요, 생명이기 때문입니다.

청년들에게 하루에 한 장씩 말씀을 읽게 하고 단락을 나누고 제목을 붙이며 자신의 묵상 내용을 나누고 발표하게 한 후, 마지막으로 저의 가이드 메시지를 함께 나눕니다. 저의 가이드 메시지는 유튜브와 음성파일로 저장되어서 셀 리더를 통해 전체 성도에게 전해집니다. 그렇게 모든 성도가 같은 말씀을 묵상하고 붙잡으며 기도하게 됩니다. 정작 우리가 실질적으로 사역하는 시간은 4~5시간밖에 되지 않습니다.

킹덤 콘퍼런스도 이와 같은 방식으로 준비되었습니다. 성령강림절 2주 전에 특별 새벽기도회를 한 후 40일의 기적이라는 타이틀로 40일간 저녁기도회를 열었습니다. 그리고 2주 후 다시 킹덤 콘퍼런스를 앞두고 한국 교회와 청년, 다음 세대를 위해 그리고 한국 교회에서 진행될 모든 수련회와 킹덤 콘퍼런스를 위해 온라인 기도회를 열어 뜨겁게 기도했습니다. 캠프만 준비하고 사역만 하는 것이 아니라 본질을 사수한 것입니다."

많은 교회에서 오메가교회를 탐방하러 옵니다. 이렇게 뜨겁고 순종하는 청년교회로 부흥하며 많은 사역을 감당할 수 있는지를 질문합니다.

저는 한결같이 대답합니다. "우리가 열심히 목회하고 특별히 사역이 많은 것은 사실이지만 사역만 하는 팀이 아닙니다. 우리는 본질을 사수합니다. 말씀, 기도, 전도, 사랑, 그리고 안 되면 금식도 불사합니다. 좌로 나 우로 치우치지 않기 위해서, 사람들이 무심코 던지는 말 한마디에 심령이 무너지지 않는 강한 영을 갖기 위해서 우리는 매일같이 말씀을 붙듭니다." 좌우로 흔들리지 않는 인생이 되고자 우리는 말씀의 사람이 되어야 합니다. 하나님의 말씀을 깊이 있게 묵상하는 것이 강한 영의 시작입니다.

다섯 번째 명령은 두려워하지 말고 낙심하지 말라는 것입니다. 두 번째 명령인 "강하고 담대하라"와 비슷합니다.

"내가 네게 명령한 것이 아니냐 강하고 담대하라 두려워하지 말며 놀라지 말라 네가 어디로 가든지 네 하나님 여호와가 너와 함께 하느니라 하시니라."(여호수아 1:9)

우리가 때로는 낙심할 때가 있습니다. 절망할 때도 있습니다. 지칠 때도 있습니다. 리더도 사람인지라 때로는 쉬고 싶을 때가 있습니다. 그러나 쉽게 이야기하지 않고 얼굴에 드러내지 않습니다. 그때마다 다시 말씀 앞에 섭니다. 말씀을 볼 때 주님께서 말씀하십니다. "강하고 담대하라. 두려워하지 말라. 내가 너를 지명하여 불렀다. 할 수 있거든이 무슨 말이냐. 믿는 자에게는 능치 못할 일이 없느니라. 내게 능력 주시는 주안에서 모든 것을 할 수 있다."

오메가교회를 개척한 지 3년째 되던 해에 두 번째 교회를 개척했습니다. 그즈음 한 교회에서 집회를 인도할 때 교회 개척 이야기를 했습니다. 집회가 끝난 후 한 집사님이 찾아오시더니 자신은 커튼 공장을 하는 사람인데, 앞으로 목사님께서 캠퍼스 앞에 청년들을 위한 교회를 개척할 때마다 커튼으로 섬기겠다고 약속하였습니다. 그래서 두 번째 교회를 개척할 때 커튼 사업을 하시는 집사님께 연락을 드렸습니다. 그리고 교회가 세워질 장소를 보시더니 이곳에는 평범한 커튼보다는 전동 커튼을 다는 것이 좋겠다며 추천해 주셨습니다. 그러나 아무것도 가진 것이 없는 상태로 두 번째 교회를 준비하던 시기여서 350만 원은 큰돈이었습니다. 저는 이 문제를 놓고 일주일간 기도하며 하나님의 마음을 구했습니다. 지금은 교회가 성장하고 재정적으로도 힘 있게 선교사역을 감당할 수 있도록 은혜를 주셨지만 그 당시는 한 푼이 귀한 시기였습니다. 그렇기 때문에 정말 열심히 기도했습니다. 그리고 기도할 때 하나님께서 시편 23편 말씀으로 감동을 주셨습니다. "여호와는 나의 목자시니 내게 부족함이 없으리로다." 할렐루야! '그렇다! 하나님은 나의 목자이시다. 내가 나의 영광을 구하지 않고 하나님의 나라를 위해 청년과 다음 세대를 위하여 교회를 개척하는 것은 하나님께서 기뻐하시는 일이다.'라는 확신과 함께 이 말씀이 레마의 말씀으로 저의 심령에 박히게 되었습니다. 그리고 저는 그 말씀을 의지해 전동 커튼을 달기로 결정했습니다. 그 후 오메가교회 유성캠퍼스가 개척되고 매주 많은 분이 오고 계십니다. 제게 그때 주셨던 말씀이 성취되고 있습니다.

　우리가 낙심되고 절망할 때마다 어디서 위로받습니까? 자살사이트에서 위로받지 마십시오. 그들은 우리에게 자살을 부추길 것입니다. 부정적인 사람들에게 이야기하지 마십시오. 그들은 부정적인 이야기를 할 것입니다. 우리는 말씀 앞에 서야 합니다. 우리의 영혼을 만족시키는 것은 오직 예수 그리스도입니다. 우리 영혼의 나침반은 오직 하나님의 말씀입니다. 말씀으로 위로받는 것입니다. 지금 지쳐 있습니까? 여기저기 기름 부음 사역 하는 곳을 기웃거리면서 위로받고 예언 받고, 안수 받으려고 기도원을 전전하지 말고 하나님의 말씀 앞에 엎드리십시오. 그리고 자신이 섬기는 교회로 달려가 잠잠히 무릎 꿇고 기도하면서 말씀을 펴고 하나님의 음성에 귀를 기울이십시오. 그리고 스스로 자신의 머리에 안수하십시오. "주님, 나를 새롭게 해 주시옵소서. 이 말씀이 내 심령 가운데 임하고, 내 머리부터 발끝까지 이루어지기를 원하나이다."

여호수아에게 하신 두 가지 약속

하나님께서는 여호수아에게 다섯 가지 명령과 함께 두 가지 약속을 주셨습니다. 첫 번째 약속은 **여호수아가 밟는 곳마다 주시겠다**는 것입니다.

"내가 모세에게 말한 바와 같이 너희 발바닥으로 밟는 곳은 모두 내가 너희에게 주었노니 곧 광야와 이 레바논에서부터 큰 강 곧 유브라데 강까지 헷 족속의 온 땅과 또 해 지는 쪽 대해까지 너희의 영토가 되리라."(여호수아 1:3~4)

네가 발로 밟는 곳을 준다는 말씀은 여호수아의 사역에서 영역과 경계를 의미합니다. 우리가 믿음의 경주를 하는 사람이라면 그리고 어차피 기도하기로 작정했다면 입술을 열고 소리를 내어 기도하십시오. 기도의 반경을 넓혀서 기도하십시오. 기도의 스케일이 믿음의 스케일입니다. 대한민국과 한반도를 위해서 기도하십시오. 고통받고 있는 북한을 위해 기도하십시오. 이스라엘의 회복을 위해서 기도하십시오. 다음 세대와 청년들을 위해 기도하십시오. 그리고 하나님 나라의 완성과 세계 선교를 위해서 기도하십시오. 하나님께서는 우리에게 분명한 영역을 주셨다고 확신하는 믿음이 있어야 합니다. 저에게는 하나님께서 저를 다음 세대와 청년들을 살리기 위해 부르셨다는 확고한 믿음이 있습니다. 이것이 저의 사역 영역이며 사역 경계입니다. 그래서 청년과 다음 세대를 위한 집회 요청이 들어왔을 때는 시간과 장소에 상관없이 달려갑니다. 청년과 다음 세대가 저의 열정의 대상이기 때문입니다. 그들은 하나님께서 저에게 허락하신 사명이며 제가 태어난 목적이며 부르심입니다. 당신의 부르심은 무엇입니까? 자신의 부르심을 아는 것은 굉장히 중요합니다. 이 부르심에 따라 자신의 사역과 인생의 지평이 결정될 것입니다.

두 번째 약속은 **내가 모세와 함께했던 것처럼 너와 함께하겠다**는 것입니다. 이 약속을 들었을 때 여호수아는 가슴이 터질 것 같았을 것입니다.

"네 평생에 너를 능히 대적할 자가 없으리니 *내가 모세와 함께 있었던 것 같이 너와 함께 있을 것임이니라* 내가 너를 떠나지 아니하며 버리지 아니하리니…."(여호수아 1:5)

모세와 함께했던 것처럼 자신과도 함께하실 거라는 말씀을 들은 여호수아의 심장은 터지기 일보 직전이었을 것입니다. 하나님께서 어떻게 모세에게 기름 부으시고 행하셨는지 두 눈으로 똑똑히 보았고 홍해를 가르는 이적과 출애굽의 전 과정을 모세 옆에서 지켜보았기 때문입니다. 여호수아의 롤모델은 모세였을 것입니다. 그런 여호수아에게 하나님께서는 말씀하십니다. "내가 모세와 함께 있었던 것 같이 너와 함께 있을 것임이니라." 이 말씀을 듣는 순간 두려움이 떠나가고 강한 영이 여호수아의 온몸을 휘감기 시작했을 것입니다. 그 어떤 금은보화와 강력한 군대나 무기보다 이 말씀이 여호수아에게 최고의 선물이었을 것입니다. 하나님은 두려움에 떨고 있는 신참 리더 여호수아에게 가장 큰 선물과 약속을 주신 것입니다. 그리고 하나님께서는 여호수아에게 약속하신 이 두 가지 약속을 모두 이행하십니다. 여호수아는 위대한 정복자가 되어서 가나안 땅을 점령하기 시작합니다. 여호수아가 밟는 땅을 모두 정복합니다. 그리고 마치 모세가 다시 태어난 것처럼 강하고 담대한 리더가 되어서 가나안 땅을 정복하며 나아갑니다.

지금 우리는 마치 벼랑 끝에 서 있는 것 같은 힘든 시간을 지나고 있습니다. 한국 교회는 지금 벼랑 끝에 서 있습니다. 어떤 유명한 대형 교회의 주일예배 출석률이 9%라고 합니다. 코로나가 조금 잠잠해져서 오프라인 예배가 가능한데도 성도들이 성전으로 나오지 않는다고 합니다. 2020년 가을이 되면 더 심각한 상황이 연출될 수 있다는 것이 기정사실화되었습니다. 보건당국은 이미 긴장 상태에 들어가 가을에 올 2차 팬데믹(pandemic)을 대비하고 있습니다. 코로나 사태가 터진 지 약 6개월이 흐른 현재 한국 전체 성도의 3분의 1가량이 감소했다고 합니다. 가을부터 1만 5,000개의 교회가 문을 닫을 것이라는 예측도 들려오고 있습니다.

우리 한국 교회는 지금 벼랑 끝에 서 있습니다. 사회적으로도 인정받지 못하고 있습니다. 교회가 발언권을 가지고 이야기를 해도 그 누구도 귀 기울이지 않습니다. 오히려 미치광이 보듯 우리를 바라봅니다. 이것이 얼마나 큰 아픔입니까? 도덕성이 땅에 떨어지고 사회로부터 교회가 지탄받는 안타까운 상황에 놓여 있습니다. 그리고 코로나 사태로 우리는 한 번도 경험하지 못한 시대를 살고 있습니다. 지금 이러한 시대에 우리에게 필요한 것은 무엇입니까? 우리는 어떻게 이 시련의 시간을 돌파할 수 있겠습니까?

하나님께서 엄청난 스트레스와 두려움에 떨고 있는 신참 리더인 여호수아에게 하신 이 다섯 가지 명령과 두 가지 약속을 우리 모두 붙들고 살아가기를 예수님의 이름으로 축복하고 선포합니다.

Not Survival, Revival!

지금 우리는 벼랑 끝에 서 있습니다. 그럼에도 불구하고 우리가 주목해야 할 것은 우리의 부르심입니다. 우리의 부르심은 생존이 아니라 부흥입니다. 서바이벌(Survival)이 아니라 리바이벌(Revival)입니다. 우리는 부흥의 파도를 타는 사람이 되어야 합니다.

"하나님이 이르시되 우리의 형상을 따라 우리의 모양대로 우리가 사람을 만들고 그들로 바다의 물고기와 하늘의 새와 가축과 온 땅과 땅에 기는 모든 것을 다스리게 하자 하시고 하나님이 자기 형상 곧 하나님의 형상대로 사람을 창조

하시되 남자와 여자를 창조하시고 하나님이 그들에게 복을 주시며 하나님이 그들에게 이르시되 생육하고 번성하여 땅에 충만하라, 땅을 정복하라, 바다의 물고기와 하늘의 새와 땅에 움직이는 모든 생물을 다스리라 하시니라."(창세기 1:26~28)

여호와께서 하나님의 형상대로 인간을 창조하시고 복이 있으라 말씀하시면서 생육하고 번성하고 땅에 충만하고 생육하고 정복하고 다스리라고 명령하셨습니다. 이것이 대 위임명령입니다. 하나님께서 우리를 창조하실 때 하나님의 대리권을 가지고 이 땅을 통치하게 하려고 우리를 창조하셨습니다. 이것은 하나님의 말씀이며 하나님의 말씀은 진리입니다. 이 진리는 반드시 성취돼야 합니다. 그러므로 우리는 벼랑 끝에 서 있는 상황이라 할지라도 생존을 위해서 숨어 있는 존재가 아니라, 부흥을 꿈꾸는 리바이벌 서퍼가 되어 부흥의 파도를 타고 다니며 잃어버린 영혼을 찾아올 수 있어야 합니다.

예수님의 지상에서 주신 마지막 메시지입니다.

"예수께서 그들을 데리고 베다니 앞까지 나가사 손을 들어 그들에게 축복하시더니 축복하실 때에 그들을 떠나 [하늘로 올려지시니]."(누가복음 24:50~51)

베다니에서 승천하실 때 두 손을 들고 제자들을 축복하셨습니다. 이 세상에서 예수님께서 마지막으로 하신 메시지는 제자들을 향한 '축복'이었습니다. 그리고 하나님께서도 인간을 창조하시고 가장 먼저 하신 말씀도 '복이 있으라'는 말씀이셨습니다. 하나님이 말씀하셨고 예수님이 말씀하셨다면 우리는 반드시 복을 받아야 합니다. 이것은 단순한 기복신앙을 말하는 것이 아닙니다. 하나님 나라를 위해서 귀하게 쓰임 받는 인생, 수많은 영혼을 주님께 인도하고, 말씀이 없는 곳에 말씀을 선포하며, 남들이 두려움에 떨고 있고 마스크 뒤에 숨어 있을 때 리바이벌 서퍼(Revival surfer)가 되어 부흥의 파도를 타는 인생, 하나님은 우리가 그런 존재가 되기를 원하십니다.

이번 코로나 사태로 캠프를 주관하고 진행하는 많은 단체가 고민에 빠졌습니다. 우리도 마찬가지였습니다. 그때 우리 공동체 안에 매일같이 풀어졌던 말씀이 베드로전서와 베드로후서 말씀이었습니다. 베드로전서의 배경은 로마의 네로 황제 시대입니다. 네로 황제는 예수 믿는 사람들을 잡아다가 기름을 뿌리고 불을 질러 길거리에 밤을 밝히는 용도로 사용하기 위해 화형시켰습니다. 그리고 많은 사람이 이를 보고 겁에 질리게 하는 것이 네로 황제가 기독교를 탄압하는 방식이었습니다. 함께 예배했던 사람이 길거리에서 화형당합니다. 가족과 친구가 핍박당하고 순교합니다. 그러나 그것을 보고도 초대교회 성도들은 다시 함께 모여서 예배드렸습니다. 성경 말씀은 이렇게 기록되어 있습니다.

"예수 그리스도의 사도 베드로는 본도, 갈라디아, 갑바도기아, 아시아와 비두니아에 흩어진 나그네…"(베드로전서 1:1)

초대교회 성도들은 예수 신앙을 지키기 위해 로마의 핍박을 피해 흩어져 살았던 것입니다. 그 가운데서도 터키 땅에 위치한 갑바도기아라는 지역이 있었습니다. 이 지역은 예수 신앙을 지키기 위해 도망 온 사람들이 마을을 형성하고 살았던 곳입니다. 그러나 얼마 지나지 않아 로마군이 터키까지 밀고 들어와 또다시 위기 상황에 봉착하게 됩니다. 그때 이들은 땅을 파고 들어가서 지하도시를 건설했습니다. 학자들은 이들이 지하 10층 규모의 땅을 팠다고 얘기합니다. 최대 100만 명이 이 지하도시에서 살았다고 전해집니다. 이 지하도시에는 유치원이 있고 신학교도 있고 학교도 있습니다. 처음에는 지하도시와 지상을 옮겨가며 생활했는데 로마군의 핍박이 더욱 심해지자 차츰 지하도시에서만 살게 되었다고 합니다. 이들도 이전에는 정말 한 번도 경험해 보지 못한 삶을 살았을 것입니다. 또한 300년이라는 기간에 자신의 세대뿐만 아니라 다음 세대와 그다음 세대까지 지하에서 예수 신앙을 지켰다는 것입니다.

이번 코로나 사태가 터지기 전에 이집트와 터키를 3주간 방문했는데 특별히 이집트의 쓰레기 마을이 기억에 남습니다. 이곳은 카이로 한복판에서 수천 년 동안 제1대 교황인 마가의 신앙을 본받아 살아가는 콥틱 크리스천들의 삶의 터전이 있습니다. 그들의 주민등록증에는 종교를 적는 부분이 있는데, 그들이 기독교인임을 인정하면 많은 불이익을 받게 됩니다. 많은 경우에 취업할 수가 없습니다. 또한 차별을 당해야 합니다. 공무원에 지원하기도 쉽지 않습니다. 그렇기에 콥틱 크리스천들은 자발적으로 카이로 전 지역에서 나오는 쓰레기를 수거해 분리해 가며 연명합니다. 그래서 그곳은 늘 악취와 벌레로 가득합니다. 그럼에도 불구하고 그들은 예수 신앙을 포기하지 않습니다. 믿음을 지키기 위해서 자발적으로 벼랑 끝에 서는 것입니다. 그런데 이 쓰레기 마을 골목 곳곳에는 돌멩이로 자신의 손목을 문지르며 흐느껴 우는 아이들을 종종 볼 수 있습니다. 콥틱 크리스천들은 아이가 태어나 6개월 정도 되었을 때 아기의 손목에 십자가 문신을 새겨 준다고 합니다. 이는 어떤 경우에도 그 아이가 예수의 피로 구원받은 자녀라는 사실을 잊지 않게 하기 위함이라고 합니다. 어떤 부모가 자신의 자녀들을 악취가 가득하고 벌레가 많은 환경에서 키우고 싶겠습니까. 그러나 신앙을 전수하기 위해서 그들은 자녀들에게 문신을 새겨 주는 것입니다. 그렇게라도 예수 신앙을 지키게 하는 것입니다. 그런데 이 아이들이 어느 정도 커서 크리스천으로서 당하는 차별과 부당대우를 느끼고 불합리성을 인지할 때면 흐느껴 울며 십자가 문신을 지우는 모습을 어렵지 않게 볼 수 있다고 합니다.

이것이 우리 믿음의 선배들이 걸어왔던 길입니다. 우리가 믿고 있는 십자가의 사랑과 구원의 감격이 코로나 때문에 흔들릴 만한 것입니까? 정신 똑바로 차리고 깨어 있으십시오. 예수를 믿는다는 것은 생명을 거는 것입니다. 복 받으려고 믿는 것이 아니라 생명을 걸고 믿는 것입니다. 이것이 우리 신앙의 선배들이 걸어왔던 길이고, 한국 교회가 걸어왔던 길이며, 전 세계 흩어져 있는 믿음의 사람들이 지금도 걸어가고 있는 길입니다. 또한 사도행전의 삶을 살아가는 성도들이 생명을 바쳐서 걸어갔던 길입니다. 사도 바울은 돌 맞고 핍박을 당해도 그다음 날 전도하러 나갔습니다. 다니엘은 예배를 드리지 말라는 법이 공표됐음에도 불구하고 하나님과 한 약속을 지키기 위해서 이전과 똑같이 하루에 세 번 창문을 활짝 열고 예루살렘을 향해 두 팔을 벌리고 큰소리로 기도와 찬양, 경배를 하나님께 올려드렸습니다.

세상에 굴복하는 크리스천이 아니라 오직 하나님 한 분만을 두려워하면서 나갈 수 있는 크리스천이야말로 진정한 기독교 신앙인인 것입니다. 기독교는 종교가 아니라 생명입니다. 기독교는 종교가 아니라 우리의 문화가 되어야 하며 우리의 전부가 되어야 합니다. 예수는 생명입니다. 예수는 종교의 한 시스템이 아니라 생명입니다. 예수를 믿는 자만이 구원받을 수 있는 것입니다. 그러므로 우리는 벼랑 끝에 서 있지만 흔들리지 않는 믿음이 새겨져야 합니다.

인생에 위기가 올 때 사람 찾지 말고 말씀을 보십시오. 두려움이 올 때 말씀을 보십시오. 말씀을 사랑하십시오. 말씀을 묵상하십시오. 말씀이 우리의 심령을 지배해야 합니다. 말씀이 우리의 삶을 견인해야 합니다. 말씀을 붙드는 자가 승리할 것입니다. 말씀을 사랑하지 않고 다른 어떤 것도 사랑하지 마십시오. 그것이 우리의 영혼을 미혹하는 우상숭배가 될 것입니다. 뉴노멀 시대의 새로운 리더가 될 청년들에게 가장 원초적인 제안을 합니다. 말씀을 붙드십시오. 무릎을 꿇으십시오. 새로운 시대를 개척해야 합니다. 오직 말씀을 붙드셔서 말씀의 놀라운 유업을 취하는 이 시대의 새로운 리더들이 되기를 예수님의 이름으로 진심으로 축원합니다.

우리의 부르심은
Survival(생존)을 넘어
Revival(부흥)입니다.

최고의 충성과 최고의 헌신으로
With the utmost loyalty and devotion to God

Heart to Heart

Kingdom TED 강의

온라인 생방송 MC

불가능을 가능케 하는 미디어팀

전 세계를 하나로 잇는 통역팀

하늘문을 여는 예배팀

골방으로 침투하는 중보팀

시대를 깨우는 메신저들

You

벼랑 끝에 서는 믿음

초판 발행   2020. 9. 25.
지은이   로렌 커닝햄, 김삼성, 김용의, 박한수, 고성준, 박호종, 김태헌, 김영화, 데이비드 차, 황성은
발행인   황성은
편집인   장수지
옮긴이   이보연 외
디자인   김수정, 양시온
발행처   리바이벌서퍼
주소   대전시 유성구 대학로 82 8층
전화   (042)824-3242
이메일   revivalsurfer@naver.com
출판등록   2020. 7. 9. 제29호

책값   뒤표지에 있습니다
ISBN   979-11-971766-0-9

리바이벌 서퍼(Revival Surfer)는 부흥의 파도를 타는 사람을 의미합니다. 특별히 청년과 다음 세대를 통하여 시작될 대부흥의 역사를 기대하는 마음으로 문서사역을 하고 있습니다.